Karina Lima de Queiroz

Comentários às Questões Polêmicas e Atuais dos Concursos

MAGISTRATURA E MINISTÉRIO PÚBLICO DO TRABALHO

VOLUME 2

CB132566

1ª edição — fevereiro, 2008

1ª edição — 2ª tiragem — setembro, 2008

2ª edição — março, 2010

MAURO SCHIAVI

Juiz do Trabalho na 2ª Região (São Paulo). Doutorando em Direito do Trabalho pela PUC/SP.
Mestre em Direito das Relações Sociais pela PUC/SP. Professor Universitário (Graduação e Pós-Graduação).
Professor do Complexo Jurídico Damásio de Jesus. Professor de Direito Processual do Trabalho do Curso CPC Marcato.
Professor Convidado da Escola da Magistratura do TRT da 2ª Região.

Comentários às Questões Polêmicas e Atuais dos Concursos

MAGISTRATURA E MINISTÉRIO PÚBLICO DO TRABALHO

VOLUME 2

2ª edição

EDITORA LTr®
SÃO PAULO

Dados Internacionais de Catalogação na Publicação (CIP)
(Câmara Brasileira do Livro, SP, Brasil)

Schiavi, Mauro

Comentários às questões polêmicas e atuais dos concursos : Magistratura e Ministério Público do Trabalho, volume 2 / Mauro Schiavi. — 2. ed. — São Paulo : LTr, 2010.

Bibliografia.
ISBN 978-85-361-1504-7

1. Juízes trabalhistas — Concursos — Exames, questões etc. — Comentários 2. Justiça do trabalho — Brasil 3. Magistratura — Concursos — Exames, questões etc. — Comentários 4. Ministério Público — Concursos — Exames, questões etc. — Comentários I. Título.

10-01810 CDU-347.962:347.963:331 (81) (079)

Índices para catálogo sistemático:
1. Concursos : Questões comentadas :
Magistratura trabalhista : Direito : Brasil
347.962:347.963:331 (81) (079)
2. Concursos : Questões comentadas :
Ministério Público do Trabalho : Direito :
Brasil 347.962:347.963:331 (81) (079)

Produção Gráfica e Editoração Eletrônica: LINOTEC
Capa: FABIO GIGLIO
Impressão: ASSAHI GRÁFICA E EDITORA

© Todos os direitos reservados

LTr

EDITORA LTDA.
Rua Jaguaribe, 571 — CEP 01224-001 — Fone (11) 2167-1101
São Paulo, SP — Brasil — www.ltr.com.br

LTr 4188.6 **Março, 2010**

Dedico este livro a todos os meus alunos (passados, presentes e futuros) e a todos os candidatos que se preparam para os concorridos concursos da Magistratura e Ministério Público do Trabalho, que se dedicam dias e noites ao estudo, contribuindo para a melhoria e o aperfeiçoamento do Direito e da Sociedade, com sinceros votos de que este livro lhes possa ser útil de alguma forma.

Agradeço à Editora LTr, seus diretores, e a todos os seus funcionários sem distinção, pelo incentivo, apoio e divulgação dos nossos trabalhos.

SUMÁRIO

Nota à Segunda Edição

Tendo esgotadas rapidamente a primeira edição, bem como a segunda tiragem desta obra, sou imensamente grato ao público leitor, bem como aos professores, candidatos a concursos e estudantes, pelas manifestações positivas, críticas e incentivo.

Nesta nova edição, constatei que os temas e as questões tratadas continuam muito atuais, inclusive foram objeto de novos concursos. Por isso, resolvi realizar novos estudos sobre os temas aqui tratados, com pesquisa de novas obras, bem como da jurisprudência dos Tribunais e principalmente do Tribunal Superior do Trabalho.

Houve quanto a alguns temas tratados neste livro mudança de entendimento do Tribunal Superior do Trabalho, que foram analisados e citados e também novos acordados de Tribunais Regionais que foram incorporados ao texto.

A fim de facilitar a preparação dos candidatos, inseri um roteiro de preparação para as 1ª, 2ª, 3ª e 4ª fases do concurso da magistratura do trabalho, bem como uma bibliografia base para os concursos da Magistratura e Ministério Público do Trabalho.

O autor

Apresentação

A cada dia os concursos da Magistratura e do Ministério Público do Trabalho se tornam mais seletivos e concorridos. Diante dos desafios constantes que enfrentam o Direito Material e Processual do Trabalho, as bancas de concursos públicos têm exigido nos certames o que existe de mais polêmico e atual destes ramos especializados da ciência jurídica.

Após longos anos de militância na Justiça do Trabalho, e ministrando aulas em faculdades de graduação e pós-graduação e, principalmente, em cursos preparatórios para a Magistratura e Ministério Público do Trabalho em vários estados brasileiros, sentimos a necessidade de escrever o presente trabalho, pois constatamos que a principal dificuldade dos concursandos reside na redação das respostas e na escolha do material mais adequado para pesquisa e estudo.

No presente livro, selecionamos 30 questões recentes, polêmicas e atuais que foram objeto de questionamento nos mais variados concursos dos Tribunais Regionais do Trabalho brasileiros e da Procuradoria do Trabalho, e apresentamos soluções para cada indagação.

Tendo nos dedicado nos últimos anos ao estudo intenso do Direito Material e Processual do Trabalho, optamos por apresentar estudo mais profundo de cada questão abordada, citando, sempre que possível, doutrina e jurisprudência mais significativas sobre cada tema abordado, e as principais divergências a respeito, a fim de que o candidato possa aprofundar os estudos sobre os temas em que tem maiores dificuldades.

Sem pretensão de esgotar os temas, mas com o propósito de auxiliar e contribuir para os estudos de todos aqueles que se preparam para os concursos públicos ou aqueles que têm por objeto tomar contato com as questões polêmicas e atuais discutidas na esfera trabalhista, apresentamos nossas reflexões sobre cada questão.

A fim de auxiliar os estudos, neste volume apresento um roteiro para a realização das provas dissertativas e também uma bibliografia mínima para estudo.

Obrigado pela leitura.

APRESENTAÇÃO

Roteiro para a Realização da Prova Preambular

Nessa fase, são exigidos do candidato conhecimentos objetivos. Sinceramente, 90% dessa fase consiste em perguntas referentes a artigos de lei, súmulas e orientações jurisprudenciais.

No período de preparação, em média, 30 dias antes da prova, o estudo deve se dividir proporcionalmente o tempo entre leitura de doutrina e legislação.

Nos quinze dias que antecedem a primeira fase, somente a legislação deve ser lida, acrescentando a leitura da Lei de Falências e as Convenções da OIT ratificadas pelo Brasil. Deve-se dar ênfase às súmulas e OJs do TST, principalmente as mais recentes e também às recentes alterações da legislação. Por isso, códigos atualizados são fundamentais.

Se você tem dificuldade em memorizar os artigos de lei, procure grifá-los, lê-los em voz alta ou ler e gravá-los e, posteriormente, ouvir a gravação.

Nos dez dias antes da prova, o candidato deve praticar, resolvendo provas de concursos anteriores, de preferência do Tribunal que está realizando concursos.

Não há tanta preocupação com o tempo, pois ele é suficiente para a realização da prova.

Quando da realização da prova, tome cuidado com as expressões: "**EXCETO, SALVO, SEMPRE, NÃO, ASSINALE A ALTERNATIVA INCORRETA, ETC.**", que devem ser grifadas pelo candidato. A leitura atenta de cada questão é fundamental. Nunca responda sem ler atentamente todas as alternativas, ainda que a resposta lhe pareça óbvia. Se na prova houve várias proposições, por exemplo: alternativa a) corretas I e II; b) corretas IV e V; c) incorreta somente V; assim, por diante, preste bem atenção: analise com cuidado as proposições e tente verificar quais são certas, quais são erradas. Somente vá às respostas quando feita essa operação, verificando com cuidado os termos, quais são corretas, quais são erradas.

Cuidado ao transcrever as respostas no gabarito, pois, muitas vezes, não há como trocá-lo. Alerta, reserve aproximadamente 40 minutos para a passagem do gabarito e também só o transcreva na folha de respostas oficial quando terminada a prova, pois isso evita que alguma questão seja pulada no gabarito oficial, podendo comprometer todas as outras.

Nos concursos da Magistratura Trabalhista e Ministério Público do Trabalho, a cada dia a primeira fase se torna mais difícil, trabalhosa e seletiva. Por isso, não deixe de estudar para a primeira fase, pois ela é eliminatória e muitos candidatos gabaritados podem sucumbir, saindo prematuramente da disputa.

Roteiro para a Realização da Prova Dissertativa

A prova dissertativa é o divisor de águas dos concursos da Magistratura e Ministério Público do Trabalho, pois exige do candidato um conhecimento considerável da doutrina e jurisprudência.

Costumeiramente, as provas trazem de oito a dez questões que devem ser respondidas pelo candidato na forma de dissertação ou de uma pequena dissertação. Além de enfrentar o tema proposto, deve o candidato mencionar as visões da doutrina, jurisprudência e destacar sua própria opinião a respeito de cada questão.

Não basta simplesmente responder à pergunta, o candidato deve elaborar um texto que de certa forma "encante" o examinador, prendendo sua atenção.

A prova tem duração de quatro horas. Desse modo, procure dividir o tempo pelo número de questões para não deixar nenhuma questão sem resposta.

Penso que o candidato deve responder às questões na ordem em que foram propostas. Caso contrário, poderá estar revelando ao examinador que sabe mais a questão 5 e menos a questão 1 (por exemplo). Além disso, as respostas fora da ordem podem irritar o examinador na hora da correção, pois terá que ficar procurando as respostas.

Leia atentamente cada questão. Grife os pontos de interrogação e também a parte do enunciado da questão que acha importante, pois a folha de questões pode ser levada com o candidato.

Importante ressaltar que nessa fase não há tempo para rascunho. Por isso, se errar, use a expressão: "digo", entre vírgulas, e continue a prova.

Para que não haja esquecimento de abordar todos os pontos sobre determinada questão, após a leitura da questão, na folha de rascunho, deve-se abordar uma grade de assuntos relacionados aos temas para serem desenvolvidos durante a resposta. Por exemplo, o tema dano moral pode ser abordado sob os seguintes enfoques: conceito, natureza jurídica, forma de configuração, ônus da prova, prescrição, valor da reparação, etc.

Como sugestão de reposta, primeiramente o candidato deve fazer uma introdução do tema tratado na questão de aproximadamente cinco linhas, após desenvolver o assunto, mencionando os entendimentos da doutrina e jurisprudência sobre o assunto (10 a 15 linhas) e, por fim, concluir (5 linhas), com os argumentos do candidato se filiando a um ou a outro entendimento, sem desprezar os posicionamentos contrários, pois o examinador pode ter, justamente, entendimento contrário ao do candidato. Assim, uma resposta bem executada deve ser na média de 25 a 30 linhas. Entretanto, se a prova apresentar 15 ou mais questões, como acontece com alguns Regionais, e houver aproximadamente 12 minutos para cada pergunta, a resposta deve ser mais resumida

(Obs.: o número de linhas para cada resposta pode variar de acordo com o tamanho da letra de cada candidato).

Não se preocupe se a tese defendida está ou não de acordo com o examinador. Entretanto, é necessário mostrar que conhece os entendimentos divergentes sobre o assunto e respeitá-los.

Expressões como me "filio ao entendimento tal", "data vênia" aos argumentos contrários", etc. são mais adequadas. Nunca use "no meu entendimento", "não há lógica para o entendimento contrário". A elegância e a educação na linguagem são fundamentais.

Se você lembrar o posicionamento de algum autor, nada impede de citá-lo. Também não há prejuízo se não o fizer.

A letra deve ser legível, não necessitando ser bonita. Se o candidato tiver uma letra que não pode ser entendida, deve fazer um treinamento prévio e até mesmo utilizar um caderno de caligrafia.

Assim, responda às questões na ordem em que foram propostas com introdução, fundamentação e conclusão. Nunca comece dizendo SIM ou NÃO, pois as questões propostas nunca têm entendimento único.

Procure não defender de forma incisiva teses arrojadas e, se possível, sustente o entendimento dominante. Se for divergir, diga "ouso divergir", "filiando-me ao entendimento tal", por entender mais "justo e equânime".

Lembre-se de que a prova será corrigida por três examinadores, sendo certo que cada um pode ter um posicionamento diferente sobre a matéria.

A linguagem técnica com os termos jurídicos bem colocados é suficiente. Erros de português podem reprovar o candidato facilmente. Por isso, preste atenção na escrita. Não utilize linguagem rebuscada, e evite citações de palavras estrangeiras.

De maneira alguma identifique a prova.

O objetivo do concurso é avaliar a capacidade intelectual do candidato. Por isso, quanto mais conhecimento for demonstrado, maiores as possibilidades de aprovação.

Roteiro para a Realização da Prova de Sentença

A palavra sentença vem do latim *sentire* que significa sentimento. Por isso, podemos dizer que a sentença é o sentimento do Juiz sobre o processo. É a principal peça da relação jurídica processual, na qual o Juiz irá decidir se acolhe ou não a pretensão posta em juízo, ou extinguirá o processo sem resolução do mérito.

A sentença para alguns é um ato de vontade. Para outros, um ato de inteligência do juiz. Entretanto, há consenso de que a sentença é o ponto culminante do processo, sendo a principal peça processual. É ato privativo do juiz (art. 162, § 1º do CPC) e personalíssimo do magistrado, entretanto, a sentença deve seguir os requisitos legais e formais de validade (arts. 832, da CLT e 458, do CPC).

A Consolidação das Leis do Trabalho não define o conceito de sentença. Desse modo, resta aplicável ao Processo do Trabalho (art. 769 da CLT) a definição de sentença prevista no art. 162 do Código de Processo Civil.

O CPC de 1973, no art. 162, parágrafo primeiro, fixava o conceito de sentença como sendo o ato pelo qual o juiz põe termo ao processo decidindo ou não o mérito, da causa.

Atualmente, a Lei n. 11.232/2005 alterou o conceito de sentença, pois extinguiu o processo de execução para título executivo judicial, e estabeleceu a fase de cumprimento de sentença, consagrando o chamado sincretismo processual. Desse modo, para a execução de sentença, não há mais um processo autônomo e burocrático de execução e sim uma fase de cumprimento da sentença. Sendo assim, a sentença não extingue mais o processo e sim o seu cumprimento.

Dispõe o parágrafo do art. 162 do CPC, com a redação dada pela Lei n. 11.1232/2005: "Sentença é o ato do juiz que implica alguma das situações previstas nos arts. 267 e 269 desta Lei".

Conforme se constata da redação do citado dispositivo legal, a sentença não põe mais fim ao Processo e sim implica numa das hipóteses do art. 267 do CPC, que consagra as hipóteses de extinção do processo sem resolução do mérito, ou do art. 269 do CPC que estabelece as hipóteses de resolução do mérito.

REQUISITOS ESTRUTURAIS DA SENTENÇA TRABALHISTA

Os requisitos estruturais da sentença trabalhista estão elencados no art. 832, da CLT, *in verbis*:

> Da decisão deverão constar o nome das partes, o resumo do pedido e da defesa, a apreciação das provas, os fundamentos da decisão e a respectiva conclusão.

§ 1º Quando a decisão concluir pela procedência do pedido, determinará o prazo e as condições para o seu cumprimento.

§ 2º A decisão mencionará sempre as custas que devam ser pagas pela parte vencida.

§ 3º As decisões cognitivas ou homologatórias deverão sempre indicar a natureza jurídica das parcelas constantes da condenação ou do acordo homologado, inclusive o limite de responsabilidade de cada parte pelo recolhimento da contribuição previdenciária, se for o caso[1].

Diante do referido dispositivo legal, são requisitos estruturais da sentença: a) relatório; b) fundamentação e c) conclusão.

a) Relatório:

O relatório é um pequeno resumo do processo, em que são mencionados o resumo do pedido e da contestação, bem como as principais passagens do processo.

O art. 832 da CLT exige que o relatório contenha o nome das partes e o resumo do pedido e da defesa.

Um bom relatório de sentença trabalhista, além de mencionar o nome das partes, o resumo do pedido e da defesa, deve fazer menção às principais passagens do processo, como as atas de audiência e as provas mais relevantes produzidas nos autos, como perícia, inspeções, etc.

Segundo a doutrina, a finalidade do relatório é a transparência do julgamento em que o Juiz mostra que leu integralmente o processo e está apto a prolatar a decisão.

Atualmente, o relatório tem sido cada vez mais desprestigiado pela doutrina como jurisprudência, pois não há como se decidir sem que o Juiz tenha estudado atentamente o Processo. No rito sumaríssimo trabalhista, ele foi suprimido (Lei n. 9.957/2000).

b) Fundamentação:

Sem dúvida, a fundamentação é parte mais importante da sentença, pois é neste momento que o Juiz do Trabalho apreciará os argumentos que embasam a causa de pedir, as razões pelas quais o reclamado resiste à pretensão do autor, valorará as provas existentes nos autos e fará a subsunção dos fatos provados ao Direito.

A fundamentação é uma garantia da cidadania e um direito fundamental do cidadão. Embora a exigência da fundamentação não conste do art. 5º, da Constituição Federal e sim do art. 93, IX, trata-se de uma regra que decorre do devido processo legal e, portanto, trata-se de um direito fundamental.

Desse modo, a sentença trabalhista deve apreciar toda a matéria discutida nos autos, tanto a processual como as questões de mérito. De outro lado, o Juiz é livre para

(1) No mesmo sentido é o disposto no art. 458 do CPC, *in verbis*: "São requisitos essenciais da sentença: I — o relatório, que conterá os nomes das partes, a suma do pedido e da resposta do réu, bem como o registro das principais ocorrências havidas no andamento do processo; II — os fundamentos, em que o juiz analisará as questões de fato e de direito; III — o dispositivo, em que o juiz resolverá as questões, que as partes lhe submeterem".

fundamentar e expor as razões de seu convencimento. Não há necessidade de rebater ou apreciar todas as razões da inicial e da defesa e sim colocar os argumentos que foram decisivos para o seu convencimento, conforme o princípio da persuasão racional, ou livre convencimento motivado previsto no art. 131 do CPC. Outrossim, devem ser apreciados todos os pedidos e os requerimentos de defesa, como por exemplo aplicação de litigância de má-fé, etc.

c) Conclusão:

Diz o art. 832 da CLT que da sentença deve constar a *conclusão.*

A conclusão, também chamada de *dispositivo* ou *decisum*, embora seja uma etapa mais simplificada para o Juiz do que a fundamentação, segundo a doutrina é a parte mais importante da decisão, pois é nela que estará mencionada a condenação ou absolvição do reclamado, bem como especificará as parcelas objeto da condenação, e os parâmetros para cumprimento da sentença. Sob outro enfoque, somente o dispositivo transita em julgado, conforme o art. 469 do CPC[(2)].

Além das verbas objeto da condenação, o dispositivo da sentença deve conter:

a) parâmetros para liquidação das parcelas, bem como a modalidade de liquidação e época própria de correção monetária;

b) a responsabilidade pelos recolhimentos fiscais e previdenciários, bem como especificar quais parcelas serão objeto de incidência das parcelas devidas ao INSS, conforme o § 3º do art. 832, da CLT;

c) quando houver obrigações de fazer ou não fazer, o prazo para cumprimento, bem como eventuais coerções pecuniárias para cumprimento;

d) as custas que serão sempre 2% do valor da condenação (se procedente ou procedente em parte o pedido) se improcedente sobre o valor atribuído à causa;

e) o prazo para cumprimento. Como regra geral, a sentença deve ser cumprida no prazo de 8 dias após o trânsito em julgado.

f) por fim, o dispositivo deve fazer menção à intimação das partes. Se a decisão for proferida em audiência ou pela Súmula n. 197 do C. TST, as partes já sairão cientes na própria audiência ou na data agendada para a audiência de julgamento.

Da prova de sentença trabalhista

A fase da sentença é mais sofisticada do concurso, pois exige, além do conhecimento do direito, técnica da redação, equilíbrio e ponderação do candidato ao decidir.

Trata-se de prova prática e em muito se assemelha aos processos que tramitam pelas Varas Trabalhistas. Desse modo, a prática da sentença é fundamental.

---

(2) Art. 469 do CPC: "Não fazem coisa julgada: I — os motivos, ainda que importantes para determinar o alcance da parte dispositiva da sentença; II — a verdade dos fatos, estabelecida como fundamento da sentença; III — a apreciação da questão prejudicial, decidida incidentemente no processo".

Treine, pelo menos quatro semanas antes da prova, com processos, ou resolvendo problemas propostos em livros, e também em provas de sentença de concursos anteriores. As provas de concursos anteriores podem ser obtidas nas Secretarias de Concursos dos Tribunais ou na internet. Quanto mais você treinar, maiores as chances de aprovação.

Não há necessidade de grandes estudos doutrinários ou jurisprudenciais, pois essa etapa já foi vencida com a segunda fase. Agora é necessário aplicar, num caso concreto, toda a teoria e conhecimento jurídico que você adquiriu, o que necessita treino e estratégia.

Os examinadores, nesta fase, não estão procurando demonstração exaustiva de conhecimentos doutrinários, pois já apurados na segunda fase. Nesse momento, será apurado se o candidato é capaz de resolver o problema proposto e dar uma solução justa e razoável ao conflito.

Como se trata de concurso seletivo, no qual somente as melhores provas serão chanceladas, necessário que se faça uma sentença equilibrada com todos os requisitos da lei.

Assim, o candidato deve começar o treinamento, praticando sentenças com todos os requisitos formais do CPC e CLT, apreciando os pedidos em ordem lógica, primeiramente as preliminares, após as prejudiciais de mérito e o mérito.

Caso possível, nesta fase, aconselho o candidato a procurar um cursinho rápido de aproximadamente 5 aulas, ou uma pessoa que possa corrigir suas sentenças feitas, de preferência um juiz do trabalho, que faz sentenças diariamente.

Neste momento, não faça estudo de doutrina, somente estude aqueles temas que não assimilou bem anteriormente e que tem alguma dúvida.

Não se apavore. Comece treinando com calma. Primeiro, faça sentenças fáceis e vá aumentando gradativamente a dificuldade. Não tenha medo de pôr no papel o que você sabe. Essa aliás é a maior dificuldade dessa fase do certame, pois muitos não conseguem aplicar todo o conhecimento que adquiriam. Por isso, o treino é fundamental.

Sempre a cada sentença, procure esquecer o menor número possível de detalhes. Lembre-se que a sentença de concurso não deve deixar margem para embargos de declaração.

Escreva com as próprias palavras. Deixe de lado a doutrina e a jurisprudência. Construa seu raciocínio com toda a doutrina e jurisprudência que você estudou e tem na cabeça.

Se as primeiras sentenças demorarem ou não saírem boas, não desanime. Vá em frente, pois as próximas sairão um pouco melhor e assim por diante, até chegar a um nível satisfatório.

Dicas gerais para treinamento e resolução da prova de sentença:

a) a prova deve ser terminada, pois não existe meia sentença. Sentença não acabada é reprovação na certa. Assim, quando dos treinamentos, procure sempre chegar ao fim da sentença;

b) deve haver um equilíbrio entre relatório, fundamentação e conclusão. Entretanto, a ênfase deve estar na fundamentação;

c) o relatório é menos importante que as outras partes da sentença e não tem tanto valor na correção da prova. Em muitas provas, ele é até dispensável. Por isso, se a prova é longa, sacrifique o relatório, fazendo-o bem resumido, mas não a fundamentação. Entretanto, se a prova o exigir, sua ausência acarreta nulidade absoluta da sentença. Conforme o *caput* do art. 832, da CLT, do relatório, devem constar o nome das partes, o resumo do pedido e da defesa. Também, segundo a praxe, devem ser mencionadas as principais passagens do processo, como audiências, laudos periciais e manifestações das partes;

d) uma folha de rascunho ao lado é fundamental, para que sejam selecionadas as preliminares que sempre vêm misturadas na defesa, as prejudiciais, e ordenadas as matérias que devem ser apreciadas na parte meritória;

e) não faça rascunho da sentença, pois na hora da prova será impossível fazê-lo. Treine sem fazer rascunho. Se errar, risque, concordo "digo" e siga em frente;

f) faça letra legível, não necessariamente bonita;

g) todos os pedidos devem ser apreciados, senão a sentença será nula (*citra petita*). Por isso, preste atenção nos pedidos da inicial, vá grifando os que já forem apreciados. Também preste atenção nos requerimentos de defesa (compensação, retenção, aplicação do art. 940, do CC, reconvenção, ação declaratória incidental, etc.);

h) não se preocupe com a posição do examinador. Em diversos concursos, vários candidatos são aprovados com teses totalmente distintas no corpo da sentença. Procure fundamentar bem de acordo com a prova dos autos, citando o artigo de lei, mas não o transcrevendo, pois não dá tempo. As citações das OJS e SÚMULAS DO TST também são pertinentes, mas sem transcrevê-las;

i) as matérias mais controvertidas devem ter fundamentação robusta, como por exemplo: estabilidade do acidentado, transação (PDV), aposentadoria como causa extintiva do contrato de trabalho; terceirização; grupo econômico, justa causa, dano moral, vínculo de emprego, etc. Já outras matérias, como multa do art. 477, da CLT, honorários advocatícios, art. 467 e assistência judiciária gratuita devem ter fundamentação concisa;

j) não extrapole os limites da lide, pois o provimento jurisdicional está balizado pelo pedido e causa de pedir (arts. 128 e 460, do CPC). Isso não significa que não possa ser aplicável de ofício o art. 467, da CLT ou convertida a reintegração em indenização, ainda que não tenha pedido expresso;

k) quanto ao ônus da prova, procure seguir o art. 333, do CPC e os Enunciados do TST referente ao ônus da prova (por exemplo: Súmulas ns. 68 e 212, do TST). A aplicação do art. 818 da CLT é minoritária;

l) preste atenção com os pedidos cautelares e de antecipação de tutela e as liminares. Se as liminares foram deferidas antes da sentença, você deve dizer se a mantém ou não. Caso o requerimento de tutela antecipada ainda não tenha sido apreciado, você deve apreciá-lo no corpo da sentença (OJ n. 51, da SDI-II, do C. TST) e mencionar as providências para cumprimento ("astreintes", etc.);

m) o dispositivo deve ser completo e direto. Não diga, por exemplo, julgo procedentes em parte os pedidos formulados na forma da fundamentação, pois a jurisprudência vem se posicionando no sentido de que tal dispositivo indireto é nulo, somente o utilize se não houve tempo para terminar a prova, como forma de salvá-la. No dispositivo, devem ser mencionados: a forma de liquidação, os juros e correção monetária, bem como a época própria da incidência dos juros, a quem cabem os recolhidos fiscais e previdenciários. Qual a responsabilidade de cada parte. Quem é responsável pelos recolhimentos e sobre quais parcelas deferidas incidem os recolhimentos (§ 3º, do art. 832, da CLT). Também devem ser mencionadas as custas (2% sobre o valor da condenação, em caso de procedência ou procedência em parte, ou sobre o valor da causa em caso de improcedência, nos termos do parágrafo primeiro do art. 832, da CLT).

Com relação aos recolhimentos previdenciários e fiscais, procure seguir a diretriz da Súmula n. 368 do TST, bem como os Provimentos do TST sobre a matéria.

Quanto à forma de intimação, preste atenção se a sentença está sendo proferida em audiência (Súmula n. 197, do C. TST) ou não;

n) a fundamentação deve ser serena, sem palavras de efeito. A redação deve ser técnica, com o uso de termos técnicos e jurídicos. Procure se familiarizar e utilizar a linguagem técnica. Somente use termos em latim se dominá-los, inclusive a grafia. Somente use linguagem rebuscada se este for seu estilo.

Sugestão para realizar a Prova no dia do Concurso

1) No dia da prova, não estude antes, descanse e reserve as energias para o momento da batalha, que será exaustiva;

2) Ao receber a prova, não se desespere. Respire fundo e comece a lê-la com atenção, grifando as passagens que lhe chamaram atenção. Você tem quatro horas para resolver o problema, apreciando todos os pedidos e chegar no dispositivo;

3) Após, leia novamente a prova, separando na folha de rascunho as preliminares, as prejudiciais de mérito e a matéria de mérito, na ordem lógica de apreciação. ADVERTÊNCIA: Não comece a prova antes dessa providência, pois a prova é escrita e não dá para voltar (tempo — 20 minutos).

4) Posteriormente, se for exigido, redija o relatório em aproximadamente (20 minutos), com atenção, observando os elementos constantes dos autos para a posterior fundamentação;

5) Uma vez confeccionado o relatório, enfrente a fundamentação. Redija a fundamentação no prazo médio de 02 horas e 50 minutos;

6) Feita a fundamentação, redija o dispositivo com atenção em 20 minutos, sem esquecer de mencionar as obrigações de fazer, se houver, os recolhimentos previdenciários e fiscais, a quem cabe, e quais os parâmetros para apuração;

7) Reserve 10 minutos para uma lida final geral, para eventuais correções de palavras e pequenos erros de português;

8) Não identifique a prova e não a assine. É melhor nem colocar JUIZ DO TRABALHO. Encerre a prova como intimem-se. Ou cientes, em caso de sentença proferida em audiência (Súmula n. 197, do C. TST);

Algumas palavras sobre a Prova oral

É a fase final, em que o candidato precisa de um fôlego adicional para enfrentá-la e sair vitorioso.

Até esta fase, as provas não são identificadas e ninguém conhece os candidatos. Nesse momento, a Banca Examinadora passará a conhecer você. Por isso, não cometa erros banais, para não pôr tudo a perder.

A arguição é pública. Sendo assim, o candidato deve se acostumar com essa ideia e também a falar ao microfone.

O controle da ansiedade é fundamental.

Não há um estudo específico para esta fase, pois, praticamente tudo já foi estudado. Entretanto, não entre nessa de "já ganhou", pois o concurso ainda não acabou. Aliás, a maratona somente termina com a posse.

Como você acabou de sair da fase de sentença, procure rememorar assuntos que ficaram um pouco esquecidos tais como: direito coletivo, execução, recursos, dissídio coletivo, etc.

O estudo nesta fase não teve ser exaustivo, pois as energias devem ser guardadas para a data do sorteio e dia da execução da prova.

Pelo menos uma vez por dia, tente sentar-se corretamente na cadeira, e pedir para alguém fazer perguntas sobre a matéria e você as responder oralmente, como se estivesse sendo arguido na sessão. Procure se policiar nas respostas, utilizando os termos técnicos, prestando atenção na correção do português e também na repetição de palavras. Você mesmo pode selecionar perguntas e respostas sobre a matéria.

Nesta fase, um cursinho rápido ou uma orientação específica de um magistrado são recomendados. Se você estiver em pânico, a consulta de um psicólogo também é aconselhável.

Um dia antes da prova o candidato sorteará o ponto, perante a Banca. Neste dia vá com a vestimenta de tradição forense. Seja educado, pegue seu ponto e vá para casa estudar. Só volte no dia seguinte para executar a prova.

Nas 24 horas que antecedem a prova, o lema é: estudar, estudar, estudar... Não acredite nos que dizem que o estudo de última hora não serve. Salvo algumas exceções, dá tempo de estudar todo o ponto neste período.

O público presente à sessão em sua grande maioria compõe-se de estudantes de direito e aspirantes à vaga na magistratura. Não se importe com a presença do público. Você deve estar concentrado apenas no que foi perguntado e o que será respondido.

A ansiedade passa quando você senta na cadeira e cumprimenta os membros da Banca Examinadora. A partir daí, o exame vira uma espécie de "bate-papo" formal e educado sobre Direito. E é assim que você deve encarar a prova.

Na hora de sentar-se à cadeira, procure apoiar as mãos, se necessário, coloque-as em cima da carteira, para evitar que elas se mexam com o nervosismo. Fique com a postura correta e olhe nos olhos nos examinadores. Esqueça o que estiver ao redor.

Quando vier a primeira pergunta, relaxe, deixe o examinador terminar de falar, ouvindo com calma o que foi perguntado. Respire fundo, organize a resposta na cabeça, e comece a responder.

Dicas para a realização da prova:

a) entre discretamente, espere a Banca o cumprimentar. Diga boa tarde, bom dia, etc. Nada de saldar a Banca;

b) lembre-se que esta pode ser a grande chance de sua vida, por isso, cuidado com o excesso de arrogância. Humildade e simpatia não fazem mal a ninguém, principalmente para agradar a Banca, pois, para eles, você á apenas mais um concorrente. Entretanto, as perguntas devem ser respondidas com firmeza e boa fundamentação;

c) a prova apresenta questões fáceis, objetivas, com resposta na própria lei, questões conceituais e questões polêmicas. Questões objetivas devem ser respondidas objetivamente, sem rodeios; questões conceituais, com a menção do conceito, e as questões polêmicas mostrando a dificuldade da questão, a controvérsia, e o ponto de vista do candidato, sem desprezar os entendimentos contrários. Se divergir do examinador, diga com humildade, respeito o entendimento contrário, entretanto, neste momento, me parece mais acertado o entendimento que defendo;

d) tratar os examinadores por Vossa Excelência;

e) demonstre calma. Nunca diga não sei. Se der branco, diga não me ocorre no momento, não me recordo, etc.;

f) não discuta jamais com a banca. Se o examinador insistir na pergunta, se estiver seguro, procure não mudar seu entendimento, mas sempre respeitando o entendimento contrário;

g) respeite as perguntas, ainda que possam parecer extremamente simples;

h) procure não citar o pensamento de autores, pois determinado examinador pode ter antipatia pelo autor que você citou. Além disso, o examinador está preocupado sem saber qual é o seu ponto de vista e não de determinado autor consagrado.

Bibliografia Mínima Sugerida para as Provas da Magistratura e Ministério Público do Trabalho

DIREITO DO TRABALHO

BARROS, Alice Monteiro de. *Curso de direito do trabalho*. São Paulo: LTr.

DELGADO. Mauricio Godinho. *Curso de direito do trabalho*. São Paulo: LTr.

__________. *Direito coletivo do trabalho*. São Paulo: LTr.

NASCIMENTO, Amauri Mascaro. *Curso de direito do trabalho*. São Paulo: Saraiva.

__________. *Compêndio de direito sindical*. São Paulo: LTr.

OLIVEIRA, Sebastião Geraldo de. *Indenizações por acidente de trabalho e doenças profissionais*. São Paulo: LTr.

RODRIGUEZ, Américo Plá. *Princípios de direito do trabalho*. São Paulo: LTr.

SCHIAVI, Mauro. *Ações de reparação por danos morais decorrentes da relação de trabalho*. São Paulo: LTr.

__________. *Comentários às questões polêmicas e atuais dos concursos:* Magistratura e Ministério Público do Trabalho. V. I. São Paulo: LTr.

__________. *Comentários às questões polêmicas e atuais dos concursos:* Magistratura e Ministério Público do Trabalho. V. II. São Paulo: LTr.

SILVA, Homero Batista. *Curso de direito do trabalho aplicado*. V. 1, 2, 3, 4, 5, 6. São Paulo: Campus.

SOUTO MAIOR, Jorge Luiz. *Curso de direito do trabalho*. V. II. São Paulo: LTr.

DIREITO PROCESSUAL DO TRABALHO

ALMEIDA, Cléber Lúcio de. *Direito processual do trabalho*. Belo Horizonte: Del Rey.

BEZERRA LEITE, Carlos Henrique. *Curso de direito processual do trabalho*. São Paulo: LTr.

MARTINS FILHO, Ives Gandra. *Processo coletivo do trabalho*. São Paulo: LTr.

SCHIAVI, Mauro. *Manual de direito processual do trabalho*. São Paulo: LTr.

SIMÃO DE MELO, Raimundo. *Ação civil pública na justiça do trabalho*. São Paulo: LTr.

TEIXEIRA FILHO, Manoel Antonio. *A prova no processo do trabalho*. São Paulo: LTr.

__________. *Recursos no processo do trabalho*. São Paulo: LTr.

DIREITO PROCESSUAL CIVIL

DINAMARCO, Cândido Rangel. *Instituições de direito processual civil*. V. I, II, III e IV. São Paulo: Malheiros, 2001.

FREITAS CÂMARA, Alexandre. *Lições de direito processual civil*. Lumen Juris: Rio de Janeiro.

NERY JÚNIOR, Nélson; NERY, Rosa Maria de Andrade. *Código de processo civil comentado e legislação extravagante*. São Paulo: RT.

DIREITO ADMINISTRATIVO

DIREITO INTERNACIONAL PÚBLICO E DIREITO COMUNITÁRIO

HUSEK, Carlos Roberto. *Curso de direito internacional público*. São Paulo: LTr.

MEIRELLES, Hely Lopes. *Direito administrativo*. São Paulo: Malheiros.

PIETRO, Maria Sylvia Zanella. *Direito administrativo*. São Paulo: Atlas.

SÜSSEKIND, Arnaldo. *Convenções da OIT*. São Paulo: LTr.

DIREITO PREVIDENCIÁRIO

HORVATH JÚNIOR, Miguel. *Direito previdenciário*. São Paulo: Quatier Latin.

DIREITO COMERCIAL

COELHO, Fábio Ulhoa. *Manual de direito comercial*. São Paulo: Saraiva.

DIREITO PENAL

GONÇALVES, Vitor Eduardo Rios. *Sinopses jurídicas*. São Paulo: Saraiva.

DIREITO CONSTITUCIONAL

LENZA, Pedro. *Curso de direito constitucional esquematizado*. São Paulo: Saraiva.

MORAES, Alexandre. *Direito constitucional*. São Paulo: Atlas.

SILVA, José Afonso da. *Curso de direito constitucional positivo*. São Paulo, Malheiros.

TAVARES, André Ramos. *Curso de direito constitucional*. São Paulo: Saraiva.

DIREITO CIVIL

GONÇALVES, Carlos Roberto. *Sinopses de direito civil*. V. 1, 5, 6 e 6, tomo II, São Paulo, Saraiva.

PAMPLONA FILHO, Rodolfo; STOLZE, Pablo Gagliano. *Novo curso de direito civil*. V. I, II, III e IV, relativos a parte geral, obrigações e contratos e responsabilidade civil. São Paulo, Saraiva.

REVISTAS ESPECIALIZADAS

Revista LTr

Suplemento LTr

Questões de Direito Material

TRT — 23ª REGIÃO — 2008

Ante os princípios organizacionais baseados na integração de tarefas, flexibilidade da mão de obra e "multifuncionalidade" (execução de diferentes atividades com exigência de conhecimentos e qualificações distintas), comente acerca da subordinação estrutural ou integrativa à luz da terceirização e quais os efeitos jurídicos na relação de trabalho entre o tomador de serviços, empresa terceirizada e trabalhador.

A Terceirização, conforme a define *Amauri Mascaro Nascimento*[(1)]:

"Sob o prisma empresarial, a necessidade de especialização, o desenvolvimento de novas técnicas de administração para melhor gestão dos negócios e aumento de produtividade e a redução de custos fomentam a construção de serviços prestados por outras empresas, no lugar daqueles que poderiam ser prestados pelos seus próprios empregados, expediente que pode trazer problemas trabalhistas e que se denomina terceirização".

Segundo *Mauricio Godinho Delgado*, a terceirização "é o fenômeno pelo qual se dissocia a relação econômica de trabalho da relação justrabalhista que lhe seria correspondente. Por tal fenômeno insere-se o trabalhador no processo produtivo do tomador de serviços sem que se estendam a este os laços justrabalhistas, que se preservam fixados com uma entidade interveniente"[(2)].

Há uma relação triangular entre empresa prestadora, o empregado e a empresa tomadora, à semelhança do que ocorre com o trabalhador temporário (Lei n. 6.019/74), porém não tem um prazo fixo e nem o empregado terceirizado vem acorrer necessidade

(1) NASCIMENTO, Amauri Mascaro. *Iniciação ao direito do trabalho*. 24. ed. São Paulo: LTr, 2000. p. 161.

(2) DELGADO, Mauricio Godinho. *Introdução ao direito do trabalho*. 2. ed. São Paulo: LTr, 1999. p. 374.

transitória de substituição pessoal ou acréscimo extraordinário de serviços. Não há a formação de vínculo de emprego entre o tomador e o empregado da empresa terceirizada.

A terceirização surge no sistema de produção pós-fordista ou *toyotista*, em que há um processo de *horizontalização* das empresas. A grande empresa, *verticalizada*, que se dedica a todas as fases da produção, passa a não ser mais um modelo economicamente viável. Desse modo, as empresas passam a transferir segmentos de suas produções, não destinados à sua atividade principal, com a finalidade de redução do custo final do seu produto.

Este novo sistema de produção altera o conteúdo da prestação de serviços, no qual o empregado, ao mesmo tempo em que deve se especializar, deve realizar, ao mesmo tempo, para atender ao sistema de produção toyotista, várias atividades ao mesmo tempo (multifuncionalidade), sem que, com isso, haja alteração lesiva aos contratos de trabalho (art. 468, da CLT).

A Súmula n. 331 do C. TST disciplina, atualmente, os requisitos para a validade da terceirização de mão de obra. Dispõe a referida Súmula:

> "CONTRATO DE PRESTAÇÃO DE SERVIÇOS. LEGALIDADE — Inciso IV alterado pela Res. 96/2000, DJ 18.9.00 — I — A contratação de trabalhadores por empresa interposta é ilegal, formando-se o vínculo diretamente com o tomador dos serviços, salvo no caso de trabalho temporário (Lei n. 6.019, de 3.1.74); II — A contratação irregular de trabalhador, mediante empresa interposta, não gera vínculo de emprego com os órgãos da administração pública direta, indireta ou fundacional (art. 37, II, da CF/1988);
>
> III — Não forma vínculo de emprego com o tomador a contratação de serviços de vigilância (Lei n. 7.102, de 20.6.83) e de conservação e limpeza, bem como a de serviços especializados ligados à atividade-meio do tomador, desde que inexistente a pessoalidade e a subordinação direta; IV — O inadimplemento das obrigações trabalhistas, por parte do empregador, implica a responsabilidade subsidiária do tomador dos serviços, quanto àquelas obrigações, inclusive quanto aos órgãos da administração direta, das autarquias, das fundações públicas, das empresas públicas e das sociedades de economia mista, desde que hajam participado da relação processual e constem também do título executivo judicial (art. 71 da Lei n. 8.666, de 21.6.93)".

A relação de trabalho é mutante, por isso se diz que o Direito do Trabalho é impregnado por grande eletricidade social, uma vez que sofre os impactos diretos da economia da mudança de hábitos da sociedade, do incremento da tecnologia, da terceirização e da globalização.

A Consolidação das Leis do Trabalho, propositalmente, não nos define o conceito de subordinação, deixando esta tarefa à doutrina e jurisprudência, a fim de que seu conceito possa ser constantemente atualizado segundo as mudanças das relações de trabalho.

Diante da terceirização que, inegavelmente, provoca a dissociação da mão de obra do empregador para o fim de ser usufruída por um tomador de serviços, há inegavelmente a possibilidade de dilatação do conceito de subordinação a fim de proteção do trabalhador terceirizado.

À luz dos fatores da globalização, da flexibilização das normas trabalhistas, há uma alteração na estrutura da relação de emprego, não sendo mais suficiente o critério da subordinação subjetiva, qual seja, a subordinação direta entre empregado e empregador, manifestada pelo cumprimento de ordens diretas e pessoais de serviços, ou o trabalhador estar sob as vistas do empregador.

Modernamente, autores há que defendem a ampliação do conceito de subordinação, dizendo que ela, na verdade, configura-se com a inserção do trabalhador na estrutura da empresa, a denominada *subordinação estrutural*.

Ensina *Mauricio Godinho Delgado*(3):

> "Estrutural é, pois, a subordinação que se manifesta pela inserção do trabalhador na dinâmica do tomador de seus serviços, independentemente de receber (ou não) suas ordens diretas, mas acolhendo, estruturalmente, sua dinâmica de organização e funcionamento".

Diante da existência da chamada subordinação estrutural entre empregado terceirizado e empresa tomadora, é possível se sustentar a existência do vínculo de emprego direto entre trabalhador e empresa tomadora de serviços, desde que presentes os demais requisitos da relação de emprego fixados nos arts. 2º e 3º da CLT (pessoalidade, não eventualidade e onerosidade), ou a existência de responsabilidade solidária entre empresa tomadora juntamente com a empresa prestadora de serviços.

Nesse sentido defende *Jorge Luiz Souto Maior*(4):

> "Uma terceirização, ou seja, a transferência de atividade que é indispensável à realização empresarial, de forma permanente — seja ela considerada meio ou fim, pouco importa — não pode, simplesmente, transferir-se a terceiro, sem que se aplique a tal negócio jurídico a regra a definição do empregador fincada no art. 2º, da CLT, isto é, a consideração de que aquele que se utiliza de trabalhador subordinado e que assume os riscos da atividade econômica é o real empregador, sendo este, no caso, evidentemente, a dita empresa 'tomadora' dos serviços. Ainda que a transferência da atividade se faça em estabelecimento distintos de pessoas jurídicas diversas a situação pouco se altera, pois a identificação da efetivação de uma produção organizada em cadeia, mesmo sem a formação de uma empresa controladora, gera a configuração do grupo de empresas, com a responsabilidade solidária entre as empresas pelos créditos trabalhistas".

Nesse mesmo diapasão, relevante destacar a seguinte ementa:

> "Terceirização e subordinação reticular. No exercício da função de teleatendimento, inclusive com venda de linhas telefônicas, a autora exercia função perfeita e essencialmente

---

(3) DELGADO, Mauricio Godinho. Direitos fundamentais na relação de trabalho. In: *Revista LTr* 70/06-667.

(4) SOUTO MAIOR, Jorge Luiz. *Curso de direito do trabalho*: A relação de emprego. V. II. São Paulo: LTr, 2008. p. 306.

inserida nas atividades empresariais da companhia telefônica (TELEMAR). E uma vez inserida nesse contexto essencial da atividade produtiva da empresa pós-industrial e flexível, não há mais necessidade de ordem direta do empregador, que passa a ordenar apenas a produção. Nesse ambiente pós-grande indústria, cabe ao trabalhador ali inserido habitualmente apenas 'colaborar'. A nova organização do trabalho, pelo sistema da acumulação flexível, imprime uma espécie de cooperação competitiva entre os trabalhadores que prescinde do sistema de hierarquia clássica. Em certa medida, desloca-se a concorrência do campo do capital, para introjetá-la no seio da esfera do trabalho, pois a própria equipe de trabalhadores se encarrega de cobrar, uns dos outros, o aumento da produtividade do grupo; processa-se uma espécie de sub-rogação horizontal do comando empregatício. A subordinação jurídica tradicional foi desenhada para a realidade da produção fordista e taylorista, fortemente hierarquizada e segmentada. Nela prevalecia o binômio ordem-subordinação. Já no sistema ohnista, de gestão flexível, prevalece o binômio colaboração-dependência, mais compatível com uma concepção estruturalista da subordinação. Nessa ordem de ideias, é irrelevante a discussão acerca da ilicitude ou não da terceirização, como também a respeito do disposto no art. 94, II, da Lei n. 9.472/97, pois no contexto fático em que se examina o presente caso, ressume da prova a subordinação do reclamante-trabalhador ao empreendimento de telecomunicação, empreendimento esse que tem como beneficiário final do excedente do trabalho humano a companhia telefônica. Vale lembrar que na feliz e contemporânea conceituação da CLT, art. 2º, *caput* — o empregador típico é a empresa e não um ente determinado dotado de personalidade jurídica. A relação de emprego exsurge da realidade econômica da empresa e do empreendimento, mas se aperfeiçoa em função da entidade final beneficiária das atividades empresariais". (TRT 3ª R. — 1ª T. — Rel. Juiz José Eduardo de R. C. Junior (convocado) — DJ n. 33 — 20.2.2009 — p. 11 — RO n. 785/2008.113.03.00-4) (RDT n. 03 — março de 2009).

O Enunciado n. 10 da 1ª Jornada de Direito Material e Processual do Trabalho do TST, realizada entre os dias 21 e 23 de novembro de 2007, defende a responsabilidade solidária da empresa tomadora de serviços, *in verbis*:

"TERCEIRIZAÇÃO. LIMITES. RESPONSABILIDADE. A terceirização somente será admitida na prestação de serviços especializados, de caráter transitório, desvinculados das necessidades permanentes da empresa, mantendo-se, de todo modo, a responsabilidade solidária entre as empresas".

2. Dano Moral. Critérios para Fixar o Valor da Reparação. Possibilidade de Recurso de Revista. Assédio Moral

TRT 24ª REGIÃO — 2007

Relativamente aos danos morais na Justiça do Trabalho.

a) Quais são os critérios que o julgador deve utilizar para a fixação do valor da indenização?

b) É possível o conhecimento de recurso de revista perante o Tribunal Superior do Trabalho para discutir o valor fixado pelo Tribunal Regional?

c) Defina assédio moral vertical, horizontal, ascendente e estratégico.

Um dos assuntos mais delicados, senão o mais delicado quando se fala em dano moral, é a liquidação do valor, vale dizer: o limite pecuniário da lesão sofrida na vítima de dano moral.

O dano moral não é quantificável, pois é da sua própria essência não ter expressão econômica. De outro lado, a dificuldade de avaliar não apaga a realidade do dano e, portanto, não dispensa da obrigação de repará-lo.[1]

A natureza jurídica da reparação por dano moral tem caráter dúplice. Em relação à vítima é compensatória, vale dizer: a vítima recebe um valor em pecúnia ou uma prestação *in natura* para abrandar o sofrimento. Com relação ao ofensor, tem natureza sancionatória, ou seja, é uma sanção pecuniária pelo ato ilícito praticado e também para que ele volte a ser praticado (caráter inibitório).

---

(1) *De Page apud* STOCCO, Rui. *Tratado de responsabilidade civil*. 5. ed. São Paulo: Saraiva, 2001. p. 1.375.

Tecidas as considerações preliminares, resta a seguinte indagação: como liquidar os danos morais, ou seja, como transformar em valor pecuniário o dano sofrido?

Ao contrário do dano patrimonial em que são calculados os danos emergentes e os lucros cessantes, a legislação não traça as diretrizes para o cálculo do valor do dano moral, sendo esta uma tarefa espinhosa pelo juiz ante o caso concreto.

De fato, nas decisões sobre danos morais, o juiz defronta danos verificáveis facilmente em toda a sua força e extensão. É que o âmbito do dano moral reside no íntimo, nos profundos arcanos da pessoa, onde está a dor com seu cortejo de misérias. Porquanto, a dor pode transparecer claramente na fisionomia da pessoa, mas pode ocultar-se no seu coração de modo que não seja percebida. De modo que, para aquilatar essa dor o juiz pode descer à mais profunda psique da pessoa e, como psicólogo, desvendar o sofrimento. Então, para ficar apto a determinar a indenização cabível, recorre ao equitativo, ao justo(2).

Doutrina e jurisprudência são uníssonas no sentido de que, à falta de critério legal, a indenização pelo dano moral deve ser fixada por arbitramento do juiz de forma discricionária.

O poder discricionário do juiz é uma necessidade inelutável, que decorre da necessidade incessante mobilidade da vida social, cujas contingências não quadram falta e inevitavelmente com as previsões legislativas. Se o reconhecimento desse poder fosse um mal, seria, pois, um mal necessário(3).

Nesse sentido, destaca-se a seguinte ementa:

> "Dano moral — Critério para arbitramento do valor. Inexistindo no ordenamento jurídico pátrio um sistema tarifário para a predeterminação do valor da indenização por danos morais, o Juízo deverá fixá-lo através de prudente arbítrio, mas de forma a causar impacto suficiente para dissuadir o infrator a um novo atentado à honra e à dignidade do trabalhador. Provimento que se dá ao recurso para elevar a R$ 10.000,00 o valor do ressarcimento financeiro". (TRT — 12ª R. — 1ª T. — Ac. n. 2154/2002 — Rel. Godoy Ilha — DJSC 7.3.2002 — p. 170) (RDT n. 04 — abril de 2002).

Diz o art. 946, do Novo Código Civil (Lei n. 10.406/02), *in verbis*:

> "Art. 946. Se a obrigação for indeterminada, e não houve na lei ou no contrato disposição fixando a indenização devida pelo inadimplente, apurar-se-á o valor das perdas e danos na forma que a lei processual determinar".

Mesmo não tendo o novel diploma civil determinado a liquidação por arbitramento, as liquidações por cálculo ou por artigo estão descartadas, por não ser possível provar o prejuízo moral.

---

(2) SANTOS, Enoque Ribeiro dos. *O dano moral na dispensa do empregado*. 2. ed. São Paulo: LTr, 2000. p. 82-83.

(3) SILVA, Wilson Melo da. *O dano moral e sua reparação*. 3. ed. Rio de Janeiro: Forense, 1983. p. 286.

Também predomina o entendimento de que o valor da indenização deve ser fixado desde logo pelo juiz na sentença (RSTJ, 71:184; JTARS, 27:251), pois o juiz que julgou o processo é aquele que teve o sentimento da causa, que colheu os depoimentos, viu as partes e, certamente, terá elementos mais seguros para fixação do valor, do que deixá-lo para a fase de liquidação. Além disso, a fixação do valor na própria sentença já a torna líquida desde já e possibilita o Tribunal *ad quem* apreciar já na fase de conhecimento, em eventual recurso, o montante fixado, ganhando o valor da indenização, após o julgamento do recurso, ou em caso de não interposição deste, *status* de coisa julgada.

Doutrina e jurisprudência não são uníssonas no tocante aos critérios para o arbitramento do dano moral.

Autores sugerem que deve ser aplicado analogicamente o art. 59, do Código Penal, assim redigido, *in verbis*:

> "Art. 59. O juiz, atendendo à culpabilidade, aos antecedentes, à conduta social, a personalidade do agente, aos motivos, às circunstâncias e consequência do crime, bem como ao comportamento da vítima, estabelecerá, conforme necessário e suficiente para reprovação e prevenção do crime:
>
> I — as penas aplicáveis dentre as cominadas;
>
> II — a quantidade de pena aplicável, dentro dos limites previstos;
>
> III — o regime inicial de cumprimento da pena privativa de liberdade;
>
> IV — a substituição da pena privativa da liberdade aplicada, por outra espécie de pena, se cabível".

Outros sustentam que se deve aplicar o art. 84, do Código de Telecomunicação, assim redigido, *in verbis*:

> "Art. 84. Na estimação do dano moral, o juiz terá em conta, notadamente, a posição social ou política do ofensor, a intensidade do ânimo de ofender, a gravidade e a repercussão da ofensa".

No direito comum, esses são um dos poucos dispositivos legais que tratam da indenização do dano moral puro, ou seja, aquele sem reflexos pecuniários.

Sob o enfoque trabalhista, parte da jurisprudência e alguns autores sustentam que se deve aplicar analogicamente o art. 478[4], da CLT, sendo a indenização por danos morais um salário por ano de serviço.

Nesse sentido, destaca-se a seguinte ementa:

> "A indenização por dano moral, à falta de norma específica que a disponha sobre os critérios para sua fixação deve ser calculada adotando-se, por analogia, a regra da indenização por

(4) "A indenização devida pela rescisão do contrato por prazo indeterminado será de um mês de remuneração por ano de serviço efetivo, ou por ano e fração igual ou superior a seis meses".

tempo de serviço. O seu valor deve ser igual à maior remuneração mensal do trabalhador multiplicada pelo número de anos ou fração igual ou superior a seis meses de serviço prestado" (TRT 8ª Região, 4ª T. A/C, TRT. RO n. 3795, Rel. Georgenor de Sousa Franco Filho)[5].

Em que pese o posicionamento *supra*, entendo que a aplicação analógica do art. 478, da CLT embora possa ser justo em determinadas hipótese, não é o melhor critério como regra geral, pois em muitos casos pode provocar indenização excessiva e em outros indenização módica para os prejuízos morais.

João Oreste Dalazen[6] apresenta um critério bem elaborado para liquidação do dano moral, assim redigido:

"1º) compreender que o dano moral em si é incomensurável: como ensina o argentino *Jorge Iturraspe*, 'a dor, as disfunções nos estados de ânimo, os ataques à personalidade e à vida de relação, as frustrações nos projetos de vida, assim como os danos estéticos, à harmonia do corpo, à intimidade, não podem ser traduzido em dinheiro. Deve compreender, portanto, a impossibilidade de fórmulas matemáticas com vistas a preestabelecer um número. Não deve constituir preocupação, pois apurar uma soma pecuniária que corresponda ao valor intrínseco preciso dos bens morais ofendidos. Afinal, por exemplo, é estimável em dinheiro a honra ultrajada?

2º) considerar a gravidade objetiva do dano, como propõe *Roberto Brebbia*, o que significa avaliar a extensão e a profundidade da lesão, tomando-se em conta os meios empregado na ofensa, as sequelas deixadas, a intencionalidade do agente, etc.;

3º) levar em conta a intensidade do sofrimento da vítima, que é um elemento marcantemente individual e variável, como bem assinala *Adriano de Cupis*; lesões igualmente graves do ângulo objetivo podem provocar sofrimento diverso às pessoas, segundo a maior ou menor sensibilidade física ou moral de cada um. Importa, assim, sempre ter presente a personalidade da vítima, aspecto sobremaneira relevante quando se atende para a circunstância de que o dano moral nasce da lesão sofrida ao complexo psíquico-espiritual da vítima.

4º) considerar a personalidade (antecedentes, grau de culpa, índole, etc.) e o maior ou menor poder econômico do ofensor;

5º) não desprezar a conjuntura econômica do País. Inconcebível que o Poder Judiciário fixe o valor do dano moral ignorando essa realidade;

6º) pautar-se pela razoabilidade e equitatividade na evitando, de um lado, valor exagerado e exorbitante do ponto a levar uma situação de enriquecimento sem causa, ou à especulação, ou conduzir à ruína financeira o ofensor; de outro, evitando-se um valor tão baixo que seja irrisório e desprezível, ao ponto de não cumprir sua função inibitória".

---

(5) DALAZEN, João Oreste *apud* PAMPLONA FILHO, Rodolfo. A liquidação da reparação do dano moral trabalhista. In: *Revista da Academia Nacional de Direito do Trabalho*/São Paulo/LTr/Ano X/n. 10/2002/p. 106.

(6) DALAZEN, João Oreste. Aspectos do dano moral trabalhista. In: *Revista LTr* 64-01/12.

No nosso sentir, a ausência de uma reparação tarifada é própria e inerente ao instituto do dano moral. Acreditamos que não há como tarifá-lo, deixando o montante da reparação ao prudente arbítrio do juiz, segundo o caso concreto, mas isso não significa que o juiz do trabalho não se possa pautar por alguns critérios de ordem objetiva.

O C. STJ pacificou a questão no sentido de não ser tarifada a reparação por danos morais, por meio da Súmula n. 281, *in verbis*:

> "A indenização por dano moral não está sujeita à tarifação prevista na Lei de Imprensa".

No mesmo sentido o Enunciado n. 51, da Primeira Jornada de Direito Material e Processual do Trabalho do Tribunal Superior do Trabalho, *in verbis*:

> "RESPONSABILIDADE CIVIL. DANOS MORAIS. CRITÉRIOS PARA ARBITRAMENTO. O valor da condenação por danos morais decorrentes da relação de trabalho será arbitrado pelo juiz de maneira equitativa, a fim de atender ao seu caráter compensatório, pedagógico e preventivo".

Acreditamos que o *quantum* da reparação deve estar balizado pelos seguintes critérios:

a) reconhecer que o dano moral não pode ser valorado economicamente;

b) valorar o dano no caso concreto, segundo as caraterísticas de tempo e lugar onde ocorreu;

c) analisar o perfil da vítima e do ofensor;

d) analisar se a conduta do ofensor foi dolosa ou culposa, bem como a intensidade da culpa;

e) considerar não só os danos atuais, mas também os prejuízos futuros, como a perda de uma chance;

f) guiar-se o juiz pela razoabilidade, equidade(7) e justiça(8);

g) considerar a efetiva proteção à dignidade da pessoa humana;

h) considerar o tempo de serviço do trabalhador e sua remuneração;

i) atender à função social do contrato de trabalho, da propriedade e função social da empresa;

j) inibir que o ilícito se repita;

---

(7) Nesse sentido à previsão do art. 953 do Código Civil: "A indenização por injúria, difamação ou calúnia consistirá na reparação do dano que delas resulte ao ofendido. Parágrafo único. Se o ofendido não pude provar prejuízo material, caberá ao juiz fixar equitativamente a indenização, na conformidade das circunstâncias do caso".

(8) Ensina Caio Mário da Silva Pereira, que equidade "é ideia de amenização do rigor da lei, equiparada ou aproximada ao conceito de justiça ideal, impedindo que o rigor dos preceitos se converta em atentado ao próprio direito, contra o que Cícero já se insurgia ao proclamar *summum ius, summa iniuria*" (*Instituições de direito civil*, 18. ed. Rio de Janeiro: Forense, 1996. p. 50).

k) chegar ao acertamento mais próximo da reparação, mesmo sabendo que é impossível conhecer a dimensão do dano. Por isso deve apreciar não só os danos atuais como os futuros (perda de uma chance);

l) considerar a situação econômica do País e o custo de vida da região em que reside o lesado[9].

Por fim, deve-se destacar que os juízes hão que agir com extremo comedimento para que o Judiciário não se transforme, como nos Estado Unidos, num desaguadouro de aventuras judiciais à busca de uma sorte grande fabricada por meio dos chamados *punitive damages* e suas exacerbantes polpudas e excêntricas indenizações[10].

Pela relevância do tema, selecionamos as seguintes ementas:

"Compensação pelo dano moral. A compensação pelo dano moral, embora deva ser razoável, não pode constituir pretexto para enriquecimento, sob pena de se desvirtuar a natureza reparatória do instituto. Além disso, deve ser fixada segundo as circunstâncias do caso concreto. Não demonstrada a repercussão objetiva das ofensas verbais dirigidas à reclamante pela gerente da reclamada e considerando, também, que a reclamante, com o seu comportamento inadequado, concorreu para a alteração do estado de espírito da ofensora, é razoável o valor fixado a título de reparação pelo dano moral. (TRT 3ª R. — 2ª T. — RO n. 1259/2003.018.03.00-0 — Relª Alice M. de Barros — DJMG 4.2.2004 — p. 10) (RDT n. 3 — março de 2004)

Dano moral — Indenização — Fixação do *quantum*. Na fixação do quantum indenizatório do dano moral, deve o juiz atentar para dois parâmetros. Primeiro, que o valor não seja muito baixo, a ponto de não estimular que medidas administrativas sejam tomadas pelo empregador, a fim de evitar a repetição do evento danoso. Segundo, que o montante não seja demasiadamente elevado, evitando-se, assim, o enriquecimento sem causa do lesado. (TRT 12ª R. — 3ª T. — ROV n. 1765/2005.018.12.00-2 — Ac. n. 4313/06 — Relª Lígia M. Teixeira Gouvêa — DJ 17.4.2006 — p. 311) (RDT n. 05 — maio de 2006)

Dano moral — Indenização — Fixação. Provavelmente por uma questão de cultura, a que não escapa a realidade de que o nosso País é pobre, com gritantes desigualdades sociais, não raro a indenização fixada em sede de dano moral não repara, com a razoabilidade desejável, a dor e o sofrimento experimentados por quem suportou seus efeitos. E isso cumpre seja evitado, pois essa pode ser 'a melhor forma de 'matar' o instituto da responsabilidade civil' (Rui Manuel de Freitas Rangel). Para se entender melhor a dor, o sofrimento e as angústias então sentidas, de mister o colocar-se, apesar da pobreza da expressão, na 'pele' do lesado, o que deve possibilitar, com maiores tranquilidade e segurança, a fixação da indenização devida. (TRT 15ª R. — 3ª T. — RO n. 473/2005.124.15.00-6 — Rel. Francisco Alberto da Motta P. Geordani — DJ 24.3.2006 — p. 27) (RDT n. 4 — abril de 2006).

Indenização por danos morais — Critérios de arbitramento. Não há parâmetro rigoroso insculpido na lei para o arbitramento da indenização por danos morais, pelo que o valor da reparação há de ser arbitrado por um juízo de equidade, levando-se em consideração

(9) Sobre o assunto vide: SCHIAVI, Mauro. *Ações de reparação por danos morais decorrentes da relação de trabalho*. 2. ed. São Paulo: LTr, 2008.

(10) TEIXEIRA FILHO, João de Lima. O dano moral no direito do trabalho. In: *Revista Trabalho & Doutrina*, São Paulo, n. 10, p. 23.

alguns critérios, tais como: a gravidade do ato danoso, a intensidade da sua repercussão na comunidade, o desgaste provocado no ofendido, a posição socioeconômica do ofensor, etc. (TRT 3ª R. — 1ª T. — RO n. 455/2004.031.03.00-9 — Rel. Mauricio J. Godinho Delgado — DJ 7.10.2005 — p. 5) (RDT n. 11 de novembro de 2005).

Dano moral — Valor da indenização. A indenização decorrente de dano moral está assegurada pelo inciso X do art. 5º da Constituição Federal. O que deve ser levado em conta para fixar o valor da indenização é a vida profissional e econômica do empregado e as condições do próprio empregador. (TRT 12ª R. — 2ª T. — ROV n. 2494/2001.007.12.85-8 — Ac. n. 12486/05 — Relª. Ione Ramos — DJ 13.10.2005 — p. 287) (RDT n. 11 de novembro de 2005).

Dano moral — Valor da indenização. O dano moral não é mensurável matematicamente, mesmo porque atinge aquilo que o ser humano tem de mais precioso: sua honra, moral e intimidade. E, por isso mesmo, o instituto não pode ser desvirtuado, de modo a se transformar numa fonte de renda. A solidez econômica do empreendimento, o porte da empresa, seu capital social e a existência de diversas filiais, não podem ser considerados para efeito da fixação do valor da indenização. A punição do ofensor se caracteriza pela intervenção do Estado, através da sentença condenatória, e não pelo valor da condenação propriamente dita, muito embora este também não possa ser inexpressivo, sob pena de tornar inócua a reação. (TRT 15ª R. — 2ª T. — RO n. 568/2002.058.15.00-6 — Rel. Paulo de T. Salomão — DJSP 7.5.2004 — p. 16) (RDT n. 6 junho de 2004).

Danos morais — *Quantum* indenizatório. Ratifica-se o valor indenizatório arbitrado em primeiro grau, que levou em conta as sequelas do acidente de trabalho e a omissão do empregador em não proporcionar equipamento de segurança ao obreiro, além das dificuldades que certamente virão, quando do retorno do empregado de sua licença previdenciária, devido à perda de 30% de suas habilidades manuais de forma definitiva". (TRT 3ª R. — 4ª T. — RO n. 538/2002.090.03.00-3 — Rel. Antônio A. da Silva — DJMG 15.5.2004 — p. 9) (RDT n. 6 junho de 2004).

b) O Tribunal Superior do Trabalho, como órgão de cúpula da Justiça do Trabalho, é encarregado da interpretação final da Legislação Federal em matéria trabalhista e também da interpretação da Constituição Federal no âmbito deste Tribunal.

Atualmente, tem-se questionado sobre a possibilidade de o Tribunal Superior do Trabalho reapreciar o valor da indenização por danos morais fixado nas instâncias inferiores.

Há grandes controvérsias a respeito. Para alguns, o valor do *quantum* da reparação é matéria exclusivamente de fato, o que impediria o Tribunal Superior de se pronunciar a respeito. Para outros, em razão da grande repercussão social do tema, e também de que há controvérsia jurídica sobre quais os critérios utilizados para a reparação, o TST poderia se pronunciar a respeito.

Acreditamos que a atividade jurisdicional na fixação do valor da reparação do dano moral envolve tanto questão de direito como questão fática. A questão jurídica envolve qual o critério utilizado pelo julgador, ou seja, em quais fontes jurídicas o juiz se pautou para fixar o "*quantum* da indenização": a Lei de Imprensa, na aplicação analógica do art. 478, na aplicação analógica do art. 59, do Código Penal etc. De outro lado, a matéria fática pertine à interpretação do conjunto probatório dos autos, principalmente, na avaliação do dano, ou seja: a repercussão social do fato, os prejuízos experimentados pela vítima, a perda de eventuais chances, a publicidade do fato, etc.

Para *Iturraspe*, o debate sobre os danos, sua natureza e sua quantia é um debate sobre fatos, estranho, em princípio, aos recursos extraordinários[11].

No nosso sentir, embora seja difícil separar o que seja matéria fática do que seja matéria de direito na fixação do valor da reparação, acreditamos ser possível, ao menos em tese fazer essa distinção.

Poderíamos admitir que a questão do valor da reparação envolveria matéria preponderantemente fática, o que inviabilizaria o pronunciamento do TST e também não seria razoável que a matéria do valor da reparação pudesse chegar à mais alta corte trabalhista, o que demoraria significativamente o tempo de tramitação do processo.

Conforme sustenta com propriedade *Luiz de Pinho Pedreira da Silva*[12]: "não temos notícia da fixação de valor abusivo para indenização por dano moral na Justiça do Trabalho, de sorte que inexiste razão para, nela, se desnaturar os seus recursos extraordinários (revista e extraordinário para o STF), admitindo-se nestes a reapreciação de matéria de fato, como é a importância daquela indenização. *Rafael García* extrai da jurisprudência espanhola a distinção, quando se trata de valorar o dano moral, para efeitos de impugnação, entre dois elementos: as bases de regulação e de quantificação. O primeiro corresponde ao estabelecimento dos pressupostos de fato que servem de fundamento para determinar a existência e entidade do dano moral (idade, condições pessoais e familiares, vinculações afetivas, situação econômica, etc.). A quantificação é a fixação da soma pecuniária estabelecida com relação às bases da regulação. 'De maneira que o que inicialmente se declara irremissível em cassação é a quantificação e não as bases'. Afigura-se-nos passível de aceitação pelo direito brasileiro esse critério, admitindo-se em recursos extraordinários, a determinação das bases, mas não do *quantum* da indenização".

Por isso, a nosso ver, a revisão do valor da reparação pelo TST somente seria possível em casos de valores abusivos, fora da realidade e razoabilidade, que geram grande instabilidade social. A possibilidade de revisão do valor da reparação pelo TST, nestes casos, se justificaria pela magnitude do instituto do dano moral, que tem previsão constitucional, como um direito fundamental (art. 5º, incisos V e X), ser uma das facetas para proteção da dignidade da pessoa humana do trabalhador e do caráter publicista que envolve o instituto.

c) Atualmente, muito se tem falado e estudado sobre um fenômeno que assola o mercado de trabalho e provoca a degradação do ambiente de trabalho, diminuindo a produtividade das empresas e provocando uma série de transtornos de ordem psicológica nos trabalhadores. Tal fenômeno tem sido denominado pela doutrina como *terror psicológico no trabalho*, *mal-estar no trabalho*, *mobbing*[13], ou na expressão consagrada pelas doutrina e jurisprudência: *assédio moral*.

---

(11) *Apud* PEDREIRA, Luiz de Pinho. *A reparação do dano moral no direito do trabalho*. São Paulo: LTr, 2004, p. 154.

(12) PEDREIRA, Pinho de Pinho. *op. cit.*, p. 155.

(13) Como destaca Márcia Novaes Guedes: "nos países escandinavos e de língua germânica preferiu-se o termo *mobbing*; na Inglaterra utiliza-se a expressão *bullying*; a Itália, certamente pela influência de Harald Hege — médico alemão — adotou o termo *mobbing*. Vocábulo derivado do verbo *to mob*, que significa, dentre outras coisas, cercar, assediar, agredir, atacar, indica-se por *mobbing*, literalmente, o tipo de agressão praticada por

ASSÉDIO: Segundo o *Dicionário Houaiss*, é insistência impertinente, perseguição, sugestão ou pretensão constante em relação a alguém. MORAL: Conforme *Houaiss*, é o conjunto de valores como a honestidade, a bondade, a virtude, etc., considerados universalmente como norteadores das relações sociais e da conduta dos homens.

A sociologia, a medicina e a psicologia o definem como terror psicológico gerado por atitudes constantes do agressor à vítima, muitas vezes de forma velada, destinadas a destruir sua autoestima.

Na definição precisa de *Marie-France Hirigoyen*(14), o assédio moral no trabalho é definido como qualquer conduta abusiva (gesto, palavras, comportamento, atitude...) que atente, por sua repetição ou sistematização, contra a dignidade ou integridade psíquica ou física de uma pessoa, ameaçando o seu emprego ou degradando o clima de trabalho.

De forma mais simples podemos dizer que o assédio moral é a repetição de atitudes humilhantes praticadas contra uma pessoa, muitas vezes pequenos ataques que, pela repetição, vão minando sua autoestima.

Nesse sentido, destacamos a seguinte ementa:

> "Assédio Moral — Contrato de inação — Indenização por Dano Moral. A tortura psicológica, destinada a golpear a autoestima do empregado, visando forçar sua demissão ou apressar a sua dispensa através de métodos que resultem em sobrecarregar o empregado com tarefas inúteis, sonegar-lhe informações e fingir que não o vê, resulta em assédio moral, cujo efeito é o direito à indenização por dano moral, porque ultrapassado o âmbito profissional, eis que minam a saúde física e mental da vítima e corrói a sua autoestima. No caso dos autos, o assédio foi além, porque a empresa transformou o contrato de atividade em contrato de inação, quebrando o caráter sinalagmático do contrato de trabalho, e, por consequência, descumprindo a sua principal que é a de fornecer o trabalho, fonte de dignidade do empregado. Recurso improvido"(15).
>
> "Assédio moral na relação de trabalho — Fundamento legal para a condenação do ofensor. Considerando que o assédio moral na relação de trabalho é uma das formas de ofensa à personalidade e dignidade do trabalhador, a indenização dos danos por ele provocado tem fundamento legal no mencionado inciso X do art. 5º da CRFB. Embargos de declaração conhecidos e rejeitados". (TRT 12ª R. — 2ª T. — EDRO-VA n. 5850/2005.001.12.00-8 — Ac. n. 39/07 — Relª Sandra Marcia Wambier — DJ 22.1.2007) (RDT n. 03 — março de 2007)

O assédio moral atinge a chamada *honra subjetiva* da vítima, pois ela mesma diante do processo desencadeado pelo assédio, acaba se autodestruindo, perdendo seu próprio sentimento de autoestima, de dignidade, bem como sua capacidade física e intelectual.

---

algum animal que, circundando ameaçadoramente um membro do grupo, provoca a fuga deste pelo pavor de ser atacado e morto" (*Terror psicológico no trabalho*. São Paulo: LTr, 2003. p. 33).

(14) HIRIGOYEN, Marie-France. *Mal-estar no trabalho:* redefinindo o assédio moral. Tradução de Rejane Janowitzer. 2. ed. Rio de Janeiro: Bertrand Brasil, 2005. p. 17.

(15) TRT 17ª Região RO 1315.2000.00.17.00.1 — Ac. 2276/2001, 20.8.2002. In: *Revista LTr* 66-10/1237.

Como destaca *Carlos Alberto Bittar*(16), o reconhecimento do direito à honra prende-se à necessidade de defesa da reputação da pessoa (honra objetiva), compreendendo o bom nome e a fama de que desfruta no seio da coletividade, enfim, a estima que cerca nos seus ambientes, familiar, profissional, comercial ou outro. Alcança também o sentimento pessoal de estima, ou a consciência da própria dignidade (honra subjetiva), de que separamos, no entanto, os conceitos de dignidade e de decoro, que integram, em nosso entender, o direito ao respeito.

A honra subjetiva corresponde ao sentimento pessoal de estima ou à consciência da própria dignidade. Traduz o apreço próprio, na estima a si mesmo, o juízo que cada um faz de si. Por sua vez, a honra subjetiva se divide em: a) honra dignidade: que representa o sentimento da pessoa a respeito de seus atributos morais, de honestidade e bons costumes; b) honra decoro, que se refere ao sentimento pessoal relacionados aos dotes ou qualidade do homem (físicos, intelectuais e sociais)(17).

Na esfera trabalhista, o assédio moral se configura em pressão psicológica contínua (habitual) exercida pelo empregador a fim de forçar o empregado a sair da empresa, ou a minar a sua autoestima. Se expressa por meio de procedimentos concretos como o rigor excessivo, confiar ao empregado tarefas inúteis ou degradantes, desqualificação, críticas em público, isolamento, inatividade forçada(18) dentre outras.

Não há ainda na doutrina e jurisprudência um parâmetro temporal para as repetições dos atos para se configurar o assédio moral. Alguns sustentam que as reiterações têm que perdurar por prazo de no mínimo seis meses, outros de um mês, dentre outros.

Pensamos que o requisito da repetição da conduta ou habitualidade tem que ser aferido conforme o caso concreto, as características do ofensor, da vítima, as condições de tempo e lugar, o nível de instrução da vítima, a função ocupada pelo empregado e as características da conduta do ofensor. Desse modo, conforme o caso concreto, uma conduta repetida de forma sistemática em um único dia de trabalho, no nosso sentir, pode configurar o assédio moral(19).

No aspecto, destaca-se a seguinte ementa:

> "Assédio moral — Caracterização. O termo 'assédio moral' foi utilizado pela primeira vez pelos psicólogos e não faz muito tempo que entrou para o mundo jurídico. O que se deno-

---

(16) BITTAR, Carlos Alberto. *Direitos da personalidade*. 2. ed. Rio de Janeiro: Forense Universitária, 1995. p. 125.

(17) MIRABETE, Júlio Fabrrini. *Manual de direito penal*. V. II. 1995. p. 151.

(18) Como observa Marcus Vinícios Lobregat, "ao empregador incumbe a obrigação de distribuir o trabalho que deva ser desenvolvido por seus empregados, não podendo impor a nenhum deles qualquer espécie de ociosidade forçada, ainda que sob o pagamento de salários, sob pena de colocar o obreiro em situação vexatória e submetida ao crivo de comentários maldosos, além de lesivos ao seu patrimônio moral" (*Dano moral nas relações individuais de trabalho*. São Paulo: LTr, 2001. p. 93).

(19) Como bem adverte Luiz de Pinho Pedreira da Silva, "o principal elemento característico da ilicitude do *mobbing* consiste na repetição ou repetição das ações que denotam a conduta agressiva, devendo a perseguição ter uma frequência quase diária. O outro elemento ou requisito de relevância jurídica é representado pela ilícita finalidade de discriminar, marginalizar ou, de qualquer outro modo, prejudicar o trabalhador. Sem a concordância desses elementos não se configura o assédio moral como ato ilícito, pressuposto essencial da ocorrência de dano moral indenizável (*A reparação do dano moral no direito do trabalho*. São Paulo: LTr, 2004, p. 102).

mina assédio moral, também conhecido como *mobbing* (Itália, Alemanha e Escandinávia), *harcèlement moral* (França), *acoso moral* (Espanha), terror psicológico ou assédio moral entre nós, além de outras denominações, são, a rigor, atentados contra a dignidade humana. De início, os doutrinadores o definiam como 'a situação em que uma pessoa ou um grupo de pessoas exercem uma violência psicológica extrema, de forma sistemática e frequente (em média uma vez por semana) e durante um tempo prolongado (em torno de uns 6 meses) sobre outra pessoa, a respeito da qual mantém uma relação assimétrica de poder no local de trabalho, com o objetivo de destruir as redes de comunicação da vítima, destruir sua reputação, perturbar o exercício de seus trabalhos e conseguir, finalmente, que essa pessoa acabe deixando o emprego' (cf. Heinz Leymann, médico alemão e pesquisador na área de psicologia do trabalho, na Suécia, falecido em 1999, mas cujos textos foram compilados na obra de *Noa Davenport* e outras, intitulada *Mobbing*: Emotional 'Abuse in The American Work Place'). O conceito é criticado por ser muito rigoroso. Esse comportamento ocorre não só entre chefes e subordinados, mas também na via contrária, e entre colegas de trabalho com vários objetivos, entre eles o de forçar a demissão da vítima, o seu pedido de aposentadoria precoce, uma licença para tratamento de saúde, uma remoção ou transferência. Não se confunde com outros conflitos que são esporádicos ou mesmo com más condições de trabalho, pois o assédio moral pressupõe o comportamento (ação ou omissão), por um período prolongado, premeditado, que desestabiliza psicologicamente a vítima. Se a hipótese dos autos revela violência psicológica intensa sobre o empregado, prolongada no tempo, que acabou por ocasionar, intencionalmente, dano psíquico (depressão e síndrome do pânico), marginalizando-o no ambiente de trabalho, procede a indenização por dano moral advindo do assédio em questão". (TRT 3ª R. — 2ª T. — RO n. 1292/2003.057.03.00-3 — Relª Alice M. de Barros — DJMG 11.8.2004 — p. 13) (RDT n. 9 setembro de 2004)

O assédio moral, segundo a doutrina, é classificado em: a) vertical; b) horizontal; c) ascendente.

O assédio moral é classificado como vertical quando a violência psicológica parte de um superior hierárquico. Esta é a hipótese mais frequente no âmbito trabalhista.

É horizontal quando a violência psicológica é desencadeada pelos próprios colegas no local de trabalho. Como, por exemplo, os colegas de trabalho que passam a boicotar determinado empregado, por motivo de inveja, racismo ou competição.

Já o assédio moral ascendente é praticado pelo empregado contra o empregador. Lembra *Márcia Novaes Guedes*(20): "No romance *O Primo Basílio*, Eça de Queiroz nos traça um quadro inusitado dessa espécie de assédio moral. A coitada da Luizinha, esposa do conselheiro Jorge, foi martirizada moralmente pela criada Juliana até a morte. A violência de baixo para cima geralmente ocorre quando um colega é promovido sem a consulta dos demais, ou quando a promoção implica um cargo de chefia cujas funções os subordinados supõem que o promovido não possui méritos para desempenhar".

O assédio moral estratégico está ligado a uma determinada política empresarial, como, por exemplo: reestruturação da empresa, com planos de demissões voluntárias, substituição de mão de obra de determinado setor, etc. Nestas situações, a estratégia em-

(20) GUEDES, Márcia Novaes. *Terror psicológico no trabalho*. São Paulo: LTr, 2003. p. 37.

presarial consiste em atitudes destinadas a minar a autoestima destes trabalhadores, com a finalidade de que eles mesmos acabem aderindo a um plano de demissão voluntária ou pedindo demissão, por acharem que não se enquadram no perfil da empresa. Normalmente, nesta modalidade de assédio, não há uma vítima específica, mas um grupo determinado de trabalhadores. Tal modalidade de assédio se assemelha ao vertical, pois vem de cima para baixo, e a vítima, ou vítimas são determinadas.

Conforme *Márcia Novaes Guedes*(21) se refere ao termo *bossing*, para denominar o assédio moral estratégico. Diz a autora:

> "O termo *bossing* foi introduzido na psicologia por Brinkmann, em 1955, e significa uma ação executada pela direção de pessoal da empresa para com aqueles empregados considerados incômodos. Trata-se de uma estratégia da empresa para reduzir o número de pessoal ou, buscando conter custos, substituir o quadro por pessoas mais jovens e, consequentemente, pagar salários mais baixos. A empresa organiza sua estratégia de modo tal a levar o empregado a demitir-se. É que os italianos denominam *mobbing strategico*".

(21) *Ibidem*, p. 36.

3. Direitos Sociais. Caracterização como Direitos Fundamentais. Defesa pelo Ministério Público

MINISTÉRIO PÚBLICO DO TRABALHO — 2007

Disserte a respeito dos direito sociais, abordando, obrigatoriamente, sua caracterização como direitos fundamentais, sua aplicabilidade e a possibilidade de sua proteção judicial, no Brasil, pelo Ministério Público.

Nossa Constituição Federal prevê no art. 1º, incisos III e IV, a dignidade da pessoa humana e os valores sociais do trabalho como fundamentos do Estado Democrático de Direito, e no art. 3º, III, IV, menciona como objetivos da República Federativa do Brasil a erradicação da pobreza e a marginalização, com a redução das desigualdades sociais e regionais, bem como promover o bem de todos, sem preconceitos de origem, etnia, sexo, cor, idade e quaisquer outras formas de discriminação.

Interpretando-se sistematicamente os direitos fundamentais previstos nos arts. 1º e 3º, da Constituição Federal, sob a ótica da pessoa humana do trabalhador, de acordo com o princípio da máxima efetividade dos direitos fundamentais (*Canotilho*), conclui-se que a preservação dos valores sociais do trabalho é uma das formas de se garantir a dignidade da pessoa humana, bem como propiciar ao ser humano uma sociedade mais justa, com igualdades de oportunidades, para o seu pleno desenvolvimento físico e intelectual.

Adverte *Arion Sayão Romita*(1) que "a função primordial dos direitos fundamentais consiste na tarefa de fazer respeitar a dignidade da pessoa humana, mas não da pessoa abstrata do liberalismo, e sim da pessoa situada, em situação concreta e determinada, já que a dignidade da pessoa humana constitui o conceito central do fundamento da teoria dos direitos do homem, como resulta das declarações internacionais e das afirmações contidas em inúmeros textos constitucionais atualmente vigentes. Ela impõe

(1) ROMITA, Arion Sayão. *Direitos fundamentais nas relações de trabalho*. São Paulo: LTr, 2005. p. 195.

uma barreira, que em hipótese alguma pode ser franqueada. Mesmo nos casos em que limitações ao exercício dos direitos fundamentais na empresa devem ser admitidas, principalmente as concentradas nas faculdades asseguradas ao empregador em face do princípio da liberdade de iniciativa, ela não comporta restrições. A aplicação dos direitos fundamentais no âmbito da relação de emprego não concerne a indivíduos abstratos, mas a pessoas, isto é, a seres humanos em situação determinada pelo meio social em que vivem. Ela só se justifica quando considera os seres concretos, vale dizer, as pessoas encaradas em sua diversidade e levando em conta suas peculiaridades e sua particularidade. Cada ser humano é irrepetível e insubstituível. A fórmula que preside à aplicação dos direitos fundamentais é a que eles concernem ao 'homem situado'. A pessoa em causa deve ser considerada em sua integralidade, não somente do ponto de vista profissional, mas também em sua vida privada".

Os direitos sociais têm previsão no art. 6º, da Constituição, que assim dispõe:

> "São direitos sociais a educação, a saúde, o trabalho, a moradia, o lazer, a segurança, a previdência social, a proteção à maternidade e à infância, a assistência aos desamparados, na forma desta Constituição". (Redação dada pela EC n. 26/2000 — DOU 15.2.2000).

No nosso sentir, os direitos sociais constituem direitos fundamentais, por estarem inseridos no Capítulo II, do Título II da Constituição que trata *Dos Direitos e Garantias Fundamentais*. De outro lado, os direitos sociais constituem direitos fundamentais de segunda geração e compõem o piso vital mínimo, também chamado de mínimo existencial para a garantia da dignidade da pessoa humana.

Conforme *Rizatto Nunes*[2], "foi o jus-ambientalista brasileiro Professor *Celso Antonio Pacheco Fiorillo* que usou a expressão 'mínimo vital', cujo conteúdo concordamos. Diz o professor que, para começar a respeitar a dignidade da pessoa humana, tem-se de assegurar concretamente os direitos sociais previstos no art. 6º, da Carta Magna, que por sua vez está atrelado ao *caput* do art. 225".

Para que haja efetividade do princípio da dignidade da pessoa humana, é necessário que sejam deferidos à pessoa todos os demais direitos fundamentais previstos na Constituição. É preciso que se assegure, como já é frase recorrente na doutrina, um piso mínimo de Direitos.

Desse modo, somente haverá dignidade se a pessoa tiver assegurados os direitos fundamentais previstos nos arts. 1º, 3º e 5º, da CF, mas também os direitos sociais previstos no art. 6º, aí incluídos o direito ao trabalho, à saúde e ao lazer, e também o direito a um meio ambiente equilibrado, arts. 225 e seguintes da CF. Hoje, também têm sido muito valorizados os direitos sociais, como o direito ao lazer (art. 6º, da CLT) como sendo um direito fundamental para a melhoria da qualidade de vida das pessoas, principalmente as que têm grande volume de trabalho.

A moderna doutrina fixou entendimento no sentido de que os direitos fundamentais têm aplicabilidade imediata, em razão do princípio da força normativa da Consti-

---

(2) NUNES, Rizatto. *Curso de direito do consumidor*. São Paulo: Saraiva, 2004. p. 25. Também tem sido utilizada a expressão: *PISO MÍNIMO EXISTENCIAL*.

tuição Federal, o que fora ratificado pela redação do art. 5º, § 1º da CF, com a redação dada pela EC n. 45/2004, que assim dispõe:

"As normas definidoras dos direitos e garantias fundamentais têm aplicabilidade imediata".

Nesse diapasão, oportunas as palavras de *Flávia Piovesan*(3):

"O valor da dignidade humana impõe-se como núcleo básico e informador do ordenamento jurídico brasileiro, como critério e parâmetro de valoração a orientar a interpretação e compreensão do sistema constitucional instaurado em 1988. A dignidade humana e os direitos fundamentais vêm constituir o princípios constitucionais que incorporam as exigências de justiça e dos valores éticos, conferindo suporte axiológico a todo o sistema jurídico brasileiro. Na ordem de 1988 esses valores a serem dotados de uma especial força expansiva, projetando-se por todo o universo constitucional e servindo como critério interpretativo de todas as normas do ordenamento jurídico nacional. A Constituição de 1988 acolhe a ideia da universalidade dos direitos humanos, na medida em que consagra o valor da dignidade humana como princípio fundamental do constitucionalismo inaugurado em 1988. O texto constitucional ainda realça que os direitos humanos são tema de legítimo interesse da comunidade internacional, ao ineditamente prever, dentre os princípios a reger o Brasil nas relações internacionais, o princípio da prevalência dos direitos humanos. Trata-se, ademais, da primeira Constituição Brasileira a incluir os direitos internacionais no elenco dos direitos constitucionalmente garantidos. Ao fim da extensa Declaração de Direitos enunciada pelo art. 5º, a Carta de 1988 estabelece que os direitos e garantia expressos na Constituição 'não excluem outros decorrentes do regime e dos princípios por ela adotados ou dos tratados internacionais em que a República Federativa do Brasil seja parte'. A Constituição de 1988 inova, assim, ao incluir, dentre os direitos constitucionalmente protegidos, os direitos enunciados nos tratados internacionais de que o Brasil seja signatário. Ao efetuar tal incorporação, a Carta está a atribuir aos direitos internacionais uma hierarquia especial e diferenciada: a hierarquia constitucional. Logo, outra conclusão não resta senão a aceitação pelo texto constitucional do alcance universal dos direitos humanos".

O citado art. 5º, § 1º, da CF determina que os direitos e garantias fundamentais têm aplicação imediata, independentemente de norma regulamentar. O referido dispositivo consagra as chamadas ações afirmativas para a defesa de direitos fundamentais, evitando que as normas atinentes a direitos fundamentais fiquem em sede programática.

Nesse sentido, argumenta com propriedade *Paulo Bonavides*(4):

"Os direitos de segunda geração merecem um exame mais amplo. Dominam o século XX do mesmo modo como os direitos de primeira geração dominaram o século passado. São os direitos sociais, culturais e econômicos, bem como os direitos

---

(3) PIOVESAN, Flávia. Direitos humanos e o trabalho. *Revista da AMATRA II*, São Paulo, 2003. p. 13.

(4) BONAVIDES, Paulo. *Curso de direito constitucional*. 18. ed. São Paulo: Malheiros, p. 654-665.

coletivos ou de coletividades, introduzidos no constitucionalismo das distintas formas de Estado social, depois que germinaram por obra da ideologia e da reflexão antiliberal do século XX (...) De tal sorte que os direitos fundamentais da segunda geração tendem a tornar-se tão justificáveis quanto os da primeira; pelo menos esta é a regra que já não poderá ser descumprida ou ter sua eficácia recusada com aquela facilidade de argumentação arrimada no caráter programático da norma. Com efeito, então, em quase todos os sistemas da liberdade eram de aplicabilidade imediata, ao passo que os direitos sociais tinham aplicabilidade mediata, por via do legislador".

Nesse mesmo diapasão sustentam *Gomes Canotilho* e *Vital Moreira*[(5)]:

"A individualização de uma categoria de direitos e garantia dos trabalhadores, ao lado dos de caráter pessoal e político, reveste um particular significado constitucional, do ponto em que ela traduz o abandono de uma concepção tradicional dos direitos, liberdades e garantias como direitos do homem ou do cidadão genéricos e abstratos, fazendo intervir também o trabalhador (exatamente: o trabalhador subordinado) como titular de direitos de igual dignidade)".

No mesmo, a dispõem os Enunciados ns. 1º e 2º, da Primeira Jornada de Direito Material e Processual do Tribunal Superior do Trabalho, realizada em novembro de 2007.

Enunciado n. 1:

"DIREITOS FUNDAMENTAIS. INTERPRETAÇÃO E APLICAÇÃO. Os direitos fundamentais devem ser interpretados e aplicados de maneira a preservar a integridade sistêmica da Constituição, a estabilizar as relações sociais e, acima de tudo, a oferecer a devida tutela ao titular do direito fundamental.

No Direito do Trabalho, deve prevalecer o princípio da dignidade da pessoa humana.

Enunciado n. 2:

DIREITOS FUNDAMENTAIS — FORÇA NORMATIVA.

I — ART. 7º, INCISO I, DA CONSTITUIÇÃO DA REPÚBLICA. EFICÁCIA PLENA. FORÇA NORMATIVA DA CONSTITUIÇÃO. DIMENSÃO OBJETIVA DOS DIREITOS FUNDAMENTAIS E DEVER DE PROTEÇÃO. A omissão legislativa impõe a atuação do Poder Judiciário na efetivação da norma constitucional, garantindo aos trabalhadores a efetiva proteção contra a dispensa arbitrária.

II — DISPENSA ABUSIVA DO EMPREGADO. VEDAÇÃO CONSTITUCIONAL. NULIDADE. Ainda que o empregado não seja estável, deve ser declarada abusiva e, portanto, nula a sua dispensa quando implique a violação de algum direito fundamental, devendo ser assegurada prioritariamente a reintegração do trabalhador.

(5) CANOTILHO, J. J. Gomes; MOREIRA, Vital. *Constituição da República Portuguesa anotada.* 3. ed. Coimbra: Coimbra Editora, 1993. p. 285.

III — LESÃO A DIREITOS FUNDAMENTAIS. ÔNUS DA PROVA. Quando há alegação de que ato ou prática empresarial disfarça uma conduta lesiva a direitos fundamentais ou a princípios constitucionais, incumbe ao empregador o ônus de provar que agiu sob motivação lícita".

Conforme o art. 127 da Constituição Federal, *o Ministério Público é instituição permanente, essencial à função jurisdicional do Estado, incumbindo-lhe a defesa da ordem jurídica, do regime democrático e dos interesses sociais e individuais indisponíveis.*

A Constituição de 1988 desvinculou o Ministério Público do poder executivo, transformando-o em uma instituição autônoma e permanente. Por isso, alguns o equiparam a um quarto poder.

Longe de se limitar ao papel a ele tradicionalmente reservado na persecução criminal, e ao contrário de sustentar interesses individuais ou dos governantes, o Ministério Público está hoje consagrado com autonomia e independência funcional da instituição e de seus órgãos, à defesa dos interesse sociais e individuais indisponíveis, da ordem jurídica e do regime democrático. Passou, pois, a ser órgão de proteção das liberdades públicas constitucionais, da defesa de direitos indisponíveis, da garantia do contraditório[6].

O Ministério Público, por mandamento constitucional, tem a missão de defender os direito sociais, máxime quando houver lesões de ordem difusa e coletiva a tais direitos.

Na esfera judicial, o Ministério Público do Trabalho poderá promover Ações Civil Coletivas, inibitórias ou ressarcitórias em decorrência de violação dos direitos sociais consagrados constitucionalmente.

---

(6) MAZZILLI, Hugo Nigro. *Introdução ao Ministério Público do Trabalho*. São Paulo: Saraiva, 1997. p. 21.

4. Doméstico. Contrato de Experiência e Estabilidade Gestante

TRT — 23ª REGIÃO — 2008

Empregada doméstica foi admitida no dia 1º.8.2007, mediante contrato verbal de experiência, pelo prazo de 90 dias; teve a confirmação de sua gravidez no dia 1º.10.07, e o seu empregador, servidor público, foi transferido para outra cidade no dia 15.10.07, o que ocasionou a mudança de residência. A empregada ficou impossibilitada, por motivos familiares, de acompanhar o empregador, fato este que acarretou a sua dispensa sem justa causa. Responda de forma fundamentada:

a) A empregada é detentora da estabilidade provisória no emprego?

b) A empregada terá direitos ao recebimento do salário-maternidade, reintegração no emprego ou indenização substitutiva do período de estabilidade?

Considerando-se que a Lei do Doméstico não prevê a possibilidade da contratação de empregado doméstico por contrato de experiência, e que o contrato de experiência causa incertezas ao trabalhador quanto ao futuro, parte da jurisprudência não admite a contratação do empregado doméstico por contrato de experiência.

Nesse sentido a seguinte ementa:

"Empregado doméstico — Contrato de experiência. A legislação específica do trabalhador doméstico não prevê a celebração de contrato de experiência. Recomendável embora essa modalidade, do ponto de vista da conveniência, certo é que existe uma legislação protetiva minuciosa, inserta inclusive na Carga Magna, excluindo tal hipótese na relação de emprego *in domus*". (TRT — 12ª R. — 1ª T. — Ac. n. 7174/2000 — Rel. Juiz Luiz Fernando Cabeda — DJSC 8.8.2000 — p. 96).

No nosso sentir, o contrato de experiência é compatível com o empregado doméstico, pois a CLT é fonte subsidiária da Lei do Doméstico e não há vedação legal para se contratar um empregado doméstico por meio de contrato de experiência (art. 7º, da CLT). Além disso, pensamos não ser o contrato de experiência prejudicial ao trabalhador doméstico, pois o empregado também poderá avaliar se o emprego lhe é interessante, salvo as hipóteses de fraude.

Conforme destacam *Rodolfo Pamplona Filho* e *Marco Antônio César Villatore*(1):

"Acreditamos, em contrapartida, que seria bastante interessante tivesse havido previsão desse tipo de contrato para o doméstico, eis que a ideia de prova da habilidade do trabalhador contratado, bem como a adaptação do empregador, é algo extremamente salutar para a segurança das relações jurídicas, observados, obviamente, os limites legais. Ora, não há relação jurídica trabalhista em que essa garantia é mais necessária do que a relação de emprego doméstico, em que o elemento 'confiança' é algo ainda mais presente, tendo em vista que a doméstica passa a partilhar da intimidade da família empregadora. Assim sendo, reformulando posicionamento anterior, parece-nos também bastante ponderável sustentar a aplicabilidade do instituto aos domésticos, situação essa aliás bastante corriqueira no dia a dia das relações de Direito Material (...)".

No mesmo sentido a seguinte ementa:

"Empregado doméstico e contrato de experiência — Validade. Tendo em conta a inserção no mundo jurídico de vários direitos trabalhistas para o trabalhador doméstico, a partir de 1972, com a edição da Lei n. 5.859, finalizando com a extensão à categoria de vários dos direitos previstos no art. 7º da Constituição da República, pelo seu parágrafo único, entendo deva ser efetuada uma releitura do disposto no art. 7º, *a*, da CLT, para que lhe seja dada interpretação mais moderna e consoante com a atual realidade da categoria. Sob tal enfoque, há de se dar validade a contrato de experiência firmado com empregado doméstico". (TRT — 3ª R. — 3ª T. — RO n. 9392/99 — Rel. Juiz José Miguel de Campos — DJMG 19.1.2000 — p. 37).

De outro lado, pensamos que o contrato de experiência, por configurar exceção ao princípio da continuidade do contrato de trabalho, deve ser escrito e registrado na CTPS do empregado (art. 29 da CLT), constando a expressa anuência do trabalhador, não se admitindo a forma verbal, máxime em se tratando de trabalhador doméstico.

Nesse sentido a seguinte ementa:

"Empregado doméstico — Contrato de experiência — Registro na carteira profissional — Inexistência — Efeitos. O contrato de experiência realmente não se presume. Tratando-se de exceção à regra geral do contrato tácito, verbal ou escrito por prazo indeterminado, há de ser registrado na forma escrita, a fim de obstar o empregador ou surpreender o empregado, por força de expedientes que promovam ou desvirtuem a aplicação da legislação mínima. Todavia, se os autos evidenciam o contrato de forma escrita, não há falar-se que somente com o registro na Carteira Profissional, ainda que mais correto, tenha o mesmo validade

(1) PAMPLONA FILHO, Rodolfo; VILLATORE, Marco Antônio César. *Direito do trabalho doméstico*. 3. ed. São Paulo: LTr, 2006. p. 86.

para os efeitos legais. Se o contrato teve a ciência das partes e foi pelas mesmas subscrito, há de se conceder-lhe a respectiva eficácia, ainda que a formalidade aludida não tenha se verificado". (TRT — 3ª R. — 5ª T. — RO n. 14228/97 — Rel. Luiz Philippe Vieira — DJMG 28.3.1998 — p. 18).

Desse modo, como o contrato de experiência foi verbal, pensamos que ele seja inválido e, portanto, faz jus a autora ao salário-maternidade e reintegração no emprego.

De outro lado, como resta inviável a reintegração em razão da transferência do empregador, faz jus a autora à indenização referente aos salários e demais vantagens do período estabilitário.

Para os que entendem válido o contrato de experiência mesmo de forma verbal e o admitem para o doméstico, a empregada não terá direito à reintegração no emprego, mas terá direito ao salário-maternidade se preencher os requisitos da lei previdenciária (Lei n. 8.213/91).

Nesse sentido dispõe a Súmula n. 244 do Tribunal Superior do Trabalho, *in verbis*:

"GESTANTE. ESTABILIDADE PROVISÓRIA. (incorporadas as Orientações Jurisprudenciais ns. 88 e 196 da SBDI-1) — Res. 129/2005 — DJ 20.4.2005.

I — O desconhecimento do estado gravídico pelo empregador não afasta o direito ao pagamento da indenização decorrente da estabilidade. (art. 10, II, *b* do ADCT). (ex-OJ n. 88 — DJ 16.4.2004)

II — A garantia de emprego à gestante só autoriza a reintegração se esta se der durante o período de estabilidade. Do contrário, a garantia restringe-se aos salários e demais direitos correspondentes ao período de estabilidade. (ex-Súmula n. 244 — Res. 121/2003, DJ 21.11.2003)

III — Não há direito da empregada gestante à estabilidade provisória na hipótese de admissão mediante contrato de experiência, visto que a extinção da relação de emprego, em face do término do prazo, não constitui dispensa arbitrária ou sem justa causa". (ex-OJ n. 196 — Inserida em 8.11.2000).

Nesse sentido a seguinte ementa:

"Contrato de experiência — Estabilidade gestante — Incompatibilidade. Reconhecida a plena eficácia do contrato de experiência, há de se considerar que, muito embora a empregada gestante tenha garantia contra a dispensa arbitrária ou sem justa causa, nos termos do inciso II, art. 10, do Ato das Disposições Constitucionais Transitórias, alínea *b*, o desligamento por término de contrato é hipótese não contemplada na norma constitucional. Por essa razão, restando comprovado que o término do contrato de experiência celebrado entre as partes coincidiu com o desligamento havido, não há que se cogitar na pretendida estabilidade provisória. Recurso ordinário não provido". (TRT 15ª R. — 3ª T. — RO n. 230/2005.015.15.00-9 — Rel. Lorival Ferreira dos Santos — DJ 7.4.2006 — p. 36) (RDT n. 05 — maio de 2006).

Cumpre destacar que há entendimentos no sentido de que a empregada doméstica contratada por meio de contrato de experiência faz jus à estabilidade gestante, em razão do grande caráter social que envolve a estabilidade gestante, não haver vedação legal para o deferimento do direito e por ser a proteção à maternidade um direito social que adquire contornos de direito fundamental por estar previsto no art. 6º, da Constituição Federal.

5. Alteração Contratual. Promoção por Meio de Cláusula de Experiência

MINISTÉRIO PÚBLICO DO TRABALHO — 2006

É válida norma inserida em contrato individual, regulamento de empresa, acordo coletivo ou convenção coletiva que estipule a promoção do empregado por experiência? Explica-se: o empregado promovido exercerá nova função (com maiores responsabilidades técnicas e aumento salarial) pelo prazo de noventa dias e, após, dependendo do seu desempenho, o empregador poderá tornar definitiva a promoção ou fazer com que o empregado retorne ao posto que ocupava antes da promoção com a correspondente redução salarial. Fundamente a resposta.

O contrato de experiência, também conhecido como contrato de prova, na legislação brasileira, é previsto como modalidade de contrato por prazo determinado, embora sua natureza específica seja de um contrato de prova, no qual o empregado avaliará se o emprego lhe é conveniente, e o empregador avaliará o desempenho do empregado para uma futura contratação, ou não, por prazo indeterminado.

Promoção, rememorando as lições de *Orlando Gomes*, é o ato pelo qual o empregado passa a ocupar função de maior responsabilidade, acompanhada de ascensão hierárquica e majoração salarial.

Possível se sustentar que na hipótese presente haverá prejuízo ao empregado em ser promovido por experiência, restando aplicável à hipótese os arts. 9º, 444 e 468, da CLT, uma vez que a legislação não disciplina a promoção por experiência, e a fixação de tal possibilidade em regulamento empresarial ou norma coletiva viola os referidos dispositivos legais. Além disso, o contrato de experiência, por configurar exceção ao princípio da continuidade do contrato de trabalho, tem interpretação restritiva, não podendo ser firmado no curso de um contrato por prazo indeterminado.

Nesse sentido, vem se alinhando a jurisprudência, conforme as seguintes ementas:

"O contrato de experiência encontra disciplinamento no art. 443 da CLT, traduzindo-se em uma das modalidades do contrato de trabalho por prazo determinado. Inexiste no estatuto consolidado qualquer norma que imponha ao empregador justificar os motivos ensejadores da não recontratação do empregado, findo o período de experiência. Caso contrário, estar-se-ia retirando o poder do empregador de demitir o obreiro que não correspondeu às expectativas da empresa. (TST — 5ª T. — Ac. n. 5650/94 — Rel. Min. Wagner Pimenta — DJ 10.2.1995 — p. 2.151).

Contrato de experiência — Validade — Trabalhador temporário — Recontratação pelo tomador dos serviços. O trabalho temporário não exclui a possibilidade do empregador pactuar contrato de trabalho a título de experiência para recontratação do trabalhador na empresa de forma efetiva, mormente para o desempenho de função diferente daquela exercida enquanto temporários os serviços. (TRT — 15ª R. — 1ª T. — Ac. n. 34757/98 — Rel. Luiz Antônio Lazarim — DJSP 19.10.1998 — p. 66) (RDT 11/98, p. 48).

O contrato de experiência deve ser por escrito, constando os elementos essenciais do contrato de trabalho por prazo determinado, como nome e qualificação das partes, condições de trabalho, natureza do cargo, remuneração, assinatura das duas partes, termo de vigência do contrato, data da assinatura do contrato, etc. Normalmente, ao admitir-se alguém como empregado, e feito o registro na ficha ou livro de registro, na conformidade da lei, se além do registro não se fizer qualquer contrato formal com o empregado, entende-se que há entre este e a empresa um contrato por prazo indeterminado, que é, na verdade, o tipo usual de contrato de trabalho". (TRT 2ª R. 7ª T. Ac. n. 2960296529 Rel. Amaury Formica DJSP 20.6.1996 p. 45).

No nosso sentir, é possível que o empregado seja promovido para outra função de maior responsabilidade, com consequente aumento salarial, por período de experiência de até 90 dias. Caso não se adapte à nova função, poderá retornar à função antiga com a consequente redução salarial. Tal prática não viola os arts. 9º, 444 e 468, da CLT, pois ao final do período de experiência o próprio empregado poderá optar por retornar à função anterior, caso não se adapte à nova função.

De se destacar ainda que não há vedação legal para que conste cláusula em regulamento de empresa ou acordo coletivo prevendo promoção por experiência, e também não há prejuízo ao empregado. Além disso, tal cláusula está em compasso com as funções sociais do contrato de trabalho e da empresa. Por derradeiro, a cláusula constante de regulamento de empresa, acordo ou convenção coletiva possibilita a transparência do procedimento de promoção, observa o direito à informação e cumpre a finalidade do contrato de experiência.

No mesmo sentido vale transcrever as palavras de *Márcio Túlio Viana*(1) em obra magistral sobre a matéria:

"Quanto à promoção por experiência, admite-a também *Nélio Reis*, desde que ajustada e de curta duração. Argumenta o mestre, com razão: Restringir este direito ao

(1) VIANA, Márcio Túlio. Direito de Resistência. São Paulo: LTr, 1996, p. 255-256.

empregador seria criar para a empresa um retraimento na experimentação de seu pessoal, com prejuízos para os próprios empregados que ficariam privados dos acessos obtidos, em regra, por meio desta prática. Ainda de acordo com *Nélio Reis*, é preciso que haja referência expressa ao caráter transitório da promoção, e não pode ter transcorrido mais de um ano após a alteração, por analogia ao período de experiência previsto no art. 478, § 1º, da CLT. Quanto a nós, preferimos o prazo de noventa dias, relativo ao contrato de experiência, regulado no art. 455, parágrafo único da CLT. E entendemos que, no geral, devem-se aplicar, analogicamente, as mesmas regras celetistas que governam os contratos a prazo. Por isso mesmo, na dúvida, deve-se concluir que a alteração se deu em caráter definitivo — o que garante ao empregado o direito de resistir permanecendo na função".

6. Aposentadoria e Extinção do Contrato de Trabalho

TRT 9ª REGIÃO — 2007

Discorra sobre a relação entre a aposentadoria espontânea do empregado e a manutenção do seu contrato de trabalho.

O termo aposentadoria significa *ir para os aposentos*, que é a parte da casa destinada ao descanso.

Juridicamente, a aposentadoria é o direito do empregado de passar à inatividade mediante o preenchimento dos requisitos legais.

Partindo-se da premissa de que o empregado para passar à inatividade necessita se desligar do emprego, grande parte da doutrina e também da jurisprudência defende que a aposentadoria espontânea extingue o contrato de trabalho.

Os defensores da corrente que entende a aposentadoria como causa de extinção do contrato de trabalho interpretam o art. 453, da CLT(1) de forma teleológica (finalidade social da lei) argumentando que se o referido dispositivo veda a soma de períodos descontínuos (*acessio temporis*) quando o empregado se aposenta, é porque, efetivamente, o evento aposentadoria causa extinção do contrato de trabalho.

Nesse sentido, as seguintes ementas:

"Aposentadoria espontânea — Continuidade da prestação de serviços — Novo contrato de trabalho. Conforme disposto no art. 453 da CLT, a aposentadoria espontânea do trabalhador

(1) Art. 453, da CLT: No tempo de serviço do empregado, quando readmitido, serão computados os períodos, ainda que não contínuos, em que tiver trabalhado anteriormente na empresa, salvo se houver sido despedido por falta grave, recebido indenização legal e se aposentado espontaneamente. (Redação dada pela Lei n. 6.204/75 — DOU 30.4.1975) § 1º Na aposentadoria espontânea de empregados das empresas públicas e sociedades de economia mista é permitida sua readmissão desde que atendidos aos requisitos constantes do art. 37, inciso XVI, da Constituição, e condicionada à prestação de concurso público. § 2º O ato de concessão de benefício de aposentadoria a empregado que não tiver completado 35 anos de serviço, se homem, ou trinta, se mulher, importa em extinção do vínculo empregatício.

põe termo ao seu contrato de trabalho. Por se tratar de entidade integrante da Administração Pública indireta, a eventual continuidade na prestação de serviços do aposentado somente se mostra legítima após a prévia aprovação em concurso público, nos termos da disposição contida no art. 37, inciso II, da Constituição da República de 1988. O novo contrato de trabalho é nulo. Recurso de embargos conhecido e provido. (TST — SBDI-1 — E-RR n. 816.673/2001-0 — Rel. Carlos A. Reis de Paula — DJ 10.9.2004 — p. 872) (RDT n. 10 outubro de 2004).

Aposentadoria espontânea — Continuidade da prestação de serviços — Novo contrato de trabalho. Efeitos: Súmula n. 363/TST e liberação do FGTS — Art. 19-A da Lei n. 8.036/1990, com a nova redação conferida pela Medida Provisória n. 2.164-41/2001. Conforme disposto no art. 453 da CLT, a aposentadoria espontânea do trabalhador põe termo ao contrato de trabalho. Em se tratando de entidade integrante da Administração Pública indireta, a eventual continuidade na prestação de serviços do aposentado somente se mostra legítima após a prévia aprovação em concurso público, nos termos da disposição contida no art. 37, inciso II, da Constituição Federal de 1988. O novo contrato de trabalho é nulo, sendo devido ao autor somente o salário *stricto sensu*. A declaração de nulidade opera efeitos *ex tunc*, como vem entendendo o Tribunal Superior do Trabalho (Orientação Jurisprudencial n. 85/TST), agora sedimentado na Súmula n. 363 do TST, revisto em 4 de abril de 2002. O art. 19-A da Lei n. 8.036/1990, com a nova redação conferida pela Medida Provisória n. 2.164-41/2001, dispõe que é devido o depósito do FGTS na conta vinculada do trabalhador cujo contrato de trabalho seja declarado nulo nas hipóteses previstas no art. 37, § 2º, da Constituição Federal, quando mantido o direito ao salário, sob a observância que o saldo existente em conta vinculada, oriundo do contrato declarado nulo, não tenha sido levantado até essa data. Recurso de revista conhecido e provido em parte para restringir a condenação ao saldo de salário, de acordo com a Súmula n. 363/TST, bem como aos depósitos correspondentes ao FGTS, conforme o disposto no art. 19-A e parágrafo único da Lei n. 8.036/90, com a redação que lhe deu a Medida Provisória n. 2.164-41, de 24.8.2001. Recurso de embargos da reclamada conhecido e provido". (TST — SBDI-1 — E-RR n. 566.203/1999-3 — Rel. Carlos Alberto R. de Paula — DJ 12.11.2004 — p. 713) (RDT n. 12 dezembro de 2004).

De outro lado, a aposentadoria é um benefício previdenciário e, portanto, os requisitos para a concessão desse benefício devem ser aferidos sob o prisma da legislação previdenciária.

O art. 49 da Lei n. 8.213/91 assevera que a aposentadoria por idade será devida ao empregado a partir: "(...) b) da data do requerimento, quando não houver desligamento do emprego ou quando for requerida após o prazo previsto na alínea *a* (até 90 dias após o desligamento do emprego)".

Conforme o referido dispositivo legal, a lei previdenciária não exige o prévio desligamento do empregado para a concessão da aposentadoria.

No nosso sentir, a aposentadoria espontânea não extingue o contrato de trabalho, pois a relação que o empregado mantém com a Previdência é de direito público e distinta da relação que mantém com o empregador que é de direito privado. Um evento de natureza previdenciária (a aposentadoria) não pode gerar reflexos no contrato de trabalho, quando a Lei Previdenciária não exige que o empregado se desligue do emprego para obter o benefício.

Deve ser destacado que o princípio da continuidade do contrato de trabalho milita em favor do empregado, no sentido da manutenção de sua fonte de ganho, mesmo após a aposentadoria, pois, na realidade do nosso país, dificilmente se consegue viver somente com o valor da aposentadoria.

De outro lado, a CLT não diz que a aposentadoria extingue o contrato de trabalho, pois o art. 453 trata da vedação da soma de períodos descontínuos e não da extinção do contrato de trabalho quando o empregado obtém o benefício previdenciário enquanto vigente o contrato de emprego.

Com efeito, dispõe o art. 453, da CLT:

> "No tempo de serviço do empregado, quando readmitido, serão computados os períodos, ainda que não contínuos, em que tiver trabalhado anteriormente na empresa, salvo se houver sido despedido por falta grave, recebido indenização legal e se aposentado espontaneamente. (Redação dada pela Lei n. 6.204/1975 — DOU 30.4.1975) § 1º Na aposentadoria espontânea de empregados das empresas públicas e sociedades de economia mista, é permitida sua readmissão desde que atendidos aos requisitos constantes do art. 37, inciso XVI, da Constituição, e condicionada à prestação de concurso público. § 2º O ato de concessão de benefício de aposentadoria a empregado que não tiver completado 35 anos de serviço, se homem, ou trinta, se mulher, importa em extinção do vínculo empregatício".

De ser destacado ainda que o Supremo Tribunal Federal, recentemente, em julgamento de mérito (ADIns n. 1.770-4-DF e 1.723-3-DF), julgou inconstitucional o § 1º do art. 453, da CLT e suspendeu a vigência do § 2º, do art. 453, da CLT, sinalizando a Suprema Corte Brasileira que a aposentadoria não é causa de extinção do contrato de trabalho.

Diante do atual entendimento do STF, o Tribunal Superior do Trabalho cancelou a OJ n. 177, da SDI-I, que assim dispõe:

> "Aposentadoria espontânea. Efeitos. A aposentadoria espontânea extingue o contrato de trabalho, mesmo quando o empregado continua a trabalhar na empresa após a concessão do benefício previdenciário. Assim, sendo, indevida a multa de 40% em relação ao período anterior à aposentadoria espontânea".

Nesse sentido é a visão de *Jorge Luiz Souto Maior*, fazendo menção ao acórdão do STF que dirimiu a questão. Assevera *Souto Maior*(2):

> "A aposentadoria por tempo de serviço não é motivo de cessação da relação de emprego. O STF no julgamento da ADIn sobre a constitucionalidade do § 2º do art. 453 assim se pronunciou: 'APOSENTADORIA ESPONTÂNEA NÃO IMPLICA, POR SI SÓ, EXTINÇÃO DO CONTRATO DE TRABALHO. 1. Despedida arbitrária ou sem justa causa (CF, art. 7º, I): viola a garantia constitucional o acórdão que, partindo de premissa derivada de interpretação conferida ao art. 453, *caput*, da CLT (redação dada pela Lei n. 6.204/75), decide que a aposentadoria espontânea extingue o contrato de trabalho, mesmo quando o empre-

---

(2) SOUTO MAIOR, Jorge Luiz. *Curso de direito do trabalho*: a relação de emprego. V. II. São Paulo: LTr, 2008. p. 512.

gado continua a trabalhar na empresa após a concessão do benefício previdenciário. 2. A aposentadoria espontânea pode ou não ser acompanhada de afastamento do empregado de seu trabalho: só há readmissão quando o trabalhador aposentado tiver encerrado a relação de trabalho e posteriormente iniciado outra; caso haja continuidade do trabalho, mesmo após a aposentadoria espontânea, não se pode falar em extinção do contrato de trabalho, e portanto, em readmissão' (STF — Ministro Relator Sepúlveda Pertence. Publicado no DJU de 16.12.2005 (DT — março/2006, v. 140, p. 90)".

Nesse sentido, as seguintes ementas:

"APOSENTADORIA ESPONTÂNEA. EFEITOS. A aposentadoria voluntária não extingue o contrato de trabalho, em havendo continuidade na prestação dos serviços para o ente público, derivando de tal conclusão a unicidade contratual. O servidor municipal regido pela CLT mantém com a previdência uma relação jurídica distinta daquela que há entre si e o empregador, *in casu*, a Municipalidade, que decorre do contrato de trabalho. Uma relação jurídica de direito público, que o servidor mantém com a previdência social, não pode desconstituir direitos oriundos da relação de direito privado (o contrato de trabalho). Além disso, o art. 453 da CLT trata da *acessio temporis*, o que não se confunde com a continuidade do contrato de trabalho. Cumpre ser salientado que o STF (ADIn n. 1.770-3 Medida Liminar Rel. Ilmar Galvão) suspendeu a eficácia dos parágrafos primeiro e segundo do art. 453 da CLT, que classificavam a aposentadoria proporcional como causa extintiva do contrato de trabalho, por colidir com o art. 7º, I, da CF, sendo que a legislação previdenciária não exige o prévio desligamento do trabalho. Por outro lado, *in casu*, não existe a transgressão ao art. 37, II, da Constituição Federal, pois não houve a solução de continuidade do contrato de trabalho firmado com o ente público municipal, sendo desnecessário, portanto, a nova aprovação em concurso público, visto não existir o reingresso no serviço público e sim a persistência da pactuação laboral". (TRT 15ª Região. 11ª Câmara (6ª T). 494-2003-008-15-00-2 REO-RO. Ac. 14954/2005-PATR, Rel. Flávio Nunes Campos, publ. 15.4.2005).

"RECURSO DE REVISTA. APOSENTADORIA ESPONTÂNEA. EFEITOS. Esta colenda Corte, em face do posicionamento adotado pelo Supremo Tribunal Federal, no sentido de que a aposentadoria espontânea não é causa de extinção do pacto laboral, houve por bem cancelar o Precedente Jurisprudencial n. 177 da SBDI-1 e acatar o entendimento externado pela Corte Suprema. Destarte, é devido o pagamento do aviso-prévio e da multa de 40% sobre a totalidade dos depósitos fundiários efetuados na conta vinculada da reclamante. VANTAGENS ASSEGURADAS EM ACORDO OU CONVENÇÃO COLETIVOS. INCORPORAÇÃO AO CONTRATO DE TRABALHO. O Tribunal Regional decidiu em consonância com a Súmula n. 277 do TST, cujo entendimento é de que as condições de trabalho alcançadas por força de sentença normativa vigoram no prazo assinalado, não integrando, de forma definitiva, os contratos. Incidência da Súmula n. 333 do TST e do art. 896, § 4º, da CLT. Recurso de revista de que se conhece parcialmente e a que se dá provimento". (7ª Turma PROC. n. TST-AIRR-686068/2000.8, Brasília, 9 de abril de 2008, relator Ministro Pedro Paulo Manus).

O Tribunal Superior do Trabalho, recentemente, firmou jurisprudência uniforme no sentido de que não será a aposentadoria espontânea causa de extinção do contrato de trabalho, conforme se constata da OJ n. 361, da sua SDI-I, *in verbis*:

"APOSENTADORIA ESPONTÂNEA. UNICIDADE DO CONTRATO DE TRABALHO. MULTA DE 40% DO FGTS SOBRE TODO O PERÍODO. DJ 20, 21 e 23.5.2008.

A aposentadoria espontânea não é causa de extinção do contrato de trabalho se o empregado permanece prestando serviços ao empregador após a jubilação. Assim, por ocasião da sua dispensa imotivada, o empregado tem direito à multa de 40% do FGTS sobre a totalidade dos depósitos efetuados no curso do pacto laboral".

7. Quitação. Comissões de Conciliação Prévia

TRT 3ª REGIÃO — 2005

Quais os efeitos do acordo celebrado entre o empregador e o empregado perante a Comissão de Conciliação Prévia? Justificar.

As comissões de conciliação prévia são órgãos criados no âmbito dos sindicatos ou das empresas, com a finalidade de resolução do conflito individual trabalhista por meio da autocomposição. Trata-se de um meio alternativo, extrajudicial de solução do conflito que tem por finalidade propiciar maior celeridade à resolução da lide, sem a burocracia do Poder Judiciário Trabalhista.

Diante da presença de conciliadores, empregados e empregadores poderão, consensualmente, colocar fim ao conflito.

A criação das comissões de conciliação prévia é facultativa, e estas podem ser criadas no âmbito das empresas ou dos sindicatos, e terão o mesmo número de representantes dos empregados e dos empregadores, conforme disciplina o art. 625-A, da CLT, *in verbis*: "As empresas e os sindicatos podem instituir Comissões de Conciliação Prévia, de composição paritária, com representante dos empregados e dos empregadores, com a atribuição de tentar conciliar os conflitos individuais do trabalho. Parágrafo único. As Comissões referidas no *caput* deste artigo poderão ser constituídas por grupos de empresas ou ter caráter intersindical".

Nos termos do § 1º do art. 625-A, da CLT, a demanda será formulada por escrito ou reduzida a termo por quaisquer dos membros da Comissão, sendo entregue cópia datada e assinada pelo membro aos interessados.

Conforme o § 2º do art. 625-A da CLT: Não prosperando a conciliação, será fornecida ao empregado e ao empregador declaração da tentativa conciliatória frustrada com a descrição de seu objeto, firmada pelos membros da Comissão, que deverá ser juntada à eventual reclamação trabalhista.

Caso exista, na mesma localidade e para a mesma categoria, Comissão de empresa e Comissão sindical, o interessado optará por uma delas para submeter a sua demanda, sendo competente aquela que primeiro conhecer do pedido (§ 4º do art. 625-A da CLT).

As Comissões de Conciliação Prévia têm dez dias para a realização da tentativa de conciliação a partir da provocação do interessado (art. 625-F, da CLT). Se o referido prazo for ultrapassado, será fornecida certidão ao reclamante, podendo este ingressar com a reclamação trabalhista.

O prazo prescricional será suspenso a partir da provocação da Comissão de Conciliação Prévia, recomeçando a fluir, pelo que lhe resta, a partir da tentativa frustrada de conciliação ou do esgotamento do prazo de 10 dias para realização da audiência (art. 625-G, da CLT).

Assevera o art. 625-D, da CLT:

> "Qualquer demanda de natureza trabalhista será submetida à Comissão de Conciliação Prévia se, na localidade da prestação de serviços, houver sido instituída a Comissão no âmbito da empresa ou do sindicato da categoria".

Diante do referido dispositivo legal, há entendimentos na doutrina e jurisprudência de que a passagem do conflito individual trabalhista pela comissão de Conciliação Prévia é um pressuposto processual ou uma condição da ação que devem ser preenchidos quando do ajuizamento da ação trabalhista, vale dizer: se não houver a tentativa de conciliação perante a Comissão de Conciliação Prévia, deverá o Juiz do Trabalho a requerimento, ou *ex officio*, extinguir o processo, sem resolução de mérito, nos termos do art. 267 do CPC.

Argumentam, ainda, os defensores das Comissões de Conciliação Prévia, que a tentativa de conciliação extrajudicial como condição de ingresso da reclamação trabalhista tem por objetivo estimular a conciliação, desafogar o Judiciário Trabalhista e ainda melhorar a prestação jurisdicional de Justiça do Trabalho, o que somente será possível se se entender obrigatória a tentativa de conciliação extrajudicial.

Nesse sentido, vale transcrever a seguinte ementa da mais alta Corte Trabalhista brasileira, *in verbis*:

> "AUSÊNCIA DE PRESSUPOSTO DE CONSTITUIÇÃO E DE DESENVOLVIMENTO VÁLIDO E REGULAR DO PROCESSO: SUBMISSÃO DA DEMANDA À COMISSÃO DE CONCILIAÇÃO PRÉVIA. ART. 625-D DA CLT.
>
> I — A obrigatoriedade imposta no art. 625-D da Consolidação das Leis do Trabalho, inserto no Título VI-A desse diploma Legal, acrescentado pela Lei n. 9.958/2000, não afronta o princípio do livre acesso ao Poder Judiciário, até porque não impede o ajuizamento de ação visando à satisfação das pretensões ressalvadas ou a declaração de nulidade do ajuste celebrado perante a comissão.
>
> II — Aqui é bom enfatizar que a prévia tentativa de conciliação é inclusive condição para a propositura da ação coletiva (arts. 616, § 4º, da CLT e 114, § 2º, da Constituição Federal), cuja constitucionalidade já foi reconhecida pelo SFT, no julgamento do Ag-Rg-AI 166.962-4, Relator Ministro Carlos Velloso.

III — Não se afigura por isso plausível que exigência semelhante, para a propositura da ação individual, possa configurar ofensa ao princípio da inderrogabilidade da jurisdição. Mesmo porque a conciliação, ainda que extrajudicial, acha-se intimamente ligada à finalidade histórica da Justiça do Trabalho, alçada à condição de princípio constitucional, a teor do art. 114 da Lei Maior.

IV — É imprescindível lembrar ainda da disposição do art. 625-F da CLT, que fixa, de um lado, o prazo de 10 dias para a realização da conciliação, cujo transcurso em branco libera o empregado para a propositura da reclamação, e, de outro, o autoriza de imediato a ingressar em juízo, no caso de haver motivo relevante que o impossibilite de observar a exigência ali contida, a ser declarado na petição inicial.

V — Não tendo o recorrido atendido o pressuposto processual de válida constituição e desenvolvimento regular do processo, consubstanciado na passagem pela Comissão de Conciliação Prévia, nem ter invocado o motivo pelo qual deixara de atender a determinação contida na norma consolidada, insuscetível de ser tangenciada pelo malogro da tentativa de conciliação, promovida pelo Juízo da Vara do Trabalho, pois do contrário a exigência legal se tornaria letra morta, impõe-se a extinção do processo sem resolução do mérito, na forma do art. 267, inciso IV do CPC.

VI — Recurso provido. (Processo: RR-386/2008-001-13-00.0. Data de julgamento: 13.5.2009, Relator Ministro: Antônio José de Barros Levenhagen, 4ª Turma, Data de divulgação: DEJT 29.5.2009".

Embora a lei diga que qualquer demanda *será submetida à Comissão*, não apresenta qualquer penalidade para o descumprimento. Se não há penalidade, não se pode concluir que há obrigatoriedade.

De outro lado, a conciliação pode ser tentada na audiência trabalhista pelo Juiz do Trabalho. As tentativas conciliatórias do Juiz do Trabalho suprem eventual necessidade de conciliação extrajudicial. Não nos parece ser justo e razoável o Juiz do Trabalho, após tentar a conciliação e não obtê-la, extinguir o processo em razão da falta de passagem do litígio pela Comissão de Conciliação Prévia. Tal extinção estaria negando os princípios constitucionais da duração razoável do processo, da efetividade processual e do acesso à Justiça. Questiona-se: se o acordo não surgiu diante de partes, advogados e o Juiz do Trabalho, ele acontecerá na Comissão de Conciliação Prévia? Pensamos que não.

Além disso, é da essência da Justiça do Trabalho facilitar o acesso do trabalhador à Justiça do Trabalho e a finalidade essencial do processo trabalhista é dirimir, com justiça, o conflito trabalhista. De outro lado, a vocação conciliatória da Justiça do Trabalho é histórica, inclusive por mandamento legal (art. 764, da CLT). Por isso, não há como a Justiça do Trabalho furtar-se a apreciar uma demanda em razão de falta de conciliação prévia, quando é dever do magistrado buscá-la em juízo.

Nesse sentido, vale transcrever recente julgamento do Tribunal Superior do Trabalho, vazado na seguinte ementa:

"AGRAVO DE INSTRUMENTO. RECURSO DE REVISTA. FEITO NÃO SUBMETIDO À COMISSÃO DE CONCILIAÇÃO PRÉVIA. EFEITOS JURÍDICOS. NULIDADE SANADA PELO PRÓPRIO CURSO DO PROCESSO JUDICIAL TRABALHISTA. A previsão do rito de passagem extrajudicial pela CCP ou NICT (arts. 625-D e 625-H, CLT), caso desconsiderada pela parte, não implica nulidade processual absoluta e insanável: é que a instigação à conciliação, dever do Magistrado no início da audiência processual trabalhista (o art. 846, *caput*, da CLT, determina ao Juiz que, na abertura da audiência, antes da apresentação da defesa, proponha a conciliação), tem o condão de sanar o vício percebido. Ora, não se declara eventual nulidade, no Direito Processual do Trabalho, se não se verificar manifesto prejuízo às partes litigantes (art. 794, CLT) ou caso seja possível suprir-se a falta ou repetir-se o ato (art. 796, *a*, CLT). Assim, a instigação conciliatória inerente à dinâmica processual trabalhista elide eventual prejuízo resultante da omissão extrajudicial, suprindo-se esta omissão perante o próprio Juiz, a quem cabe determinar que o ato de composição se realize na audiência. Agravo de instrumento desprovido". (TST — AIRR-1167/2006-004-19-40.8. — A.C. 6ª T. — Relator Min. Mauricio Godinho Delgado — DJ 26.9.2008, In: *Revista LTr* 72-09/1150).

Nesse sentido, destacamos as seguintes ementas:

"Comissão de conciliação prévia — Submissão do conflito — Faculdade. O art. 625-D da CLT não estabeleceu nova condição da ação ou mesmo pressuposto processual, tratando-se apenas de faculdade do empregado. Pelo que, sua inobservância não acarreta a extinção do feito sem julgamento do mérito. (TRT 12ª R. — 3ª T. — ROV n. 3561/2004.018.12.00-5 — Ac. n. 13.191/05 — Relª Lígia M. Teixeira Gouvêa — DJ 8.11.2005 — p. 195) (RDT n. 12 de dezembro de 2005).

Passagem pela Comissão de Conciliação Prévia. Negativa de acordo em audiência. A falta de acordo em audiência, que seria judicial, supre a tentativa de acordo em órgão extrajudicial. Como o acordo judicial tem representatividade muito maior, inclusive fazendo coisa julgada, o acordo extrajudicial fica por ele abrangido. (TRT/SP — 00588200404002001 — RO — Ac. 2ª T. 2005051779 — Rel. Sérgio Pinto Martins — DOE 1º.8.2006.

A extinção do processo sem julgamento de mérito, sob o fundamento de inobservância do art. 625-D, da CLT, antes da formação da *litiscontestatio* é providência que em nada contribui para o prestígio da Justiça do Trabalho, e ainda mais quando há pedido de reconhecimento do vínculo empregatício, o que extrapola as atribuições da comissão de conciliação prévia. (TRT/SP — 03173200502802007 — RO — Ac. 1ª T. — 20060693449 — Rel. Adalberto Martins — DOE 19.9.2006).

Passagem pela comissão de conciliação prévia como condição da ação. Não obrigatoriedade. Princípio da instrumentalidade das formas. Matéria já pacificada neste Tribunal, através da Súmula 02. (TRT/SP — 01444200422102000 — RO — Ac. 3ª T. 20090510075 — Rel. Maria de Lourdes Antonio — DOE 28.7.2009).

SUBMISSÃO DA DEMANDA À COMISSÃO DE CONCILIAÇÃO PRÉVIA. NÃO OBRIGATORIEDADE. A submissão da demanda à Comissão de Conciliação Prévia não caracteriza condição para o exercício do direito de ação, visto que o ato constitui faculdade atribuída ao empregado, com o objetivo de proporcionar a solução de controvérsias e incentivar a celebração de acordos anteriormente à prestação jurisdicional. Entendimento respaldado pela Súmula n. 2 do Egrégio Tribunal Regional do Trabalho da 2ª Região". (TRT/SP — 02113200800902001 — RS — Ac. 6ª T. 20090223041 — Rel. Ivete Ribeiro — DOE 7.4.2009).

No mesmo é a Súmula n. 2 do Tribunal Regional do Trabalho da 2ª Região, *in verbis*:

"COMISSÃO DE CONCILIAÇÃO PRÉVIA. EXTINÇÃO DE PROCESSO. (RA n. 08/2002 — DJE 12.11.2002, 19.11.2002, 10.12.2002 e 13.12.2002). O comparecimento perante a

Comissão de Conciliação Prévia é uma faculdade assegurada ao obreiro, objetivando a obtenção de um título executivo extrajudicial, conforme previsto pelo art. 625-E, parágrafo único da CLT, mas não constitui condição da ação, nem tampouco pressuposto processual na reclamatória trabalhista, diante do comando emergente do art. 5º, XXXV, da Constituição Federal".

O Supremo Tribunal Federal, recentemente, em controle concentrado de constitucionalidade, fixou entendimento no sentido de não ser obrigatória a submissão do litígio trabalhista à Comissão de Conciliação Prévia como condição de ingresso na Justiça do Trabalho, conforme notícia publicada no site do STF[1] em 13.5.2009, conforme segue:

"COMISSÕES DE CONCILIAÇÃO PRÉVIA: STF — 13.5.2009 — Liminar em Ação Direta de Inconstitucionalidade. — Min. Marco Aurélio. Quarta-feira, 13 de maio de 2009. Trabalhador pode ingressar na Justiça mesmo sem tentar conciliação prévia. Por maioria de votos, o Supremo Tribunal Federal (STF) determinou nesta quarta-feira (13) que demandas trabalhistas podem ser submetidas ao Poder Judiciário antes que tenham sido analisadas por uma comissão de conciliação prévia. Para os ministros, esse entendimento preserva o direito universal dos cidadãos de acesso à Justiça. A decisão é liminar e vale até o julgamento final da matéria, contestada em duas Ações Diretas de Inconstitucionalidade (ADIs ns. 2.139 e 2.160) ajuizadas por quatro partidos políticos e pela Confederação Nacional dos Trabalhadores do Comércio (CNTC). Tanto a confederação quanto o PC do B, o PSB, o PT e o PDT argumentaram que a regra da CLT representava um limite à liberdade de escolha da via mais conveniente para submeter eventuais demandas trabalhistas. Sete ministros deferiram o pedido de liminar feito nas ações para dar interpretação conforme a Constituição Federal ao art. 625-D da CLT (Consolidação das Leis do Trabalho), que obrigava o trabalhador a primeiro procurar a conciliação no caso de a demanda trabalhista ocorrer em local que conte com uma comissão de conciliação, seja na empresa ou no sindicato da categoria. Com isso, o empregado pode escolher entre a conciliação e ingressar com reclamação trabalhista no Judiciário. Divergência: Quando o julgamento dos pedidos de liminar nas ações começou, em janeiro de 2000, o ministro Marco Aurélio foi o primeiro a divergir do relator, ministro Octavio Gallotti, no sentido de deferir em parte a cautelar para dar interpretação conforme ao art. 625-D da CLT. Em agosto de 2007, foi a vez de os ministros Sepúlveda Pertence, Cármen Lúcia Antunes Rocha, Ricardo Lewandowski e Eros Grau unirem-se a Marco Aurélio. Nesta tarde, o entendimento foi sacramentado com os votos dos ministros Joaquim Barbosa e Carlos Ayres Britto. Segundo Barbosa, manter a regra do 625-D da CLT sem interpretação conforme a Constituição representaria uma 'séria restrição do direito de acesso à Justiça para os trabalhadores'. Para Ayres Britto, a solução dada pelo Plenário 'estimula a conciliação e mantém uma tradição da Justiça Trabalhista de tentar a conciliação, sem sacrificar o direito universal de acesso à jurisdição [pelos cidadãos]'. Ele lembrou voto do ministro Marco Aurélio no sentido de que, quando a Constituição quer excluir uma demanda do campo de apreciação do Judiciário, ela o faz de forma expressa, como ocorre, por exemplo, na área desportiva. Nesse caso, o ingresso no Judiciário somente pode ocorrer após se esgotarem as instâncias da Justiça Desportiva (§ 1º do art. 217). Contramão da história: Último a se pronunciar sobre a matéria, o ministro Cezar Peluso disse que a decisão do Supremo está na 'contramão na história'. Segundo ele, o dispositivo da CLT não representa bloqueio, impedimento ou exclusão do recurso à universalidade

(1) Disponível em: www.stf.gov.br.

da jurisdição. 'Eu acho que, com o devido respeito, a postura da Corte, restringindo a possibilidade da tentativa obrigatória de conciliação, está na contramão da história, porque em vários outros países hoje há obrigatoriedade do recurso às chamadas vias alternativas de resolução de conflitos, até porque o Poder Judiciário não tem dado conta suficiente da carga de processos', afirmou o ministro. Para ele, a regra da CLT representa 'simplesmente uma tentativa preliminar de conciliar e de resolver pacificamente o conflito, com a vantagem de uma solução não ser imposta autoritariamente'. 'As soluções consensuais são, em todas as medidas, as melhores do ponto de vista social', concluiu. Outros dispositivos: As ações questionavam ainda outros dispositivos da CLT. No caso do art. 625-E da CLT o pedido não foi conhecido, ou seja, analisado. Esse artigo determina que o acordo lavrado na comissão de conciliação será título executivo extrajudicial. Nesse ponto, o ministro Marco Aurélio ficou vencido. O pedido de liminar contra o inciso II do art. 852-B da CLT foi negado. O dispositivo fixa que não se fará citação por edital no procedimento sumaríssimo. As decisões quanto a esses dispositivos foram tomadas quando o julgamento dos pedidos de liminar nas ações começou, em 2000".

Dispõe o art. 625-E, da CLT:

"Aceita a conciliação, será lavrado termo assinado pelo empregado, pelo empregador ou seu proposto e pelos membros da Comissão, fornecendo-se cópia às partes. Parágrafo único. O termo de conciliação é título executivo extrajudicial e terá eficácia liberatória geral, exceto quanto às parcelas expressamente ressalvadas. (Incluído pela Lei n. 9.958, de 12.1.2000)".

Diante da redação do referido dispositivo legal, parte da doutrina e jurisprudência trabalhista asseveram que os acordos firmados perante as Comissões de Conciliação Prévia têm eficácia liberatória geral, exceto quanto às parcelas expressamente ressalvadas. O que não foi ressalvado, não poderá ser discutido em juízo. Nesse sentido, destacamos a seguinte ementa:

"Acordo homologado pela comissão de conciliação prévia — Efeitos de coisa julgada. Exsurgem efeitos de coisa julgada dos acordos formalizados perante as Comissões de Conciliação Prévia, dada a similar função de composição de conflitos por parte de tais órgãos extrajudiciais. Cabe notar, inclusive, que o efeito da coisa julgada não impede, outrossim, a execução de tais títulos executivos em que se constituem os termos de conciliação prévia, já que não há exame de mérito propriamente realizado, ante a aplicação do art. 267, V, do CPC. Conciliação. Cláusula expressa de plena quitação pelo extinto contrato de trabalho. Se o acordo firmado perante a Comissão de Conciliação Prévia alcançou o 'extinto contrato de trabalho', assim expressamente consignando plena quitação quanto às obrigações decorrentes do pacto laboral havido, não há, pois, como ser invocada qualquer ressalva que admita possibilidade de perseguir outras verbas, ainda que não especificadas no termo de conciliação, já que a quitação ampla e geral ao extinto contrato de trabalho alcança todas aquelas que poderiam advir do vínculo trabalhista ocorrido entre as partes, sem dar margem a que qualquer outra pudesse ser postulado, por caracterizados efeitos próprios de coisa julgada. Aplicação extensiva de precedentes jurisprudenciais do c. TST e do TRT-10. Recurso conhecido e provido, para extinguir-se o processo, sem exame de mérito, nos termos do art. 267, V, do CPC". (TRT — 10ª R. — 3ª T. — RO n. 28/2002.011.10.00-6 — Rel. Douglas A. Rodrigues — DJDF 16.5.2003 — p. 21).

Outros argumentam que, em sede extrajudicial, a quitação somente abrange parcelas e valores consignados no termo de conciliação, conforme os arts. 320 do Código Civil, 477, § 2º, da CLT e Súmula n. 330 do TST.

Nesse sentido, a seguinte ementa:

> "Câmaras de conciliação trabalhista — Limites da quitação. A eficácia liberatória geral a que se reporta o parágrafo único do art. 625-E da CLT há de ser compreendida apenas em relação àquelas parcelas objeto da demanda exposta à Comissão de Conciliação, não compreendendo quitação geral do contrato de trabalho no que respeita a outras verbas trabalhistas que não tenha sido objeto expresso da conciliação". (TRT — 12ª R. — 1ª T. — Ac. n. 5290/2002 — Rel. Gérson P. T. Conrado — DJSC 21.5.2002 — p. 143 (RDT n. 6 — junho de 2002 (RDT n. 6 — junho de 2002)

A finalidade das Comissões de Conciliação Prévia consiste na busca da transação, ou seja, que as partes, mediante concessões recíprocas, coloquem fim à relação jurídica duvidosa que pertine a direitos patrimoniais disponíveis (*res dubia*).

Leciona *Fabrício Zamprogna Matiello*(2):

> "Transação é o contrato pelo qual as partes, envolvidas judicial ou extrajudicialmente em litígio ou controvérsia, previnem ou encerram a pendência através de concessões recíprocas".

Dispõe o art. 840 do Código Civil:

> "É lícito aos interessados prevenirem ou terminarem o litígio mediante concessões mútuas".

Conforme referido dispositivo legal, a transação exige concessões recíprocas e relação jurídica duvidosa. Sem a presença desses dois elementos fundamentais não há transação e sim renúncia ou submissão de uma parte à outra.

De outro lado, conforme dispõe o art. 841 do Código Civil somente quanto a direitos patrimoniais de caráter privado se admite a transação.

Embora haja grande celeuma na doutrina e jurisprudência, acreditamos que a transação firmada perante a Comissão de Conciliação Prévia não tem eficácia liberatória geral, tampouco impede que as partes (trabalhadores e empregadores) venham ao judiciário discutir a transação, tanto no aspecto formal (capacidade, forma prevista em lei e manifestação espontânea da vontade), como no aspecto de fundo (mérito da transação), ou seja, se efetivamente a transação observou seus princípios fundamentais.

Nesse sentido, destacamos as seguintes ementas:

> "Comissões de conciliação prévia — Termo de conciliação — Liberação restrita aos direitos postulados e transacionados. A interpretação do parágrafo único, do art. 625-E, inserto na CLT pela Lei n. 9.958/2000, me parece ser mais profunda do que o texto, à primeira vista,

---

(2) MATIELLO, Fabrício Zamprogna. *Código civil comentado*. 2. ed. São Paulo: LTr, 2005. p. 525.

pode parecer dizer. A interpretação deve ser sistemática, pois o conteúdo literal de um dispositivo legal, contido às vezes num só artigo, não enseja a compreensão do contexto do qual é parte. Todo ato interpretativo é um ato de vontade, contém em si carga valorativa própria daquele que desenvolveu a atividade interpretativa. Não se deve obter a vontade isolada da norma, já que ao formular a lei o legislador elabora um sistema, suas normas deverão ser consideradas coesas e mutuamente imbricadas, jamais se poderá tomar alguma de forma insulada. O que buscou a lei em comento foi dar às partes a prerrogativa de eleger conciliadores para solucionar seus litígios, extrajudicialmente, sem afastar o direito de acesso ao Judiciário, corolário este que decorre da cláusula pétrea, inserto no art. 5º, inciso XXXV, da Carta Magna. A liberação do empregador pela simples inserção no termo de conciliação que o empregado dá quitação geral e absoluta de todos os direitos oriundos do contrato de trabalho, para nada mais reclamar, seja a que título for, me parece açodado e temerário. Não sendo colocados em discussão outros direitos e não havendo transação sobre o que se pleiteia judicialmente, não se pode acolher a liberação total e absoluta do reclamado, sob pena de burlar o art. 477, da CLT, pois a assistência ao trabalhador quando da quitação final de seus direitos é atribuição do sindicato de classe, ou das autoridades indicadas nos §§ 2º e 3º, deste dispositivo, e não da Comissão de Conciliação. Sendo assim, o ato conciliatório resta eivado de nulidade, pois objetivou impedir e fraudar a aplicação das normas obreiras, devendo ser rejeitado no que diz respeito à liberação geral do empregador, pondo a salvo os direitos não transacionados pelo trabalhador (inteligência do art. 9º da CLT)". (TRT 15ª R. — 2ª T. — RO n. 27274/2003 — Rel. Dagoberto N. de Azevedo — DJSP 12.9.2003 — p. 23).

"Comissão de conciliação prévia — Termo de conciliação — Eficácia liberatória. Não tem eficácia liberatória o termo de conciliação assinado perante Comissão de Conciliação Prévia, sem que tenha havido conflito entre as partes e, sim, o seu comparecimento ocorrido por iniciativa do empregador, com o objetivo único de obter quitação de parcelas trabalhistas". (TRT — 3ª R. — 4ª T. — RO n. 1274/2003 — Rel. Luiz O. L. Renault — DJMG 22.3.2003 — p. 14) (RDT n. 4 — abril de 2003)

A homologação da transação na Comissão de Conciliação Prévia não tem o efeito de coisa julgada, tampouco impede a garantia constitucional do Acesso à Justiça (art. 5º, XXXV, da CF).

8. Trabalhador Reabilitado. Estabilidade ou Garantia de emprego

TRT — 24ª REGIÃO — 2007

Ao trabalhador reabilitado ou portador de alguma deficiência é outorgada alguma estabilidade ou garantia de emprego? Fundamente.

Atualmente, muito se discute sobre a inserção do portador de necessidades especiais no mercado de trabalho.

Nossa Constituição Federal em vários dispositivos prestigia a inserção do portador de necessidades especiais no mercado do trabalho, como os princípios da dignidade da pessoa humana (art. 1º, IV), não discriminação (arts. 3º e 7º, XXX), bem como destaca os valores sociais do trabalho para uma sociedade justa e solidária.

Diante dos princípios constitucionais citados, é possível se criar mecanismos na lei infraconstitucional com o objeto de incentivar e impulsionar a inserção do portador de necessidades especiais no mercado de trabalho.

Nessa linha de interpretação, veio a lume a Lei n. 8.213/91, que dispõe, no art. 93, a obrigatoriedade das empresas de mais de 100 empregados preencherem de 2 a 5% de suas vagas com trabalhadores portadores de necessidades especiais ou reabilitados.

Dispõe o referido dispositivo legal:

> "A empresa com 100 (cem) ou mais empregados está obrigada a preencher de 2% (dois por cento) a 5% (cinco por cento) dos seus cargos com beneficiários reabilitados ou pessoas portadoras de deficiência, habilitadas, na seguinte proporção: ... (*omissis*).
>
> § 1º A dispensa de trabalhador reabilitado ou de deficiente habilitado ao final de contrato por prazo determinado de mais de 90 (noventa) dias, e a imotivada, no contrato por prazo indeterminado, só poderá ocorrer após a contratação de substituto de condição semelhante;
>
> § 2º O Ministério do Trabalho e da Previdência Social deverá gerar estatísticas sobre o total de empregados e as vagas preenchidas por reabilitados e deficientes habilitados, fornecendo-as, quando solicitadas, aos sindicatos ou entidades representativas dos empregados".

Diante do referido § 1º do art. 93, da Lei n. 8.213/91, questiona-se: foi assegurada alguma garantia de emprego ou estabilidade do trabalhador reabilitado ou portador de necessidades especiais?

Rememorando as lições do professor *Mauricio Godinho Delgado*, as estabilidades são em caráter geral e definitivo, já as estabilidades provisórias, também denominadas garantias de emprego, são em caráter provisório e atendendo à determinada situação especial do empregado. Como exemplos de garantias de emprego temos a do dirigente sindical (art. 8º, da CF c/c art. 543, da CLT); gestante (art. 10, II, *b*, do ACDT), membro de CIPA (arts. 10, II, *a*, do ADCT c/c art. 165, da CLT), empregado acidentado (Lei n. 8.213/91); empregado integrante de Comissões de Conciliação Prévia (Lei n. 9.958/2000) e membro do conselho curador do FGTS (Lei n. 8.036/2000).

Há quem sustente que o fato de o empregador não cumprir o disposto no § 1º do art. 93, da Lei n. 8.213/91 não lhe gera qualquer consequência, além de multa de natureza administrativa, pois não se trata a hipótese de estabilidade ou garantia de emprego.

No nosso sentir, não se trata o citado dispositivo legal de estabilidade e sim de uma limitação ao direito de dispensa do empregador, enquanto não contratar outro empregado nas mesmas condições do empregado portador de necessidades especiais.

A única forma de se dar efetividade às promessas constitucionais de dignidade da pessoa humana, valorização do trabalho, igualdades de oportunidades e inserção do portador de necessidades especiais no mercado de trabalho é interpretar o § 1º do art. 93, da Lei n. 8.213/91 como forma de limitação ao direito potestativo do empregador de dispensa do empregado reabilitado enquanto não comprovar que contratou outro trabalhador em situação semelhante. Do contrário, o referido dispositivo não terá efetividade e não se garantirá ao reabilitado o acesso efetivo ao mercado de trabalho.

Nesse sentido, cumpre destacar a seguinte ementa, oriunda da mais alta Corte trabalhista brasileira:

> "RECURSO DE REVISTA. PRELIMINAR DE ILEGITIMIDADE PASSIVA. SUCESSÃO — Deferido o pedido de exclusão da lide do Banco do Estado do Rio de Janeiro, fica prejudicada a análise da preliminar. PEDIDO DE REINTEGRAÇÃO E CONSECTÁRIOS. DEFICIENTE FÍSICO. GARANTIA SOCIAL. § 1º DO ART. 93 DA LEI N. 8.213/91 A Lei n. 8.213/91 regulamenta os Planos de benefícios da Previdência Social, enquanto o art. 93 está inserido na Subseção II, relativa à habilitação e reabilitação profissional. O *caput* do art. 93 prevê a fixação da proporção do número de vagas, nas empresas, para empregados reabilitados e portadores de deficiência, estando, portanto, o § 1º vinculado ao *caput*. A norma está inserida em um contexto jurídico, como um conjunto de atos que visa a manter o percentual de vagas para portador de deficiência e reabilitados, ao condicionar a dispensa de um empregado nessas condições à contratação de outro em condições semelhantes. Constata-se que o dispositivo procura manter o número de vagas ao condicionar a contratação de substituto em condição semelhante, criando, assim, uma garantia não individual, mas social. O empregador tem limitado seu direito potestativo de dispensar o deficiente físico ou reabilitado profissionalmente, pois condicionado o exercício desse direito à contratação de outro empregado em condições semelhantes. Conforme registrado pelo Regional, o Reclamado, apesar de ter alegado, não comprovou o adimplemento da condição limitadora do exercício do direito potestativo de dispensar o empregado deficiente físico. Recurso não

conhecido, por não configurada violação dos arts. 5º, incisos II e XXXVI e 7º da Constituição da República, bem como do § 1º do art. 93 da Lei n. 8.213/91. REINTEGRAÇÃO. CONVERSÃO. INDENIZAÇÃO. COMPENSAÇÃO Os modelos transcritos à verificação do dissenso de julgados não revelaram a especificidade necessária, pois não partem dos mesmos fundamentos do Regional. Incidência da Súmula n. 296 do TST. CRITÉRIOS DE CÁLCULOS E CONDENAÇÃO ACESSÓRIA — O recurso não pode prosperar, porque desfundamentado, já que o Recorrente não transcreveu jurisprudência à demonstração do conflito de teses nem apontou violação de texto de lei ou da Constituição da República. Desatendido o art. 896 da CLT. DESCONTOS PREVIDENCIÁRIOS — A decisão do Regional, ao autorizar apenas os descontos fiscais, contrariou a jurisprudência predominante desta Corte consagrada na OJ n. 32 da SDI/TST, que entende serem devidos os descontos de contribuição previdenciária e de Imposto de Renda. HONORÁRIOS ADVOCATÍCIOS — O Tribunal recorrido asseverou que, preenchidos os requisitos da Lei n. 5.584/70, a sentença que deferiu os honorários advocatícios deveria ser mantida. Na hipótese, não há como se aferir o preenchimento dos requisitos a que aludem as Súmulas ns. 219 e 329 do TST, ou mesmo o disposto no art. 14 da Lei n. 5.584/70, pois para tanto seria necessário ultrapassar o quadro probatório traçado pelo TRT, à luz da Súmula n. 126 do TST. CUSTAS PROPORCIONAIS — O TRT julgou correta a sentença que responsabilizou o Reclamado pelo recolhimento integral das custas processuais, porque vencida, consoante disposto no art. 789, § 4º, da CLT. O aresto servível revela-se inespecífico porque não trata da questão das custas proporcionais na Justiça do Trabalho, mas apenas menciona a natureza de despesas processuais. Incidência da Súmula n. 296 do TST". (PROCESSO: RR NÚMERO: 646255 ANO: 2000 PUBLICAÇÃO: DJ — 4.4.03 PROC. N. TST-RR-646.255/2000.4 C: ACÓRDÃO (3ª TURMA). Relator Ministro CARLOS ALBERTO REIS DE PAULA).

9. Sucessão Trabalhista e Lei de Recuperação Judicial

TRT 24ª REGIÃO — 2007

Como compatibilizar a aplicação do parágrafo único do art. 60 da Lei de Recuperação Judicial (Lei n. 11.101/05), com os arts. 10 e 448, da Consolidação das Leis do Trabalho, considerando que o empregado, a unidade produtiva isolada, é credor de várias verbas de natureza trabalhista da empresa em recuperação? Fundamente.

Nas palavras de *Coviello*(1), sucessão em sentido jurídico, consiste na substituição de uma pessoa por outra na mesma relação jurídica: a identidade da relação e a diversidade dos sujeitos caracterizam a verdadeira sucessão.

Sob o enfoque trabalhista, conceitua *Mauricio Godinho Delgado*(2):

> "Sucessão de empregadores é figura regulada pelos arts. 10 e 448 da CLT. Consiste no instituto justrabalhista em virtude do qual se opera no contexto da transferência de titularidade de empresa ou estabelecimento, uma completa transmissão de crédito e assunção de dívidas trabalhistas entre alienante e adquirente envolvidos".

Alguns doutrinadores preferem utilizar a expressão sucessão de empregadores(3), pois a alteração se dá em face do empregador e não da empresa que continua. Outros sustentam a possibilidade de haver sucessão de empresas(4).

---

(1) COVIELLO. *Doctrina General de Derecho Civil*. Tradução mexicana, 1938. p. 337. In: MARANHÃO, Délio *et al*. *Instituições de direito do trabalho*. V. I. 22. ed. São Paulo: LTr, 2005. p. 305.

(2) DELGADO, Mauricio Godinho. *Curso de direito do trabalho*. 6. ed. São Paulo: LTr, 2007. p. 408.

(3) Nesse sentido defende Délio Maranhão: "sucessão é substituição de sujeitos, 'empresa' é atividade e 'estabelecimento' é objeto de direito. De la Cueva, a quem não se pode imputar a 'pecha' de civilista, salienta que as consequências jurídico-trabalhistas da substituição de empregadores 'não autorizam a concluir que

Segundo a melhor doutrina a sucessão trabalhista, disciplinada nos arts. 10 e 448, da CLT tem fundamento nos princípios da continuidade do contrato de trabalho, despersonalização do empregador, e na inalterabilidade do contrato de trabalho. Por isso, quem responde pelo crédito trabalhista é a empresa e não quem esteja no seu comando.[4]

Dispõe o art. 10, da CLT: *Qualquer alteração na estrutura jurídica da empresa não afetará os direitos adquiridos por seus empregados.*

No mesmo sentido é o art. 448, da CLT: *A mudança na propriedade ou na estrutura jurídica da empresa não afetará os contratos de trabalho dos respectivos empregados.*

Como bem adverte *Wagner D. Giglio*[5], *responsável pelo pagamento da condenação é, portanto, a empresa, ou seja, o conjunto de bens materiais (prédios, máquinas, produtos, instalações etc.) e imateriais (crédito, renome etc.) que compõe o empreendimento. São esses bens que, em última análise, serão arrecadados através da penhora, para satisfazer a condenação, pouco importando quais são as pessoas físicas detentoras ou proprietárias deles.*

São hipóteses típicas de sucessão para fins trabalhistas: a transferência de titularidade da empresa, fusão, incorporação e cisão de empresas, contratos de concessão e arrendamento e também as privatizações de antigas estatais.

Para a doutrina clássica, são requisitos da sucessão para fins trabalhistas: a) transferência de uma unidade empresarial econômica de produção de um titular para outro; b) inexistência de solução de continuidade do contrato de trabalho, vale dizer: o empregado da empresa sucedida deve trabalhar para a empresa sucessora[6]. Para a moderna doutrina, à qual me filio, com apoio da atual jurisprudência dos Tribunais, não há necessidade de que o empregado ou o reclamante em processo trabalhista ter prestado serviços para a empresa sucessora, basta apenas que tenha havido a transferência total ou parcial de uma unidade de produção de uma empresa para outra para que ocorra a sucessão para fins trabalhistas.

---

a relação de trabalho se estabeleça entre os empregados e a empresa, pois não é possível ignorar o direito de propriedade do empregador e menos ainda afirmar-se um direito de propriedade dos empregados sobre os bens que integram a empresa (*Instituições de direito do trabalho*. 22. ed. São Paulo: LTr, 2005. p. 306). No mesmo sentido, *Evaristo de Moraes Filho* e *Antonio Carlos Flores de Moraes*: "A indevidamente chamada sucessão de empresa nada mais é do que a sucessão de empregadores — isto sim — dentro da mesma empresa" (*Introdução ao direito do trabalho*. 8. ed. São Paulo: LTr, 2000. p. 261).

(4) Nesse sentido é a visão de Paulo Emílio Ribeiro de Vilhena: "A sucessão pode se dar na empresa, o que torna abrangente a vinculação trabalhista, ou de estabelecimento ou no estabelecimento ou na atividade hipótese em que a vinculação trabalhista seria parcial e se referiria somente aos empregados do estabelecimento ou da atividade objeto da sucessão" (*Relação de emprego*: Estrutura Legal e Supostos. 3. ed. São Paulo: LTr, 2005. p. 330). Na visão de Amauri Mascaro Nascimento: "sucessão de empresas significa mudança na propriedade da empresa e efeitos sobre o contrato de trabalho que é protegido" (*Curso de direito do trabalho*. 19. ed. São Paulo: LTr, 2004. p. 680).

(5) GIGLIO, Wagner D. *Direito processual do trabalho*. 15. ed. São Paulo: Saraiva, 2005. p. 537.

(6) Nesse sentido é a doutrina clássica de Délio Maranhão (*Instituições de direito do trabalho*. V. I. 22. ed. São Paulo: LTr, 2005. p. 309). No mesmo sentido destaca-se a seguinte ementa: *Sucessão de empregadores. Configura-se a sucessão de empregadores quando ocorre a transferência do estabelecimento de um titular para outro sem que seja interrompida a prestação de serviços.* (TRT — 12ª R. — 2ª T. — Ac. n. 3.286/2001 — Rel. Moreira Cacciari — DJSC 16.4.2001 — p. 84) (RDT 5/2001, p. 67).

Nesse sentido a seguinte ementa:

> "Sucessão. A sucessão é a transferência total ou parcial, provisória ou definitiva da titularidade de empresa, pública ou privada, desde que haja continuidade, pelo sucessor, da atividade-fim, explorada pelo sucedido. Apoiam-se nos princípios da continuidade da relação de emprego, da despersonalização da pessoa jurídica e da intangibilidade salarial, tendo como escopo a regra dos arts. 10 e 448 da Consolidação das Leis do Trabalho". (TRT — 1ª R. — 5ª T. — RO n. 6605/2000 — Rel. João Mário de Medeiros — DJRJ 28.6.2001 — p. 223) (RDT 07/2001, p. 65).

Pensamos estar correta a moderna doutrina ao exigir apenas o requisito da transferência da unidade econômica de produção de um titular para outro para que se configure a sucessão, pois os arts. 10 e 448, da CLT não exigem que o empregado tenha trabalhado para a empresa sucedida. Além disso, tal interpretação está em consonância com o princípio protetor e propicia maior garantia de solvabilidade do crédito trabalhista.

Nesse mesmo diapasão adverte *Jorge Luiz Souto Maior*(7):

> "A circunstância de não ter o empregado prestado serviços para a nova pessoa jurídica constituída é totalmente irrelevante, apesar de se ter firmado na doutrina trabalhista o entendimento de que a sucessão trabalhista somente em lugar quando se dá o fenômeno da continuidade da prestação de serviço por parte do trabalhador para a nova pessoa jurídica. Uma leitura atenta dos arts. 10 e 448, da CLT, entretanto, desautoriza tal entendimento".

No mesmo sentido *Mauricio Godinho Delgado*(8):

> "(...) a sucessão pode ser verificar sem que haja, necessariamente, a continuidade na prestação de serviços. Tal singularidade é que foi percebida nos últimos anos pela jurisprudência, ao examinar inúmeras situações novas criadas pelo mercado empresarial; nessas situações ocorriam mudanças significativas no âmbito da empresa, afetando significativamente (ainda que de modo indireto) os contratos de trabalho, sem que tivesse se mantido a prestação laborativa e a própria existência de tais contratos".

A moderna doutrina defende a existência da sucessão, mesmo na transferência parcial de uma unidade econômica de produção empresarial, desde que afete de forma significativa os contratos de trabalho. Por exemplo, a transferência de propriedade da produção de um determinado produto de uma empresa para outra.

---

(7) SOUTO MAIOR, Jorge Luiz. *Curso de direito do trabalho*: A relação de emprego. V. II. São Paulo: LTr, 2008. p. 141.

(8) DELGADO, Mauricio Godinho. *Curso de direito do trabalho*. 7. ed. São Paulo: LTr, 2008. p. 411.

Nesse sentido, *Godinho Delgado*[9]:

"(...) também configura a situação própria à sucessão de empregadores a alienação ou transferência de parte significativa do(s) estabelecimento(s) ou da empresa de modo a afetar significativamente os contratos de trabalho. Ou seja, a mudança na empresa que afete a garantia original dos contratos empregatícios provoca a incidência do tipo legal dos arts. 10 e 448 da CLT. Isso significa que a separação de bens, obrigações e relações jurídicas de um complexo empresarial, com o fito de se transferir parte relevante dos ativos saudáveis para outro titular (direitos, obrigações e relações jurídicas), preservando-se o restante de bens, obrigações e relações jurídicas no antigo complexo — agora significativamente empobrecido —, afeta, sim, de modo significativo, os contratos de trabalho, produzindo a sucessão trabalhista com respeito ao novo titular (arts. 10 e 448, da CLT)".

Nesse sentido, destaca-se a seguinte ementa:

"Sucessão parcial — Responsabilidade do sucessor pelas obrigações trabalhistas a ela relativas. A alteração na estrutura jurídica da empresa, ainda que parcial, não afeta o direito dos empregados e dos trabalhadores já desligados da parte do empreendimento por ela abrangida. A sucessão pode ser parcial, como ocorre na cisão, caso em que o sucessor responde pelas obrigações trabalhistas que a ela dizem respeito, nos termos do art. 10 da CLT". (TRT 12ª R. — 2ª T. — AG-PET n. 238.2003.009.12.00-8 — Relª Martha M. V. Fabre — DJSC 23.4.04 — p. 189) (RDT n. 5 — maio de 2004)

A sucessão não exige prova formal, pode ser demonstrada por indícios e presunções, tais como: a transferência do fundo de comércio, transferência do principal bem imaterial da atividade, dentre outros elementos. De outro lado, a simples transferência de maquinários ou compra do imóvel empresarial não configuram a sucessão.

Nesse sentido destaca-se a seguinte ementa:

"Sucessão de empresas. A sucessão se consubstancia quando a nova pessoa jurídica ocupa o mesmo lugar, explora o mesmo ramo e se utiliza dos mesmos utensílios. Portanto, é caracterizada pelos elementos fáticos que conduziram a alteração na propriedade sucedida, independentemente da forma legal adotada, sendo que o patrimônio que guarnece o estabelecimento se constitui na garantia para os créditos trabalhistas". (TRT — 12ª R. — 1ª T. — Ac. n. 2550/2000 — Rel. Juiz Idemar Antônio Martini — DJSC 21.3.2000 — p. 137)

A sucessão de empresas pode ser reconhecida pelo Juiz do Trabalho em qualquer fase do processo, inclusive na execução, uma vez que o sucessor tem a chamada responsabilidade patrimonial, independentemente de ter figurado na fase de conhecimento, seus bens podem ser atingidos.

Havendo alienação de bens na falência, nos termos do art. 141, II da Lei n. 11.101/2005, não há sucessão para fins trabalhista, *in verbis*:

(9) DELGADO, Mauricio Godinho. *Curso de direito do trabalho*. 7. ed. São Paulo: LTr, 2008. p. 412.

"Na alienação conjunta ou separada de ativos, inclusive da empresa ou de suas filiais, promovida sob qualquer das modalidades de que trata este artigo:

(...) II — o objeto da alienação estará livre de qualquer ônus e não haverá sucessão do arrematante nas obrigações do devedor, inclusive as de natureza tributária, as derivadas da legislação do trabalho e as decorrentes de acidente de trabalho".

Confrontando-se o referido dispositivo da Lei Falimentar com os arts. 10 e 448, da CLT, constata-se de plano um conflito de normas, pois a legislação trabalhista não excluiu a hipótese de sucessão de empresas ou de empregadores quando a empresa estiver em estado falimentar ou em recuperação judicial.

Diante de tal conflito, autores há que pugnam pela existência da sucessão de empresa na falência ou na recuperação judicial diante do caráter cogente dos arts. 10 e 448 da CLT e também dos princípios da proteção do credor trabalhista e dos valores sociais do trabalho e dignidade da pessoa humana do trabalhador.

Nesse sentido é a abalizada opinião de *Jorge Luiz Souto Maior*(10):

"Pretendeu a Lei em questão, como é fácil verificar, privilegiar a atividade econômica, imaginando que 'limpar' os bens de uma eventual dívida trabalhista é o quanto basta para recuperar a empresa. O propósito do legislador é imediatista e apenas favorece, individualmente, o descumpridor da legislação trabalhista. Não tem, por óbvio, nenhuma repercussão real no mercado econômico, pois este não vive apenas de bens livres e desembaraçados (...)".

Não obstante o referido disposto estar em confronto com os arts. 10 e 448, da CLT, pensamos que a situação do comprador de bens da massa falida está em situação especial, o que justifica a ausência de sucessão. Além disso, o objeto da lei é propiciar que a empresa falida volte a funcionar, mantendo os empregos existentes e gerando outros. Dificilmente, alguém irá arrematar ou adquirir bens da massa falida se houve a sucessão para fins trabalhistas. A Lei n. 11.101/05, por ser norma especial e específica, prevalece sobre a regra geral dos arts. 10 e 448, da CLT. Além disso, há inegável interesse social na não configuração da sucessão trabalhista na falência, como forma de impulsionar a efetividade do processo falimentar e garantia do recebimento dos créditos dos credores do falido.

Nesse diapasão sustenta *Amauri Mascaro Nascimento*(11):

"Não configurará, também, na falência, sucessão a alienação dos bens arrematados, nem o arrematante será considerado sucessor (art. 141, II), de modo que os trabalhadores não poderão executá-los para cobrar suas dívidas, afetado, assim também na falência, o disposto no art. 448 da CLT. Os empregados poderão usar os créditos trabalhistas para comprar ou arrendar a empresa (art. 145, § 2º)".

(10) SOUTO MAIOR, Jorge Luiz. *Curso de direito do trabalho*. V. II. São Paulo: LTr, 2008. p. 142-143.

(11) NASCIMENTO, Amauri Mascaro. *Curso de direito processual do trabalho*. 22. ed. São Paulo: Saraiva, 2007. p. 685.

No mesmo sentido, argumenta *José Augusto Rodrigues Pinto*[12]:

"É translúcida a intenção de fazer prevalecer a sobrevivência da empresa sobre a continuidade individual do contrato de emprego, que fica sacrificada em favor do suposto interesse coletivo de continuidade da fonte geradora de empregos, a própria falida — abstraída de que seja seu titular. A melhor forma de atender a tal desiderato foi, sem dúvida, tornar atraente sua aquisição por mãos capazes de reerguê-la economicamente, sem o peso da herança negativa de sua dívidas trabalhistas".

E conclui: "Sobrepõe-se, mais uma vez, a lógica do mercado à da proteção do hipossuficiente econômico para flexibilizar o conteúdo tuitivo do Direito do Trabalho".

Em se tratando de Recuperação Judicial, não há disposição legal excluindo a sucessão trabalhista na alienação de bens.

Dispõe o art. 60, § 1º, da Lei n. 11.101/2005:

"O objeto da alienação estará livre de qualquer ônus e não haverá sucessão do arrematante nas obrigações do devedor, inclusive de natureza tributária, observado o disposto § 1º do art. 141 desta Lei".

Conforme o referido dispositivo, não há exclusão da sucessão trabalhista na alienação de bens, como existe quanto à falência. Desse modo, o referido dispositivo deve ser interpretado restritivamente, pois se trata de regra de exceção. Além disso, quando a lei quis excluir a sucessão para fins trabalhistas, o fez expressamente. Desse modo, prevalece, no aspecto, o disposto nos arts. 10 e 448, da CLT.

Nesse sentido, a doutrina de *Mauricio Godinho Delgado*[13]:

"Nas falências processadas a partir do império do novo diploma, não incidirá sucessão de empregadores no caso de alienação da empresa falida ou de um ou alguns de seus estabelecimentos (art. 141, II e § 2º, Lei n. 11.101/2005). Em consequência, serão tidos como novos os contratos de trabalho iniciados com o empregador adquirente, ainda que se tratando de antigos empregados da antiga empresa extinta (§ 2º do art. 141, da Lei n. 11.101/2005). A presente exceção, contudo, não se aplica a alienações efetivadas durante processos de simples recuperação judicial ou extrajudicial de empresas nos moldes da recente lei falimentar. Quanto à modalidade extrajudicial, tal não tem abrangência da excludente sucessória é bastante clara na Lei n. 11.101/2005 (art. 161, § 1º; art. 163, § 1º, combinado com o art. 83, todos do referido diploma normativo)".

---

(12) RODRIGUES PINTO, José Augusto. *Tratado de direito material do trabalho*. São Paulo: LTr, 2006. p. 184.

(13) DELGADO, Mauricio Godinho. *Op. cit.*, p. 420.

10. Cooperativa e Vínculo de Emprego

TRT — 2ª REGIÃO — 2006

Para reduzir seus custos, empresa contrata cooperativa de prestação de serviços. Os trabalhadores disponibilizados pela cooperativa assumem o processo produtivo de setor essencial da empresa, recebendo destas todas as orientações técnicas, ordem em geral, além de estarem subordinados hierarquicamente aos chefes da empresa. Os salários desses trabalhadores são pagos pela cooperativa. O candidato deverá responder: a) Existe relação de emprego? b) Caso o trabalhador sofra acidente no trabalho a serviço da tomadora, quem responde pelas consequências do acidente?

Ensina *Jorge Luiz Souto Maior*[(1)], com suporte em *Waldirio Bulgarelli*:

"A cooperativa é a um tempo empresa econômica e associação de pessoas. Empresa econômica porque a cooperativa, tendo em vista a melhoria econômica de seus associados, assenta-se sobre um complexo organizacional dos fatores da produção; associação de pessoas, pois reúne um certo número de membros em torno do ideal de cooperação, para exploração da empresa".

Conclui o mestre *Souto Maior*[(2)]:

"Portanto, as cooperativas são sistemas de mútua ajuda em que pessoas que possuem necessidades comuns se associam, voluntariamente, para, mediante o exercício de um esforço conjunto e eliminando o intermediário, satisfazerem essas necessidades. As cooperativas têm um fim econômico porque visam à melhoria da

(1) SOUTO MAIOR, Jorge Luiz. *Curso de direito do trabalho*. V. II. São Paulo: LTr, 2008. p. 98.

(2) *Ibidem*, p. 99.

situação econômica de seus membros, mediante a satisfação de suas necessidades, mas não possuem um escopo puramente mercantil, o que as distingue das demais atividades empresariais".

Dispõe o art. 442, da CLT:

> "Contrato individual de trabalho é o acordo tácito ou expresso, correspondente à relação de emprego.
>
> Parágrafo único. Qualquer que seja o ramo de atividade da sociedade cooperativa, não existe vínculo empregatício entre ela e seus associados, nem entre estes e os tomadores de serviços daquela". (Redação dada pela Lei n. 8.949/94 — DOU 12.12.94)

As cooperativas foram criadas para propiciar a melhoria das condições sociais do trabalhador e não para desconsiderar os direitos sociais e trabalhistas que são fruto de lutas históricas.

Presentes os requisitos dos arts. 2º e 3º das CLT, quais sejam: pessoalidade, não eventualidade, subordinação e onerosidade, o vínculo de emprego se formará com o tomador de serviços. Qualquer dispositivo que exclua o vínculo de emprego, quando ele existir, do cooperado com o tomador mostra-se inconstitucional por contrastar com o art. 7º, I, da CF e atentar contra os valores sociais do trabalho e livre iniciativa e também com o princípio da proteção da dignidade da pessoa humana do trabalhador (art. 1º, III e IV, da CF). Conforme a jurisprudência já sedimentada dos Tribunais, somente é aplicável o parágrafo único do art. 442, da CLT, para excluir o vínculo de emprego entre tomador e cooperado, quando efetivamente o trabalhador cooperado não prestar serviços para o tomador sob a moldura dos arts. 2º e 3º, da CLT.

O simples fato de o trabalhador aderir formalmente a uma cooperativa não pode significar que está abrindo mão de todos os direitos sociais e trabalhistas, constitucionalmente consagrados, os quais são fruto de lutas históricas. Além disso, no Direito do Trabalho, a relação de emprego surge do modo como a prestação de serviço é realizada (princípio da primazia da realidade), e não os documentos que são assinados pelo trabalhador.

Nesse sentido destacamos as seguintes ementas:

> "COOPERATIVA DE TRABALHO. DESVIRTUAMENTO DO INSTITUTO. O 'cooperativismo', que tem sido defendido pelo sistema capitalista atual, não passa de mero fornecimento de mão de obra, ou seja, um 'cooperativismo' que na essência não é cooperativismo porque o trabalhador não deixa de ser mero trabalhador, não passa a ser proprietário dos meios de produção e também não comercializa, livremente, os frutos da sua atividade. O capitalista continua existindo, extraindo os lucros da atividade empresarial e o trabalhador continua tendo sua força de trabalho explorada. E o seu resultado prático tem sido, por exemplo: — que colhedores de laranja continuam sendo meros colhedores de laranja, perdendo a condição de empregados, para assumirem a falsa configuração de 'cooperados'; — que ascensoristas de elevador continuam sendo ascensoristas de elevador, só que agora chamados de 'cooperados'; etc. ... A justificativa de ordem econômica que se apresenta, para implementação de tal sistema, é que se trata de uma tentativa de amenizar o problema

do desemprego, mas o que se percebe é o aumento do desemprego, pois os 'cooperados' de hoje são exatamente aqueles que ostentavam a condição de empregados ontem, representando, em concreto, aumento da perversidade da exploração do trabalho humano dentro do sistema capitalista". (TRT — 15ª Região. PROCESSO TRT/15ª n. 01430-2001-097-15-00-6. RECURSO ORDINÁRIO. Relator Designado JORGE LUIZ SOUTO MAIOR)

"Cooperativa — Características — Lei n. 5.764/71 — Inobservância dos preceitos legais — Desvirtuamento das suas atividades — Trabalho desempenhado pelos 'associados' — Reconhecimento de vínculo empregatício — Comprovação. A nova ordem constitucional garantiu incentivo à atividade cooperativista, afastando qualquer ingerência estatal em sua criação e funcionamento. Reguladas pelas disposições da Lei n. 5.764/71, são características das cooperativas, entre outras, a adesão voluntária dos associados, a inexistência de objetivo de lucro, a participação efetiva dos associados nas assembleias gerais e nas deliberações do grupo e a distribuição do produto obtido com a atividade da cooperativa na forma determinada em Assembleia. Ainda que o art. 442 da CLT estabeleça, em seu parágrafo único, que não existe vínculo empregatício entre a cooperativa e seus associados, deve-se apurar o que realmente ocorreu no caso concreto, isto é, a forma como se operou a admissão da reclamante ao grupo cooperado, como as atividades eram desenvolvidas, enfim, averiguar se os elementos do trabalho cooperado realmente se fizeram presentes. Estando presentes, na hipótese dos autos, os elementos configuradores da relação de emprego, nos termos dos arts. 2º e 3º da CLT, e ausentes as características de trabalho cooperado — ausência de participação da reclamante acerca da remuneração, local e modalidade da prestação de serviços, existência de subordinação e pessoalidade na execução dos serviços, bem como remuneração fixa da obreira — imperiosa a reforma da r. sentença primária, que não reconheceu o vínculo de emprego pretendido. Recurso provido". (TRT 10ª R. — 3ª T. — RO n. 1638/2003.101.10.00-9 — Relª Maria de A. Calsing — DJDF 17.9.2004 — p. 45) (RDT n. 10 outubro de 2004)

"Cooperativa — Vínculo empregatício — Caracterização. Consiste a cooperativa na ajuda mútua aos cooperados, sem objetivo de lucro (art. 3º da Lei n. 5.764/71), sendo que o ente cooperativo tem por premissa precípua a agregação de profissionais liberais e autônomos, detentores de habilidades reconhecidamente específicas. Contudo, a criação de cooperativas que mascaram uma empresa prestadora de serviços, pretendendo impedir ou fraudar os preceitos da legislação, faz desvirtuar a condição de cooperado, deixando evidenciada a fraude inserta no art. 9º consolidado". (TRT 10ª R. — 1ª T. — RO n. 251/2004.016.10.00-7 — Relª Maria Regina G. Dias — DJDF 17.9.2004 — p. 19) (RDT n. 10 outubro de 2004).

"Cooperativas — Fraude — Vínculo empregatício — Tomador dos serviços. As cooperativas de mão de obra, no meio rural, afiguram-se fraudulentas, na medida em que eliminam o trabalho regido pela legislação laboral, antes contratado por turmeiros e empresas prestadoras de serviços. O tomador final dos serviços deve responder pelos encargos do contrato de trabalho mascarado pela fraude — aplicação do art. 9º da CLT" (TRT 15ª R. — 1ª T. — ROPS n. 2543/2001.025.15.00-5 — Rel. Luiz Antônio Lazarim — DJSP 28.11.2003 — p. 25) (RDT n. 2 — fevereiro de 2004).

Na hipótese do enunciado da pergunta, os trabalhadores cooperados estavam inseridos no organismo empresarial da empresa tomadora (subordinação estrutural), trabalhavam em atividade-fim desta, recebiam ordens dos chefes da empresa tomadora (subordinação subjetiva) e ainda recebiam pelo trabalho prestado, ainda que pela cooperativa, pois o dinheiro provinha da empresa tomadora. Portanto, havia relação de emprego entre o trabalhador cooperado e a empresa tomadora, por presentes os requisitos dos arts. 2º e 3º, ambos da CLT.

Desse modo, deve ser reconhecida a relação de emprego em face da empresa tomadora e a responsabilidade solidária da cooperativa em face da intermediação fraudulenta da mão de obra (art. 9º, da CLT).

Caso o trabalhador sofra acidente de trabalho, serão solidariamente responsáveis tanto a empresa tomadora como a cooperativa, nos termos da aplicação dos arts. 9º, da CLT e 942 do CC.

Nesse sentido o Enunciado n. 44, da 1ª Jornada de Direito Material e Processual do Trabalho do Tribunal Superior do Trabalho, *in verbis*:

> "RESPONSABILIDADE CIVIL. ACIDENTE DO TRABALHO. TERCEIRIZAÇÃO. SOLIDARIEDADE. Em caso de terceirização de serviços, o tomador e o prestador respondem solidariamente pelos danos causados à saúde dos trabalhadores. Inteligência dos arts. 932, III, 933 e 942, parágrafo único, do Código Civil e da Norma Regulamentadora 4 (Portaria n. 3.214/77 do Ministério do Trabalho e Emprego)".

11. Cláusula de Não Concorrência

TRT 2ª REGIÃO — 2005

É válida, ante o ordenamento jurídico brasileiro, a "cláusula de não concorrência" no Direito do Trabalho?

A cláusula de não concorrência é um pacto inserido no contrato de trabalho para viger após a rescisão deste, por meio do qual o empregado se obriga, mediante pagamento mensal, a não trabalhar para a empresa concorrente, durante um determinado período.

A Legislação trabalhista brasileira é omissa quanto à possibilidade de pactuação da cláusula de não concorrência no contrato de trabalho.

Diante da falta de previsão legal e ainda considerando que a cláusula de não concorrência atenta contra o princípio da liberdade de exercício da profissão (art. 5º, XIII, da CF), e também contra o princípio do direito ao trabalho (art. 6º, da CF), parte da doutrina e jurisprudência não a admitem.

Nesse sentido, vale mencionar as seguintes ementas:

"Liberdade de trabalho. Cláusula pela qual o empregado, que fez cursos técnicos às expensas do empregador, obrigou-se a não servir a qualquer empresa concorrente nos 5 anos seguintes, ao fim do contrato. Não viola o art. 153, § 23 da Constituição o acórdão que declarou inválida tal avença (STF, RE 67.653, Rel. Min. Aliomar Baleeiro, DJ 3.11.1970, p. 5.294, RTJ 55, 1971, p. 42)."

"Cláusula de não concorrência. Cumprimento após a rescisão contratual. Ilegalidade. A ordem econômica é fundada, também, na valorização do trabalho, tendo por fim assegurar a todos existência digna, observando dentre outros princípios a busca do pleno emprego. Pelo menos, assim está escrito no art. 170, inciso VIII, da Constituição. O art. 6º do diploma deu ao trabalho grandeza fundamental. A força de trabalho é o bem retribuído com o salário e assim meio indispensável ao sustento próprio e familiar, tanto que a ordem social tem nele o primado para alcançar o bem-estar e a justiça sociais. Finalmente, o contrato de trabalho contempla direitos e obrigações que se encerram com sua extinção. Por tudo, cláusula de não concorrência que se projeta para após a rescisão contratual é nula de pleno direito, a teor do que estabelece o artigo 9º da Consolidação das Leis do Trabalho (TRT 2ª Região). AC 20020078747. DOE-SP de 5.3.2002. DT n. 6 julho/2002".

Parte da jurisprudência a admite, considerando-se os princípios da liberdade contratual, boa-fé, razoabilidade e proporcionalidade que devem ser sopesados, destacando que, em muitas atividades, o empregado toma contato com "segredos" da empresa e pode revelá-los à empresa concorrente quando deixa o emprego, o que causará sérios prejuízos ao ex-empregador.

De outro lado, argumentam os defensores da cláusula de não concorrência que devem ser estabelecidos alguns requisitos para sua pactuação, quais sejam:

a) justificar a função exercida do empregado, que toma contato com segredos da empresa (normalmente o alto empregado);

b) onerosidade da cláusula, ou seja: o empregado deve ser devidamente remunerado no período em que ficar em inatividade;

c) prazo de tempo determinado. Tem-se fixado, conforme o Direito Comparado, o prazo máximo de 2 anos;

d) comprovação de prejuízos potenciais do empregador caso a cláusula de não concorrência não seja firmada.

No aspecto, relevante mencionar o art. 136 do Código de Trabalho de Portugal, que pode ser aplicável ao Direito do Trabalho brasileiro, por força do que dispõe o art. 8º, parágrafo único da CLT, *in verbis*:

> "*Pacto de não concorrência* 1 — É nula a cláusula de contrato de trabalho ou de instrumento de regulamentação colectiva de trabalho que, por qualquer forma, possa prejudicar o exercício da liberdade de trabalho após a cessação do contrato. 2 — É lícita a limitação da actividade do trabalhador durante o período máximo de dois anos subsequente à cessação do contrato de trabalho, nas seguintes condições: a) Constar de acordo escrito, nomeadamente de contrato de trabalho ou de revogação deste; b) Tratar-se de actividade cujo exercício possa causar prejuízo ao empregador; c) Atribuir ao trabalhador, durante o período de limitação da actividade, uma compensação que pode ser reduzida equitativamente quando o empregador tiver realizado despesas avultadas com a sua formação profissional. 3 — Em caso de despedimento declarado ilícito ou de resolução com justa causa pelo trabalhador com fundamento em acto ilícito do empregador, a compensação a que se refere a alínea *c*) do número anterior é elevada até ao valor da retribuição base à data da cessação do contrato, sob pena de não poder ser invocada a limitação da actividade prevista na cláusula de não concorrência. 4 — São deduzidas do montante da compensação referida no número anterior as importâncias auferidas pelo trabalhador no exercício de outra actividade profissional, iniciada após a cessação do contrato de trabalho, até ao valor decorrente da aplicação da alínea *c*) do n. 2.5 — Tratando-se de trabalhador afecto ao exercício de actividade cuja natureza suponha especial relação de confiança ou que tenha acesso à informação particularmente sensível no plano da concorrência, a limitação a que se refere o n. 2 pode durar até três anos".

Nesse sentido, a seguinte ementa:

"Cláusula de não concorrência. Validade.

A cláusula de não concorrência foi estabelecida por tempo razoável e houve pagamento de indenização. Logo, está dentro dos princípios da razoabilidade e da proporcionalidade. É, portanto, considerada válida. Não há dano moral a ser reparado" (TRT 2ª Região. Proc. n. 02243.2000.381.02.00-9. Relator Sérgio Pinto Martins).

Consta do corpo do acórdão a seguinte fundamentação:

"A cláusula 1ª do compromisso mostra que o reclamante não poderia prestar serviços em atividades congêneres por um ano. Em compensação, a empresa lhe pagou a quantia de R$ 106.343,00 com correção monetária, exatamente para que não houvesse o exercício de outra atividade em empresa concorrente.

A cláusula de não concorrência envolve a obrigação pela qual o empregado se compromete a não praticar pessoalmente ou por meio de terceiro ato de concorrência para com o empregador.

Trata-se de uma obrigação de natureza moral, de lealdade.

O empregado deve guardar sigilo em relação às informações que recebe do empregador ou pelo desenvolvimento do seu trabalho, não podendo divulgá-las, principalmente, a terceiros, notadamente quando sejam concorrentes do empregador. Deve guardar o dever de fidelidade para com o empregador. A confidencialidade é, portanto, essencial nessa relação.

Determina, ainda, o art. 444 da CLT que "as relações contratuais de trabalho podem ser objeto de livre estipulação das partes interessadas em tudo quanto não contravenha às disposições de proteção ao trabalho, aos contratos coletivos que lhes sejam aplicáveis e às decisões das autoridades competentes". A cláusula de não concorrência não versa exatamente sobre proteção ao trabalho. Geralmente, as normas coletivas não trazem regras sobre o assunto, nem se trata de decisão de autoridade competente. Logo, pode ser pactuada (...).

5. Alguns doutrinadores entendem válida a cláusula de não concorrência.

Cesarino Jr. admite a cláusula de não concorrência, desde que sejam observados certos limites.

Kurt Kronheim afirma que "o empregador tem o interesse de manter intactos os segredos da empresa que dirige, não desejando transformar seus colaboradores em concorrentes perigosos".

Egon Felix Gottschalk assevera que a estipulação da proibição de empregado quanto ao exercício de suas atividades após a cessação da relação de trabalho mediante cláusula inserta no contrato individual do trabalho, não encontra fundamento sólido para ser considerada válida, não obstante a omissão da lei. Reclama, porém, *de lege ferenda*, sua regulamentação.

Por analogia pode ser utilizada a regra do art. 608 do Código Civil de 2002 que a pessoa que aliciar outras obrigadas em contrato escrito a prestar serviço a outrem pagará a este a importância que ao prestador de serviço, pelo ajuste desfeito, houvesse de caber durante dois anos.

A legislação trabalhista brasileira não estabelece regra sobre o tema. Havendo omissão sobre o assunto na nossa legislação, é o caso de se aplicar o direito comparado, por expressa previsão do art. 8º da CLT, desde que o interesse particular não prevaleça sobre o interesse público.

6. Há referência na OIT ao fato de que "dispositivos legislativos e contratuais tendem, às vezes, a regular a interdição de fazer concorrência, não somente após a cessação do contrato de trabalho, mas também durante a sua duração. Não nos ocupamos senão das interdições previstas para o período que se segue à cessação do contrato. Quando disposições intervêm referindo-se à interdição para um empregado fazer concorrência a seu empregador durante a duração do contrato, nada mais fazem do que precisar ou reforçar medidas gerais de proteção que decorrem do direito comum. Estas medidas parecem de tal modo justificadas que não suscitam nenhuma oposição".

7. Na Alemanha, a cláusula de não concorrência é estabelecida principalmente para os empregados no comércio, por um período máximo de dois anos. Deve haver o pagamento de uma indenização para compensar as limitações que o empregado venha a sofrer no livre exercício da sua profissão. Afirma *Otto Kauffmann* que a indenização é devida mesmo quando o ex-funcionário já não tenha condição de exercer qualquer concorrência.

Hueck e *Niperdey* mencionam que não existe uma proibição legal de concorrência para o período pós-contratual, mas que poderá ser convencionado pelas partes. Existem normas que limitam as proibições contratuais de concorrências.

8. Determina o art. 44 do Código Sustantivo del Trabajo da Colômbia que não tem valor a cláusula inserida no contrato de trabalho no sentido de que o empregado não trabalhe em determinada atividade. A exceção seria em relação a trabalhadores técnicos, industriais ou agrícolas. Em 1973, a Corte Suprema de Justiça esclareceu que a segunda parte do artigo, que trata da exceção, é inexequível. A cláusula poderá ser estabelecida por período máximo de um ano.

9. Na Espanha, o item 1 do art. 21 do Estatuto dos Trabalhadores estabelece que durante a vigência do contrato de trabalho o empregado não pode prestar serviços a vários empregadores: a) quando da caracterização do trabalho para mais de um empregador; b) no caso em que pactuado trabalho com exclusividade e plena dedicação, recebendo o empregado compensação financeira para esse fim. O empregado poderá rescindir o contrato se apresentar comunicação por escrito ao empregador com aviso- -prévio de 30 dias, perdendo o direito à compensação financeira (art. 21, 3). O Estatuto não prevê a exclusão de nenhum tipo de trabalhador ou ao ramo de atividade da empresa. A cláusula de não concorrência não poderá ser superior a dois anos para os trabalhadores técnicos e a seis meses para os demais trabalhadores. Dois requisitos de validade são estabelecidos pela legislação: a) há necessidade de que o empregador tenha um efetivo interesse industrial ou comercial a ser protegido; b) o empregado deve receber uma compensação financeira pela exclusividade. A lei não estabelece qual é o valor da compensação financeira.

Existe, ainda, o pacto de permanência, em que o trabalhador recebeu uma especialização profissional, a cargo do empregador, com a finalidade de executar projetos determinados ou realizar um trabalho específico. O pacto de permanência é limitado a dois anos. Se o trabalhador abandonar o posto antes do prazo, é obrigado a pagar perdas e danos ao empregador (art. 21, 4).

10. Na França, a jurisprudência verifica a validade das cláusulas estabelecidas. Tem admitido a validade da cláusula, observando-se limitações de natureza temporal, espacial e quanto à natureza da atividade. A Corte de Cassação, em 14 de maio de 1992, determinou que o empregador não poderia se valer da cláusula de não concorrência em caso de lavador de vidraças, pois sua função não era indispensável à proteção dos interesses da empresa. Apenas se a função do empregado fosse indispensável ao desenvolvimento da atividade da empresa.

A norma coletiva pode estabelecer diferenciação em relação ao tipo de trabalhador.

A maioria das normas coletivas estabelece um prazo máximo de duração de dois anos.

A restrição não pode ser feita de tal forma que exclua o empregado de exercer a atividade para a qual está qualificado.

O pagamento da retribuição financeira não é obrigatório, nem se constitui em requisito de validade da cláusula. Geralmente, as normas coletivas preveem o pagamento da compensação financeira.

11. O art. 2.105 do Código Civil italiano proíbe a contratação, por conta própria ou de terceiro, de trabalho que se possa caracterizar em concorrência ao empregador, assim como divulgar métodos de produção, ou quaisquer assuntos atinentes à empresa, ou dar-lhes uso de forma que traga prejuízos a seu empregado, durante a vigência do contrato de trabalho.

Versa o art. 2.125 do Código Civil sobre os pactos de exclusão de concorrência após o rompimento do contrato de trabalho. Normalmente, a limitação é feita quanto a empregados especializados. A lei não faz diferenciação quanto ao tipo de empregado.

A cláusula tem prazo máximo de duração em cinco anos, para os dirigentes, e de três anos, para os demais trabalhadores.

Deve a cláusula de não concorrência ser convencionada por escrito. O empregado deve ter uma compensação pela limitação determinada.

Deve ser delimitada a atividade objeto da não concorrência, o período pelo qual a não concorrência pode ser exigida e os limites territoriais em que é vedada a prestação de serviços a concorrente do antigo empregador.

A Corte Suprema italiana considerou válida a pactuação de cláusula de não concorrência no momento em que os interessados discutiam os direitos pertinentes ao contrato de trabalho.

12. Em Portugal, prevê o Decreto-lei n. 49.408 (LCT), de 24 de novembro de 1969, que, por um dever de lealdade, o empregado não pode negociar por conta própria ou alheia em concorrência com a entidade patronal (art. 20º/1, d).

O art. 36 da LCT considera nula a cláusula do contrato de trabalho que possa prejudicar o exercício do direito ao trabalho após a cessação do contrato laboral.

É lícita, porém, a cláusula pela qual se limite a atividade do trabalhador no período de três anos contados da cessação do contrato de trabalho. É necessária a observância cumulativa das seguintes condições: a) a cláusula de não concorrência deve ser estabelecida por escrito no contrato de trabalho; b) tratar-se de atividade cujo exercício possa efetivamente causar prejuízo à entidade patronal; c) atribui-se ao trabalhador uma retribuição durante o período de limitação da sua atividade, que poderá sofrer redução equitativa quando a entidade houver despendido somas vultosas com sua formação profissional. O termo correto não é retribuição, mas compensação financeira pela restrição contratual.

Pode, também, ser estabelecida a cláusula pela qual as partes convencionem, sem diminuição de retribuição, a obrigatoriedade de prestação de serviço durante certo prazo, não superior a três anos, como compensação de despesas extraordinárias feitas pela entidade patronal na preparação profissional do trabalhador, podendo este desobrigar-se restituindo a soma das importâncias despendidas.

São vedados ainda quaisquer acordos entre entidades patronais, tendo em vista, reciprocamente, limitar a admissão de trabalhadores que a eles tenham prestado serviço (art. 36º, 4).

O acordo pode ser feito por aditamento ao contrato de trabalho. A doutrina não é unânime se a cláusula pode ser inserida no momento da rescisão. A atividade desenvolvida pelo empregado deve ser prejudicial à atividade do empregador, como desvio de clientela, de *know-how*. O risco efetivo deve ser do empresário, se o trabalhador exercer livremente a sua atividade após a desvinculação.

13. Na Bélgica, a cláusula de não concorrência tem previsão nos arts. 65 e 86 da Lei de 3 de julho de 1978.

O § 1º do art. 65 prevê que a cláusula de não concorrência consiste no impedimento de, após a saída de uma empresa, o empregado exercer atividades similares, seja numa empresa ou em empresa concorrente, desde que venha a acarretar prejuízo ao antigo empregador, em razão dos conhecimentos particulares adquiridos em relação a este.

Exceto as hipóteses contidas no § 2º do art. 86, são observadas as seguintes regras:

"a. a cláusula da norma coletiva deve prever o local onde o empregado possa praticar a concorrência desleal ao empregador;

b. a cláusula não pode ser pactuada por período superior a 12 meses".

Alguns requisitos são necessários para a validade da cláusula de não concorrência:

1. devem ser especificados os locais onde o empregado não pode exercer a atividade;

2. pagamento de indenização compensatória única, determinada pelo empregador, salvo se este renunciar no prazo de 15 dias a contar da cessação do contrato de trabalho, à aplicação da cláusula de não concorrência;

3. a cláusula deve ser escrita, sob pena de nulidade;

4. não tem validade a cláusula se o pacto terminar no período de experiência.

O sistema belga é misto, pois envolve a previsão legal, complementada pela determinação das normas coletivas. Por isso, coloquei-o por último, por ser um pouco diferente dos anteriores.

14. Como não existe norma legal tratando do assunto no Brasil, é o caso de se aplicarem as orientações do direito comparado em relação aos contratos de trabalho que tiverem execução em nosso país.

O empregado pode exercer qualquer outra atividade, menos aquela a que foi determinada a cláusula de não concorrência. Logo, não está proibido de exercer outras atividades, nem de trabalhar.

O estabelecimento da cláusula deve ser feito por escrito no contrato de trabalho. Não se pode admitir cláusula implícita ou tácita, visando evitar problemas para o empregado, justamente de não poder trabalhar, pois daria margem a incertezas. Isso ocorreu no caso dos autos, em que a cláusula foi escrita.

A cláusula de não concorrência deverá ser estipulada por tempo determinado e para certo local. Não pode ser, portanto, perpétua, pois impediria o empregado de trabalhar na atividade. Deve a limitação estar balizada dentro do princípio da razoabilidade, de acordo com o que for pactuado entre as partes. O ideal é que fosse estabelecida por um prazo máximo de dois anos, que é o período máximo de vigência do contrato de trabalho por tempo determinado e não seria um prazo muito longo. Certas atividades não precisam de um prazo muito longo de abstenção, como de produtos de bancos e na área de informática, em que em algumas semanas ou em seis meses os demais concorrentes já absorveram o novo produto ou a nova tecnologia.

Por analogia pode ser aplicada a regra do art. 1.146 do Código Civil de 2002, de que, não havendo autorização expressa, o alienante do estabelecimento não pode fazer concorrência ao adquirente, nos cinco anos subsequentes à transferência.

Para a validade da cláusula, o empregado deve receber compensação financeira, que lhe permita fazer face aos seus compromissos, como se estivesse trabalhando.

A cláusula de não concorrência foi estabelecida por tempo razoável e houve pagamento de indenização, que foi recebida pelo autor no termo de rescisão do contrato de trabalho. Logo, está dentro dos princípios da razoabilidade e da proporcionalidade. Não há nulidade.

A doutrina especializada também tem o entendimento no mesmo sentido, como *Oris de Oliveira* (tese de doutorado, São Paulo: USP) e *Regiane Teresinha de Mello João* (*Cláusula de não concorrência e o contrato de trabalho*. São Paulo: Saraiva)"."

No mesmo sentido a seguinte ementa:

"DANOS MATERIAIS — INDENIZAÇÃO — INEXISTÊNCIA. Não afronta o art. 5º, inciso XIII, da Constituição Federal de 1988, cláusula contratual firmada por empregado, após ruptura do contrato de trabalho, comprometendo-se a não prestar serviços à empresa concorrente, quer como empregado, quer como autônomo. Inexistência de erro ou coação a anular o pactuado. Não há ilegalidade a macular o pactuado e nem danos materiais decorrentes da limitação expressamente aceita. Impede aqui, invocar-se também o princípio da boa-fé, presente em todos os atos da vida civil e pressupostos deles, mormente quando em ajuste, estão pessoas capazes, de mediano conhecimento jurídico e alto nível profissional, como é o caso das partes envolvidas no Termo de Confidencialidade e Compromissos Recíprocos" (TRT 2ª Região, Ac n. 20020534536, Proc. n. 20898200290202008, 5ª T., Rel. Rita Maria Silvestre).

Embora se possa admitir a licitude da cláusula de não concorrência, no plano contratual, pensamos haver óbice constitucional, pois o art. 5º, XIII, da CF assegura o direito fundamental de liberdade do trabalho o art. 6º da CF assegura o direito fundamental ao trabalho, e, inegavelmente, a cláusula de não concorrência, configura restrição a esses direitos fundamentais do trabalhador. De outro lado, um alto empregado alguns meses fora do mercado de trabalho terá inegáveis transtornos para voltar a trabalhar e ocupar o mesmo posto de trabalho que mantinha na empresa com a qual firmou cláusula de não concorrência.

Desse modo, pensamos que não há como impedir o trabalhador que arrumou nova colocação no mercado de trabalho de exercer sua profissão. Entretanto, deverá indenizar o antigo empregador pelo valor fixado na cláusula de não concorrência a que estava obrigado a cumprir.

Além disso, atenta contra os valores sociais do trabalho, livre iniciativa e dignidade da pessoa humana do trabalho impedir o trabalhador de trabalhar, por meio de pacto de natureza contratual.

12. INDENIZAÇÃO PELA PERDA DA CHANCE

TRT — 3ª REGIÃO — 2007

Disserte sobre a chamada "teoria da perda de uma chance ou expectativa". Exemplifique sua aplicação no ordenamento jurídico pátrio.

A reparação dos danos, tanto morais quanto patrimoniais em razão da perda da chance, tem suporte no princípio da reparação integral do dano.

Conforme destaca *Raimundo Simão de Melo*(1):

"É princípio de responsabilidade civil que aquele que causa dano a outrem fica obrigado a reparar os prejuízos decorrentes do seu ato, de forma integral. Além dos prejuízos definidos como danos emergentes e lucros cessantes, em razão de um ato ilícito e injusto praticado por outrem, pode alguém ficar privado da oportunidade de obter determinada vantagem ou, então, de evitar um prejuízo. Trata-se, como vem sendo discutido doutrinariamente, da indenização pela perda de uma chance ou oportunidade".

A indenização pelos danos abrange não só os danos emergentes como os lucros cessantes (futuros).

Muitas vezes os danos futuros atingem com maior intensidade os direitos da personalidade do que os danos atuais, ou muitas vezes os danos somente terão intensidade maior no futuro.

A perda da chance, motivada por ato ilícito do ofensor (art. 186 do CC), causa tristeza, sofrimento, angústia e sensação de frustração, portanto, atenta contra valores personalíssimos da pessoa e sua própria dignidade. Desse modo, é passível de gerar, além de danos materiais, os danos de ordem moral.

---

(1) MELLO, Raimundo Simão de. *Direito ambiental do trabalho e a saúde do trabalhador*. 2. ed. São Paulo: LTr, 2006. p. 324-325.

Como exemplos temos o empregado que não consegue promoções na empresa em razão de perda da capacidade por causa de acidente de trabalho, ou do trabalhador que, por ter sido inserido em lista negra, não consegue novo emprego.

Segundo *Raimundo Simão de Mello*[2],

> "nas relações de trabalho, a teoria da responsabilidade pela perda de chances encontra campo fértil, assim como vem ocorrendo no tocante às indenizações por dano moral *lato sensu*. No campo das doenças e acidentes de trabalho, maiores ainda são as possibilidades da ocorrência de dano pela perda de uma chance. Imagine-se a situação de um trabalhador que, em perfeitas condições de higidez física e psíquica, na busca de melhoria profissional, se está preparando e ao mesmo tempo prestando concurso público, mas, em razão de um evento acidentário, perde a oportunidade de concluir um certamente de que está participando, quando, para conseguir o seu desiderato, precisava apenas se submeter à última das quatro fases eliminatórias do concurso. Sabe-se que os concursos públicos são cada vez mais concorridos, e que o candidato que chega, por exemplo, à terceira fase de uma seleção para a Magistratura ou Ministério Público, tem sérias e reais chances de ser aprovado na última fase. Certeza não há se seria aprovado, caso realizasse a última provas, mas as chances, na situação descrita, são razoáveis, o que justifica a fixação de uma indenização pelo juiz como forma de compensar a vítima pelo dano a ela injustamente causado. Não se trata, como se observa, de lucro cessante nem de dano emergente, porque o candidato não foi ainda aprovado no concurso. O que ele tinha era uma expectativa de atingir o resultado esperado, ou seja, de concretizar aquele direito ainda em expansão".

De outro lado, a perda da chance apta a gerar o dano moral tem que ser demonstrada, ou estar provada a probabilidade real da sua existência. Não basta a mera possibilidade.

No aspecto, relevante destacar a seguinte ementa:

> "No campo da responsabilidade civil, existe uma construção doutrinária segundo a qual a lesão ao patrimônio jurídico de alguém pode consistir na perda de uma oportunidade, de uma chance de se beneficiar de uma situação favorável ou de evitar um acontecimento desfavorável. Há, aí, um prejuízo específico, desvinculado do resultado final. Se trata de uma chance, existe, ao lado do prognóstico, negativo, também a revisão a ocorrência de um resultado positivo, embora a conduta do agente obste que se conheça o desfecho do caso. Não podendo garantir o resultado favorável, tampouco se pode vaticinar a obtenção do resultado desfavorável. O dano se evidencia pela perda da chance, sendo tanto mais grave quanto maiores forem as probabilidades em relação a um certo resultado. Exemplos típicos são o do estudante que não consegue fazer uma prova; o da pessoa de carreira promissora, que vem a ser vítima de um acidente; o do cliente cujo advogado não ajuíza uma determinada ação *et*. Nesse caso, não há propriamente dano material, pois se trata de uma hipótese. Se, porém, a conduta do agente lesa os direitos da parte, privando-se da oportunidade de obter os benefícios de uma dada situação, ou de vir os malefícios de uma outra, essa perda da chance dá lugar a uma compensação, proporcional ao valor da chance perdida" (TRT 3ª Região — 3ª T. — RO 01518-2003-029-03-00-7 — 26.22.2003. In: LTr 68-04/487).

(2) *Ibidem*, p. 334-335.

13. TRABALHO VOLUNTÁRIO X VÍNCULO DE EMPREGO

TRT — 15ª REGIÃO — 2001

Mediante assinatura de Termo de Adesão, o trabalhador passou a prestar serviços à Casa de Saúde da cidade, instituição privada sem fins lucrativos, porque pretendia se dedicar, por motivos humanitários, ao tratamento de doentes. O trabalhador cumpria jornada previamente fixada e era ressarcido de suas despesas. Há vínculo empregatício no caso vertente? Discorra a respeito.

A Lei n. 9.608/98 disciplinou o trabalho voluntário.

O art. 1º da referida Lei define o trabalho voluntário nos seguintes termos:

"Considera-se serviço voluntário, para fins desta Lei, a atividade não remunerada, prestada por pessoa física a entidade pública de qualquer natureza, ou a instituição privada de fins não lucrativos, que tenha objetivos cívicos, culturais, educacionais, científicos, recreativos ou de assistência social, inclusive mutualidade. Parágrafo único. O serviço voluntário não gera vínculo empregatício, nem obrigação de natureza trabalhista previdenciária ou afim".

Nos termos do art. 2º da referida Lei, o serviço voluntário será exercido mediante a celebração de termo de adesão entre a entidade, pública ou privada, e o prestador do serviço voluntário, dele devendo constar o objeto e as condições de seu exercício.

A assinatura de termo de adesão, nos moldes da Lei n. 9.608/98, gera uma presunção de gratuidade do trabalho, mas não exclui a possibilidade da existência do vínculo de emprego se, faticamente, estiverem presentes os requisitos dos arts. 2º e 3º, da CLT, quais sejam: pessoalidade, não eventualidade, subordinação e onerosidade, o vínculo de emprego deve ser reconhecido.

Deve ser destacado que o *animus contrahendi*, ou seja, a intenção de trabalhar como empregado é fator decisivo para reconhecimento do vínculo. Se o trabalhador presta serviço com intenção de ser empregado, deve ser reconhecido o liame empregatício. Esse *animus* é aferido objetivamente, pela função desenvolvida e pelas características da prestação pessoal de serviços.

Como bem destaca *José Affonso Dallegrave Neto*[(1)]:

"O fundamental para discernir se a relação é de emprego ou de trabalho voluntário traduz-se na aferição da atividade prestada pelo trabalhador. Assim, se o obreiro presta o seu serviço de forma gratuita, com fito assistencial, cívico, cultural ou científico, por certo estará caracterizado o trabalho voluntário ao qual se reporta a Lei n. 9.608/98. Ao contrário, se o trabalhador, por exemplo, presta serviço de telefonista mediante ordens, com uso de uniforme e rigoroso horários de expediente a cumprir. Aqui será inegável a existência de liame empregatício. Até porque não se pode admitir a presença rigorosa de subordinação para com os voluntários. É possível, até mesmo, que a entidade considerada filantrópica para os efeitos legais, tenha parte de sua organização composta de voluntários e outra de empregados assalariados".

Nesse sentido, cumpre destacar a seguinte ementa:

"TRABALHO VOLUNTÁRIO E RELIGIOSO. Auxiliar de pastor não é empregado. Aplicação da Lei n. 9.608/98 (que dispõe sobre o serviço voluntário), excluindo a incidência do direito do trabalho, rejeitada, por óbvio, a hipótese de fraude. Presença de Pacto de Prestação de Serviços, de caráter benevolente em razão da fé, inexistindo vínculo de emprego. Caráter religioso e não econômico. Recurso ordinário a que se nega provimento". (TRT 2ª Região. Recurso ordinário. Data de julgamento: 20.9.2007. Relator(a): Davi Furtado Meirelles. Revisor(a): Bianca Bastos. Acórdão n.: 20070822632. Processo n.: 02081-2005-011-02-00-8. Ano: 2006. Turma: 9ª Data de Publicação: 11.10.2007).

Na hipótese proposta, embora se possa argumentar que há subordinação, pois o trabalhador cumpria jornada prefixada, e era ressarcido das despesas, podendo se sustentar a presença da onerosidade, pensamos que o ânimo da prestação de serviços era gratuito, e o ressarcimento de despesas não configura onerosidade, pois a própria Lei n. 9.608/98, no art. 3º[(2)] prevê a possibilidade de ressarcimento de despesas ao trabalhador voluntário. De outro lado, a fixação de jornada, no nosso sentir, isoladamente, não configura a subordinação, pois em Casas de Saúde, há horários prefixados para visitas, trabalhos sociais, assistenciais, etc. De outro lado, foram observados os requisitos dos §§ 1º e 2º da Lei n. 9.608/98.

Por fim, cumpre destacar a seguinte advertência de *Mauricio Godinho Delgado*[(3)], quando assevera:

"O serviço voluntário não pode ser instrumento para o sistema econômico potenciar seus ganhos e aprofundar a concentração de renda no plano social. Nesse

---

(1) DALLEGRAVE NETO, José Affonso. *Inovações na legislação trabalhista:* reforma trabalhista ponto a ponto. 2. ed. São Paulo: LTr, 2002. p. 193.

(2) Art. 3º, da Lei n. 9.608/1998: O prestador do serviço voluntário poderá ser ressarcido pelas despesas que comprovadamente realizar no desempenho das atividades voluntárias. Parágrafo único. As despesas a serem ressarcidas deverão estar expressamente autorizadas pela entidade a que for prestado o serviço voluntário.

(3) DELGADO, M. G. *Curso de direito do trabalho*. 5. ed. São Paulo: LTr, 2005. p. 345-346.

quadro, é fundamental que a causa benevolente de tais serviços esteja presente, quer no tocante à figura do tomador, quer no tocante aos objetivos e natureza dos próprios serviços. (...) o princípio da primazia da realidade sobre a forma poderá atestar, em certo caso prático, tratar-se o vínculo de voluntariado de simples simulação de relação de emprego, em conformidade com os efetivos dados emergentes da situação real vivenciada pelas partes".

14. Dano Moral. Dano Estético. Assédio Sexual

TRT — 15ª REGIÃO — 2006

Quanto ao dano moral.

a) Em determinada ação trabalhista foi reconhecida a existência de acidente de trabalho ou doença profissional. Nesse caso há necessidade de prova específica para o reconhecimento da existência do dano moral ou este decorre simplesmente do ato ilícito patronal? Fundamente.

b) O dano moral e o dano estético são cumuláveis? Justifique.

c) Para o reconhecimento da existência do assédio sexual na seara trabalhista, é indispensável a existência de hierarquia funcional entre o assediante e o assediado? Fundamente.

a) Ensina *Moacyr Amaral Santos*[1]:

"Toda pretensão tem por fundamento um ponto de fato. É com fundamento num fato, e dele extraindo consequências jurídicas, que o autor formula o pedido sobre o qual o juiz irá decidir na sentença. O autor assim faz afirmação de um fato, que poderá ou não corresponder à verdade. Se a essa afirmação se opõe à afirmação do réu, a qual também poderá ou não corresponder à verdade, quer negando aquele fato ou revestindo-o de outros caracteres, ou consistente num outro fato, cuja existência importe na negação daquele, ou do qual deduza consequências obstativas à pretensão do autor, se esbatem afirmações igualmente respeitáveis, mas que igualmente não subsistem por si mesmas em relação ao juiz. Este, a quem as afirmações são dirigidas, para considerá-las na sentença e, por sua vez, fazer a sua firmação quanto aos fatos deduzidos pelas partes, precisa convencer-se da existência dos mesmos. Porque a afirmação do juiz necessariamente deverá corresponder à ver-

(1) SANTOS, Moacyr Amaral. *Comentários ao Código de Processo Civil*. V. 4, 2. ed. Rio de Janeiro: Forense, 1977. p. 7.

dade. Para o juiz, não bastam as firmações de fatos, mas impõe-se a demonstração da sua existência ou inexistência. Por outras palavras, o juiz quer e precisa saber da verdade em relação aos fatos afirmados pelos litigantes. A exigência da verdade, quanto à existência ou inexistência dos fatos, se converte na exigência da *prova* deste".

Francesco Carnelutti[2], sob o prisma da linguagem jurídica, nos dá a seguinte definição para prova: "demonstração da verdade de um fato dada com os meios legais (por legítimos modos) ou, mais brevemente demonstração da verdade legal de um fato".

Na feliz síntese de *Giuseppe Chiovenda*[3]: "Provar significa formar a convicção do juiz sobre a existência ou não de fatos relevantes do processo".

Conforme a doutrina acima mencionada, a prova se destina à comprovação da verdade dos fatos. Embora o processo civil se contente com a verdade formal, ou seja, a que se extrai dos autos, devem não só as partes, mas o juiz direcionar a atividade probatória no sentido da busca da verdade real, embora esta última seja praticamente impossível de conseguir, diante da própria falibilidade humana na interpretação dos fatos da realidade.

Como bem adverte *Antonio Carlos de Araújo Cintra*[4]: "O certo é que a imagem mental dos fatos do litígio, composta pelo juiz, como resultado da atividade probatória, pode corresponder, ou não, aos fatos reais a que se refere. Não há como ter, em qualquer caso concreto, absoluta certeza a respeito dessa correspondência. Se a certeza é inatingível, nem por isso o será a verdade que, apesar de tudo, deve ser procurada no processo, através das provas".

Segundo a lição abalizada de *Moacyr Amaral Santos*[5]: "provar é convencer o espírito da verdade respeitante a alguma coisa".

> "Conforme o milenar princípio latino, *quod non est in actis non est in mundo*, o que não está nos autos não está no mundo, a parte, cujo ônus cabe demonstrar a existência dos fatos que geram o direito perseguido deve produzir tal comprovação em juízo, pois o juiz quer e precisa saber da verdade em relação ao fatos afirmados pelos litigantes. Embora cumpra ao juiz a direção do processo (arts. 130, do CPC e 765, do CPC), podendo determinar as diligências necessárias ao deslinde do feito, tal faculdade não supre o ônus da parte de demonstrar as alegações".

O Código de Processo Civil disciplina os meios de prova em direito admitidas, sendo os meios expressamente previstos no código e também os meios moralmente legítimos (art. 332 do CPC).

---

(2) CARNELUTTI, Francesco. *A prova civil*. São Paulo: LEUD — Livraria e Editora Universitária de Direito, 2003. p. 72.

(3) CHIOVENDA, Giuseppe. *Instituições de direito processual civil*. V. III, 3. ed. Campinas: Bookseller, 2002. p. 109.

(4) CINTRA, Antonio Carlos de Araújo. *Comentários ao Código de Processo Civil*. V. IV, Rio de Janeiro: Forense, 2001. p. 3.

(5) SANTOS, Moacyr Amaral. *Primeiras linhas de direito processual civil*. 17. ed. São Paulo: Saraiva, 1995. V. 2.

Há alguns entendimentos na jurisprudência tendo em vista que o dano moral tem que ser robustamente demonstrado, inclusive os sofrimentos do lesado.

Nesse sentido, destacamos as seguintes ementas:

> "Dano moral — Ausência de prova — Improcedência do pedido. Ao pleitear indenização por danos morais, deve o trabalhador, sob pena de improcedência do pedido, demonstrar ter sofrido humilhação, constrangimento ou vergonha de tal gravidade que lhe causaram abalo psicológico. (TRT 12ª R. — 3ª T. — ROV n. 3905/2003.028.12.00-2 — Ac. n. 2501/05 — Rel. Gerson P. Taboada Conrado — DJSC 9.3.2005 — p. 217) (RDT n. 4 de abril de 2005).
>
> Dano moral — Ausência de prova — Improcedência do pedido. Ao pleitear indenização por danos morais, deve o trabalhador, sob pena de improcedência do pedido, demonstrar ter sofrido humilhação, constrangimento ou vergonha de tal gravidade que lhe causaram abalo psicológico". (TRT 12ª R. — 3ª T. — ROV n. 3494/2003.027.12.00-9 — Ac. n. 6532/05 — Rel. Gerson P. T. Conrado — DJSC 9.6.2005 — p. 219) (RDT n. 07 de julho de 2005).

Não concordamos com as ementas acima. Com efeito, em se tratando de dano material, este necessita ser demonstrado, tanto os danos emergentes (atuais) como os lucros cessantes (futuros).

Tratando-se de dano moral, não há como se comprovar os danos emergentes e os lucros cessantes, pois o dano moral não é quantificável, pois se passa na esfera íntima do lesado, tampouco indenizável, pois o dano moral não pode ser reparado à saciedade, vale dizer, retornar o indivíduo ao *status quo ante*. O pagamento em pecúnia somente compensa o indivíduo pela angústia do dano sofrido. Por isso, a doutrina sustenta que o dano moral é compensável e não indenizável.

Para que a pessoa faça jus à compensação por danos morais, necessário se faz tão somente que demonstre de forma inequívoca, por qualquer meio em direito admitido, (art. 332, do CPC) o fato lesivo praticado (doloso ou culposo) pelo agente, sendo o dano moral presumido de forma irrefragável (presunção *juris et de juris*) à vítima. Desse modo, desde que o ato ilícito praticado possa acarretar danos a qualquer pessoa, considerando-se o padrão da sociedade, os danos de ordem moral estarão configurados. Por exemplo, a acusação falsa de ladrão, a perda de um dedo resultante de conduta culposa do empregador, causam, evidentemente, dor psíquica no empregado. Ninguém irá dizer que o empregado não se abalou internamente em decorrência desses fatos.

Outrossim, uma vez negado o fato lesivo apto a gerar o dano moral pelo agressor, o ônus da prova incumbe ao ofendido (arts. 818, da CLT, e 333, I, do CPC), por ser fato constitutivo do direito.

Desse modo, a nosso ver, basta que a vítima comprove o fato lesivo, sendo o dano moral presumido de forma absoluta.

Rodolfo Pamplona Filho(6) sustenta que a presunção é relativa: "Definitivamente, não vemos motivo para que a presunção seja absoluta, sem a possibilidade de admitir-se

(6) PAMPLONA FILHO, Rodolfo. *O dano moral na relação de emprego*. 2. ed. São Paulo: LTr, 1999. p. 132.

prova em contrário, quando inexiste determinação legal nesse sentido. Embora difícil, não se pode cercear o direito do réu de, ao menos, tentar produzir prova da inexistência do dano alegado".

No mesmo diapasão, é a respeitável visão de *Luiz Pinho Pedreira da Silva*(7):

"Segundo a postura de que nos estamos ocupando, a presunção de ocorrência do dano moral decorre do simples fato da prática do ato ilícito, mas divergem os que nela se alinham quanto à natureza dessa presunção, entendendo uns que é absoluta (*juris et de jure*), podendo esta última ser elidida por prova em contrário, o que não acontece com a primeira. A nosso ver, a presunção *hominis* de presença do dano moral decorre da prova do ato ilícito que o é *juris tantum*, quer porque as presunções resultantes da experiência, como a que estamos cogitando, são sempre relativas".

De acordo com as posições defendidas por *Pamplona Filho* e *Pinho Pedreira*,

"como se trata de presunção *juristantum* do dano, caso o réu demonstre, por todos os meios admitidos em direito, que a vítima não sofreu danos de ordem moral com o ato lesivo praticado, o pedido de reparação será julgado improcedente.

Não obstante a solidez dos argumentos desse entendimento, continuamos achando que a presunção é absoluta, cabendo ao juiz valorar, no caso concreto, as repercussões do fato lesivo, na fase de quantificação do dano moral e, se for o caso, não deferir a reparação. Se não há repercussão alguma do fato lesivo, acreditamos que deve o juiz dizer que o fato lesivo é apto a acarretar o dano de ordem moral, considerando-se o padrão médio da sociedade, mas no caso *sub judice*, não há condenação. O ato do ofensor continua sendo ilícito, mas não foi potencialmente apto de lesar a vítima no caso concreto. Isso não significa dizer que o ato não deva ser reprimido, mas não deve ser aplicada indenização na hipótese dos autos, até mesmo porque, como dissemos alhures, a reparação do dano moral tem caráter publicista, interessando à sociedade como um todo. Por isso, a repressão de atos que sejam aptos a acarretar o dano moral deve ser prestigiada, ainda que não haja indenização à vítima no caso concreto".

No sentido da presunção absoluta:

Carlos Roberto Gonçalves assim se manifesta(8):

"O dano moral, salvo casos especiais, como o de inadimplemento contratual, por exemplo, em que se faz mister a prova da perturbação anímica do lesado, dispensa prova em concreto, pois se passa no interior da personalidade e existe *in re ipsa*. Trata-se de presunção absoluta. Desse modo, não precisa a mãe provar que sentiu

---

(7) SILVA, Luiz de Pinho Pedreira da. *A reparação do dano moral no direito do trabalho*. São Paulo: LTr, 2004. p. 147.

(8) GONÇALVES, Carlos Roberto. *Responsabilidade civil*. 7. ed. São Paulo: Saraiva, 2002. p. 552-553.

a morte do filho; ou o agravado em sua honra de demonstrar em juízo que sentiu a lesão, ou o autor provar que ficou vexado a não inserção de seu nome no uso público da obra, e assim por diante".

Rui Stocco se posiciona no mesmo sentido: "... o dano em si, porque imaterial, não depende de prova ou de aferição de seu quantum. Mas o fato e os reflexos que irradia, ou seja, a sua potencialidade ofensiva, dependem de comprovação ou pelo menos que esses reflexos decorram da natureza das coisas e levem à presunção segura de que a vítima, face às circunstância, fica atingida em seu patrimônio subjetivo, seja com relação ao seu *vultus*, seja, ainda, com relação aos seus sentimentos, enfim, naquilo que lhe seja mais caro e importante"(9).

Valdir Florindo(10) acompanha esse raciocínio: "Certamente, o dano moral, ao contrário do dano material, não reclama prova específica do prejuízo objetivo, porque o gravame decorre do próprio resultado da ofensa. Daí, não há falar-se em prova do dano moral, mas sim certeza sobre o fato, desde de que haja inequívoca relevância jurídica na ofensa, obviamente".

Relevante, no aspecto, destacar as seguintes ementas:

> "Dano moral — Obrigação de indenizar — Necessidade de prova. O dano moral atinge o patrimônio ideal da pessoa, e, sendo muitas vezes impossível vislumbrá-lo materialmente, é até admissível que seja presumido, desde que haja inequívoca relevância jurídica na ofensa. Todavia, não se pode impor a obrigação de indenizar por dano hipotético ou duvidoso. Se não há certeza do prejuízo, não há o que se reparar". (TRT — 3ª R. — 2ª T. — RO n. 21357/99 — Rel. Juiz Antônio Fernando Guimarães — DJMG 11.10.2000 — p. 30) (RDT 11/2000).
>
> "Indenização — Erro médico — Danos morais — Dano representado pela segunda cirurgia para a retirada do material esquecido na cavidade abdominal da paciente, quando da primeira cirurgia — 'A expectativa, a incerteza, o sofrimento e a angústia, quase extrema que representa uma cirurgia, nestas circunstâncias, caracteriza, por si só, o dano moral, sem necessidade de prova a respeito, tal obviedade a respeito'". (TJRS — 3º, Gr. Cs. Einfrs. 594056806 — Rel. Paulo Roberto Hanke — j. 5.8.1984 — *Revista de direito do Consumidor*, RT. abril-junho, p. 270).
>
> "Dispensa-se a prova de prejuízo para demonstrar a ofensa ao moral humano, já que o dano moral, tido como lesão à personalidade, ao âmago e à honra da pessoa, por vez é de difícil constatação, haja vista os reflexos atingirem para muito própria do indivíduo — o seu interior. De qualquer forma, a indenização não surge somente nos casos de prejuízo, mas também pela violação de um direito." (STJ — 4ª T. REsp 85019 — Rel. Sávio de Figueiredo Teixeira — j. 10.3.1998).
>
> "Dano moral — Obrigação de indenizar — Necessidade de prova. O dano moral atinge o patrimônio ideal da pessoa, e, sendo muitas vezes impossível vislumbrá-lo materialmente, é até admissível que seja presumido, desde que haja inequívoca relevância jurídica na ofensa. Todavia, não se pode impor a obrigação de indenizar por dano hipotético ou duvidoso.

---

(9) STOCCO, Rui. Responsabilidade Civil da Seguradora por Dano Moral. In: *Repertório IOB de Jurisprudência*. 1ª Quinzena de Junho de 2000, n. 11, 2000, caderno 3, p. 242.

(10) FLORINDO, Valdir. *Dano moral e o direito do trabalho*, 4. ed. São Paulo: LTr, 2002. p. 351.

Se não há certeza do prejuízo, não há o que se reparar". (TRT — 3ª R. — 2ª T. — RO n. 21357/99 — Rel. Juiz Antônio Fernando Guimarães — DJMG 11.10.2000 — p. 30) (RDT 11/2000).

b) O dano estético tem sido conceituado pela doutrina como toda alteração morfológica do indivíduo que, além do aleijão, abrange as deformidades ou deformações, marcas e defeitos, ainda que mínimos, e que impliquem sob qualquer aspecto um afeiamento da vítima.

Para *Nereida Veloso Silva*(11), o dano estético, como o próprio nome sugere, está relacionado com a ofensa estética, logo à beleza, à harmonia corporal. Representa, portanto, a alteração do equilíbrio do corpo humano, que, desfigurado por lesões físicas, também sofre prejuízos na área emocional. Em suma, é necessário observar a modificação para pior do estado da vítima, comparando-se, é claro, com sua beleza anterior.

A Constituição Federal não consagra o dano estético como uma categoria autônoma de dano (art. 5º, V e X, da CF). Além disso, não há previsão legal de reparação do dano estético puro. Por isso, muitos negam a existência do chamado dano estético como uma categoria autônoma de dano. Sustentam que ou o dano estético se manifesta sob o aspecto patrimonial ou do aspecto moral. Manifestar-se-ia sob o aspecto patrimonial quando, por exemplo, um trabalhador deixa de ser contratado em razão de deformação estética e, por outro lado, se manifestaria sob o aspecto moral quando o trabalhador se sente angustiado, triste ou depressivo em razão da deformidade estética. Também o dano estético pode, cumulativamente, acarretar danos de ordem moral e patrimonial (nesse sentido é a Súmula n. 37 do STJ).

Essa conclusão foi transformada na Resolução n. 9, tomada pelos participantes do IX ENTA (Encontro Nacional dos Tribunais de Alçada), realizado em agosto de 1997, em São Paulo, a qual dizia: "Res. 09 — O dano moral e o dano estético não se cumulam, porque ou o dano estético importa em dano material ou está compreendido no dano moral (por unanimidade)".

Nesse sentido, destacamos a seguinte ementa:

> "Indenização por danos morais e estéticos. O dano estético passível de reparação é o consequente de conduta ilícita ou lícita excessiva fora dos parâmetros permitidos, que cause sentimento degradante à vítima que acaba por provocar pesar pelo aspecto físico deformado. Esta dor traz reflexos psicológicos na pessoa e o reclamante foi submetido até mesmo à psicoterapia por ter experimentado estado de ânimo depressivo. Causa-lhe, portanto, abalos intangíveis em razão da redução da estética, ou como é notável, do funcionamento orgânico do membro superior direito. E esse sofrimento leva a uma cobertura patrimonial concernente. O dano estético cobre a ofensa ao natural, na imagem pessoal, o defeito, a sequela ou o aleijão que acomete a vítima. Logo, o dano estético é o dano moral que acomete aquele que sofre as consequências visíveis da lesão". (TRT 3ª R. — 6ª T. — RO n. 368/2005.095.03.00-1 — Relª Emília Facchini — DJMG 2.2.2006 — p. 8) (RDT 03 — março de 2006).

(11) SILVA, Nereida Veloso. *Dano estético*. São Paulo: LTr, 2004. p. 97.

Embora seja difícil dissociar o dano estético dos danos de ordem moral ou patrimonial, a nosso ver, o dano estético puro, ou seja, aquele que não tem qualquer reflexo material ou moral, deve ser reparado, podendo constituir uma categoria autônoma de dano. Ainda que a vítima do dano estético não se incomode com a deformação estética, essa anomalia, por si só, já viola um direito da personalidade passível de reparação. Além disso, também há prejuízo para a imagem da vítima. De outro lado, na definição do já citado jurista italiano *Minozzi*, o dano estético é uma das extensões do dano, já que, segundo o referido autor, o dano se mede pelos efeitos e não pela origem.

Além disso, se for possível dissociar o dano estético dos danos de ordem moral e patrimonial, é passível a cumulação da indenização.

Nesse mesmo diapasão, as preciosas palavras de *Sebastião Geraldo de Oliveira*(12):

> "No entanto, mesmo estando o dano estético compreendido no gênero dano moral, a doutrina e jurisprudência evoluíram para deferir indenizações distintas quando esses danos forem passíveis de apuração em separado, com causas inconfundíveis. O dano estético está vinculado ao sofrimento pela deformação com sequelas permanentes, facilmente percebidas, enquanto o dano moral está ligado ao sofrimento e todas as demais consequências nefastas provocadas pelo acidente. A opção do Código Civil de 2002 de indicar genericamente outras reparações ou prejuízo a que o ofendido prove haver sofrido (arts. 948 e 949) deixa espaço indiscutível para inclusão do dano estético, conforme se verifica no caso concreto. Como se vê, o acidente do trabalho que acarrete alguma deformação morfológica permanente gera o dano moral cumulado com o dano estético, ou apenas o primeiro, quando não ficar qualquer sequela. Em outras palavras o acidentado que sofreu qualquer deformação deve receber uma indenização por danos morais agravada, cuja agravante (o dano estético) deve ser calculada separadamente".

No nosso entendimento, o dano estético se cumula com os danos morais e patrimoniais, uma vez que se trata de categoria autônoma de dano, já que atenta contra a imagem retrato da pessoa. Vale lembrar que a proteção à imagem tem *status* constitucional (artigo 5º, incisos V e X, da Constituição Federal). Além disso, o dano estético é mais visível que os danos de ordem moral e patrimonial, pois marca de forma indelével o corpo da pessoa.

Nesse sentido vem evoluindo a jurisprudência do STJ, conforme as ementas abaixo:

> "EMENTA: DANO MORAL. DANO ESTÉTICO. CUMULAÇÃO. Quando o dano estético se distingue do dano moral, ambos devem ser indenizados separadamente. Precedentes da 3ª e da 4ª Turma do Superior Tribunal de Justiça. Súmula n. 83 (STJ). Agravo regimental não provido" (STJ, AGA 312702/SP, 3ª Turma, Rel. Min. Ari Pargendler, DJ 6.11.2000).

> "EMENTA: CIVIL. DANOS MORAIS E ESTÉTICOS. CUMULATIVIDADE. Permite-se a cumulação de valores autônomos, um fixado a título de dano moral e outro a título de dano

---

(12) OLIVEIRA, Sebastião Geraldo. *Indenizações por acidente de trabalho ou doença ocupacional.* São Paulo: LTr, 2005.

estético, derivados do mesmo fato, quando forem passíveis de apuração em separado, com causas inconfundíveis. Hipótese em que do acidente decorreram sequelas psíquicas por si bastantes para reconhecer-se existente o dano moral; e a deformação sofrida em razão da mão do recorrido ter sido traumaticamente amputada, por ação corto-contundente, quando do acidente, ainda que posteriormente reimplantada, é causa bastante para reconhecimento do dano estético. Recurso não conhecido" (STJ, 4ª Turma, REsp 210351/RJ, Rel. Min. Cesar Asfor Rocha, DJ 25.9.2000).

Recentemente o STJ pacificou entendimento no sentido de ser cumulável o dano estético com o dano moral, conforme a Súmula n. 387 de sua jurisprudência, *in verbis*:

É lícita a cumulação das indenizações de dano estético e dano moral. (DJ eletrônico 1º.9.2009).

c) *Rodolfo Pamplona Filho*(13) conceitua assédio sexual "como toda conduta de natureza sexual não desejada que, embora repelida pelo destinatário, é continuadamente reiterada, cerceando-lhe a liberdade sexual".

São elementos caracterizados do assédio sexual(14), na visão de *Pamplona Filho*:

"a) sujeitos: agente (assediador) e destinatário (assediada);

b) conduta de natureza sexual;

c) rejeição da conduta do agente;(15)

d) reiteração da conduta".

O assédio sexual pode ser praticado por chantagem, quando o agente exige da vítima a prática (e/ou aceitação) de uma determinada conduta de natureza sexual, não desejada, sob a ameaça de perda de um determinado benefício. Por exemplo, o gerente que exige que sua secretária venha trabalhar com roupas coladas para ficar observando-a.

Também pode o assédio sexual ser praticado por intimidação. Como menciona *Rodolfo Pamplona Filho*(16): "aquele que se caracteriza por incitações sexuais inoportunas, solicitações sexuais ou outras manifestações da mesma índole, verbais ou físicas, com o efeito de prejudicar a atuação de uma pessoa ou de criar uma situação ofensiva, hostil, de intimidação ou abuso no ambiente em que é intentado. Na esfera do contrato de trabalho, temos o exemplo do chefe que todo o dia convida a subordinada para um jantar, elogiando seus atributos físicos. Essa modalidade de assédio sexual cria um ambiente tenso e hostil de trabalho e constitui um obstáculo à idade entre os sexos".

O Código Penal Brasileiro, no art. 216-A, tipificou o assédio sexual por chantagem, com a seguinte redação, *in verbis*:

---

(13) PAMPLONA FILHO, Rodolfo. *O assédio sexual na relação de emprego*, São Paulo: LTr, 2001. p. 35.

(14) *Ibidem*, p. 39.

(15) A meu ver a subordinação e a dependência econômica não permitem que o(a) empregado(a) manifeste sua rejeição.

(16) PAMPLONA FILHO, Rodolfo. Ob. cit., p. 47.

"Art. 216-A. Constranger alguém com o intuito de obter vantagem ou favorecimento sexual, prevalecendo-se o agente da sua condição de superior hierárquico ou ascendência inerentes ao exercício de emprego, cargo ou função".

Para que haja o assédio sexual nos termos da lei penal, há a necessidade da existência da relação de emprego e que o assediante tenha ascensão hierárquica sob a assediada.

Na esfera trabalhista, se o empregado praticar assédio sexual contra uma colega ou colega de trabalho, o empregador lhe poderá dispensar por incontinência de conduta, por ter praticado ato incompatível com a moral sexual do ambiente de trabalho (art. 482, *b*, da CLT).

É discutível na esfera trabalhista para a configuração do assédio se há necessidade do assediante ter cargo hierarquicamente superior à/ao assediada/o.

Para *Marcelo Roberto Bruno Válio*(17), "no âmbito do direito de trabalho, configura-se como assédio sexual, tanto aquele decorrente de superior hierárquico, como entre trabalhadores no mesmo nível hierárquico. *Amauri Mascaro Nascimento* admite o assédio em situações que excluem o clássico exercício abusivo do poder sobre o subordinado. Defende a existência do assédio sexual entre empregados do mesmo nível hierárquico e até do subordinado com o superior".

Não obstante as ponderações do professor *Bruno Válio*, inclusive com apoio no jurista *Amauri Mascaro Nascimento*, a nosso ver, para que ocorra o assédio sexual na esfera trabalhista, embora possam existir na empresa funcionários mais antigos, inclusive com maior ascensão sobre outros ou maior acesso aos gerentes, etc., há necessidade de que o assediante tenha *status* funcional superior à/ao assediada/o, pois o assédio sexual traz implícito uma ameaça idônea de causar um mal à pessoa que o sofre e, para nós, somente o superior hierárquico pode formular uma ameaça idônea (assédio por chantagem) ou causar intimidação à vítima (assédio por intimidação). De outro lado, se não houver essa relação de hierarquia, também haverá o dano moral, por violação de um direito da personalidade do empregado assediado, mas não o assédio sexual, sendo que a responsabilidade do empregador é objetiva pelo ato do assediante (art. 932, III, do CPC).

Por isso, acreditamos que há necessidade dessa relação de hierarquia entre o(a) assediante sobre o(a) assediado(a). De outro lado, o instituto do assédio sexual tem origem na relação de emprego, nesta relação de patrão e empregado, ou seja, uma relação de hierarquia. No entanto, reconhecemos que a posição dominante na esfera trabalhista é a de que não há necessidade da relação de hierarquia.

Nesse sentido decidimos em reclamação trabalhista proposta na Vara do Trabalho de Franco da Rocha:

"JUSTA CAUSA. ASSÉDIO SEXUAL X INCONTINÊNCIA DE CONDUTA: Quando um empregado que não tem ascensão hierárquica sobre outra empregada, à qual insistentemente lhe dirige gracejos com conotação sexual não pratica assédio sexual, nos termos do art. 216-A do Estatuto Repressivo. De outro lado, a incontinência de conduta resta configurada,

(17) VÁLIO, Marcelo Roberto Bruno. *Os direitos de personalidade nas relações de trabalho*. São Paulo: LTr, 2006. p. 81.

porquanto tal atitude atenta contra a moral sexual do ambiente de trabalho. APRECIAÇÃO DA PROVA: Nos delitos contra os costumes, chamados pela doutrina de clandestinos (*qui clam comittit solent* — que se comentem longe dos olhares de testemunhas), palavra da testemunha vítima, embora contraditada por razões óbvias, desde que coerente, é de valor extraordinário e suficiente para o reconhecimento da justa causa". (Vara do Trabalho de Franco da Rocha/SP, Processo n. 2241/01, Juiz Mauro Schiavi, 26.7.2002)[18].

Se o empregador ou seus prepostos praticar assédio sexual contra o empregado ou empregada, o empregado pode dar por rescindido indiretamente o contrato de trabalho, além de pleitear eventuais indenizações por danos morais e patrimoniais (art. 186, do CC).

Relevante destacar que o mero galanteio, a paquera, olhares de admiração respeitosos e exercidos sem qualquer pressão não constituem assédio.

A jurisprudência tem reconhecido o assédio sexual como apto a gerar a reparações por danos morais, conforme as seguintes ementas:

"Assédio Sexual — Configuração — Dano Moral — Indenização — "Se a reclamante, no interior da empresa, sofre reiteradas investidas de conotação sexual por parte do chefe de área, submetendo-a a situação vexatória e atentadora a sua dignidade, configura-se o assédio sexual que, segundo *José Wilson Ferreira Sobrinho*, 'é o comportamento consistente na explicitação da intenção sexual que não encontra a receptividade concreta de outra parte, comportamento esse reiterado após a negativa', atraindo, assim, o direito da reclamante à reparação do dano moral." (TRT — 3ª R. 4ª Turma — RO 14159/97 — Relª Denise Alves Horta — DJMG 23.6.1998).

"Assédio sexual — Danos morais. Demonstrada a prática de ato lesivo à honra e à dignidade da obreira, em face do comportamento assediante dos prepostos, de conotação sexual, resta configurado o dano moral, que deve ser reparado pelo empregador, a teor do disposto nos arts. 2º CLT, 159 e 1.521, III, do Código Civil". (TRT — 3ª R. — 1ª T. — RO n. 14134/2001 — Relª Mª. Auxiliadora M. Lima — DJMG 14.12.2001 — p. 12)

"Assédio sexual — Danos morais. Só fica caracterizado o assédio sexual que pode gerar a indenização por danos morais quando ocorre aquela conduta indesejada que ameaça, intimida ou incomoda, especialmente quando tal comportamento parte de quem pode influenciar na carreira ou nas condições de trabalho da vítima. Simples alegações, ainda que graves, mas sem respaldo probatório convincente não podem ensejar a reparação por danos morais, mormente quando há acusação recíproca de assédio das partes envolvidas". (TRT — 3ª R. — 5ª T. — RO n. 4140/99 — Rel. Juiz Sebastião G. Oliveira — DJMG 11.3.2000 — p. 15)

(18) *Revista Trimestral de Jurisprudência do TRT da 2ª Região*, Ementário 02/04, São Paulo: LTr, 2004. p. 145.

QUESTÕES DE DIREITO PROCESSUAL

1. Ministério Público do Trabalho. Atuação Extrajudicial na Defesa dos Direitos Transindividuais

MINISTÉRIO PÚBLICO DO TRABALHO — 2008

Disserte a respeito da atuação extrajudicial do Ministério Público do Trabalho na defesa dos Direitos Transindividuais.

Conforme *Carlos Henrique Bezerra Leite*(1):

"No início, a figura do Ministério Público relacionava-se à dos agentes do rei (*les gens du roi*), isto é, a 'mão do rei' e, atualmente, para manter a metáfora, a 'mão da lei'. A expressão *parquet*, bastante utilizada com referência ao Ministério Público, advém da tradição francesa, assim como 'magistratura de pé' e *les gens du roi*. Com efeito, os procuradores do rei, antes de adquirirem a condição de magistrados e terem assento ao lado juízes, ficavam, incialmente, sobre o assoalho (*parquet*) da sala de audiências, e não sobre o estrado, lado a lado à 'magistratura sentada'".

Não há uniformidade na doutrina sobre quando surgiu o Ministério Público. Para alguns, foi no Egito, para outros na França, mas o certo é que ao longo dos anos a instituição foi crescendo e adquirindo importância vital na defesa da ordem jurídica, dos direitos indisponíveis e do Estado Democrático de Direito.

Conforme as palavras de *Calamandrei*, no Ministério Público se exerce a magistratura e a advocacia ao mesmo tempo, pois o promotor é tão imparcial como o juiz na defesa do ordenamento jurídico, mas tão combativo como o advogado quando postula um direito.

---

(1) BEZERRA LEITE, Carlos Henrique. *Ministério Público do Trabalho*: doutrina, jurisprudência e prática. 2. ed. São Paulo: LTr, 2002. p. 29.

Nos termos do art. 127 da Constituição Federal, *o Ministério Público é instituição permanente, essencial à função jurisdicional do Estado, incumbindo-lhe a defesa da ordem jurídica, do regime democrático e dos interesses sociais e individuais indisponíveis.*

A Constituição de 1988 desvinculou o Ministério Público do poder executivo, transformando-o em uma instituição autônoma e permanente. Por isso, alguns sustentam ser ele o quarto poder da República.

Longe de se limitar ao papel a ele tradicionalmente reservado na persecução criminal, e ao contrário de sustentar interesses individuais ou dos governantes, o Ministério Público está hoje consagrado com autonomia e independência funcional da instituição e de seus órgãos, à defesa dos interesses sociais e individuais indisponíveis, da ordem jurídica e do regime democrático. Passou, pois, a ser órgão de proteção das liberdades públicas constitucionais, da defesa de direitos indisponíveis, da garantia do contraditório(2).

As hipóteses de atuação extrajudicial do Ministério Público do Trabalho estão previstas, exemplificativamente, no art. 84, da LC n. 75/93, que assim dispõe:

> "Incumbe ao Ministério Público do Trabalho, no âmbito das suas atribuições, exercer as funções institucionais previstas nos Capítulos I, II, III e IV do Título I, especialmente:
>
> I — integrar os órgãos colegiados previstos no § 1º do art. 6º, que lhes sejam pertinentes;
>
> II — instaurar inquérito civil e outros procedimentos administrativos, sempre que cabíveis, para assegurar a observância dos direitos sociais dos trabalhadores;
>
> III — requisitar à autoridade administrativa federal competente, dos órgãos de proteção ao trabalho, a instauração de procedimentos administrativos, podendo acompanhá-los e produzir provas;
>
> IV — ser cientificado pessoalmente das decisões proferidas pela Justiça do Trabalho, nas causas em que o órgão tenha intervido ou emitido parecer escrito;
>
> V — exercer outras atribuições que lhe forem conferidas por lei, desde que compatíveis com sua finalidade".

O art. 81, da Lei n. 8.078/90, que é aplicável ao Processo do Trabalho (art. 769 da CLT), define, por meio de interpretação autêntica, os interesses transindividuais. Com efeito, aduz o referido dispositivo legal:

> "A defesa dos interesses e direitos dos consumidores e das vítimas poderá ser exercida em juízo individualmente, ou a título coletivo.
>
> Parágrafo único. A defesa coletiva será exercida quando se tratar de:
>
> I — interesses ou direitos difusos, assim entendidos, para efeitos deste Código, os transindividuais, de natureza indivisível, de que sejam titulares pessoas indeterminadas e ligadas por circunstância de fato;
>
> II — interesses ou direitos coletivos, assim entendidos, para efeitos deste Código, os transindividuais de natureza indivisível, de que seja titular grupo, categoria ou classe de pessoas ligadas entre si ou com a parte contrária por uma relação jurídica base;
>
> III — interesses individuais homogêneos, assim entendidos os decorrentes de origem comum".

---

(2) MAZZILLI, Hugo Nigro. *Introdução ao Ministério Público do Trabalho*. São Paulo: Saraiva, 1997. p. 21.

Os interesses difusos são transindividuais de natureza indivisível, cujos titulares são indeterminados e ligados entre si por uma situação fática.

Ensina *Nélson Nery Júnior* se referindo aos direitos difusos[(3)]: "são direitos cujos titulares não se pode determinar. A ligação entre os titulares se dá por circunstâncias de fato. O objeto desses direitos é indivisível, não pode ser cindido. É difuso, por exemplo: o direito de respirar ar puro; o direito do consumidor de ser alvo de publicidade não enganosa e não abusiva".

Como exemplos de interesses difusos na esfera trabalhista temos a greve em serviços essenciais que pode colocar em risco toda a população, o meio ambiente do trabalho, contratação de servidores públicos sem concurso, combate à discriminação no emprego, etc.

Segundo *Nélson Nery Júnior*[(4)]:

> "Os direitos coletivos são, assim como os difusos, transindividuais e indivisíveis, mas seus titulares são grupo, classe ou categoria de pessoas ligadas entre si ou com a parte contrária por uma relação jurídica base (CDC 81 parágrafo único II). É coletivo, por exemplo, o direito dos alunos de determinada escola de ter assegurada a mesma qualidade de ensino em determinado curso. Os direitos individuais homogêneos são os direitos individuais, divisíveis, de que são titulares pessoas determinadas, mas que podem ser defendidos coletivamente em juízo em razão de serem direitos que têm origem comum (CDC 81 parágrafo único III). Não se trata de pluralidade de demandas (litisconsórcio), mas de uma única demanda, coletiva, objetivando à tutela dos titulares do direitos individuais homogêneos. É a *class action* brasileira. São individuais homogêneos, por exemplo, os direitos de proprietários de automóveis que foram produzidos com defeito de fábrica, de obter indenização quanto ao prejuízo que tiveram com o defeito"[(5)].

Como bem advertem *Nélson Nery Júnior* e *Rosa Maria de Andrade Nery*[(6)]:

> "O que qualifica o direito como difuso, coletivo ou individual homogêneo é o conjunto formado pela causa de pedir e pelo pedido deduzido em juízo. O tipo de pretensão material, juntamente com o seu fundamento, é que caracterizam a natureza do direito".

---

(3) NERY JÚNIOR, Nélson; NERY, Rosa Maria. *Código civil comentado e legislação extravagante*. 3. ed. São Paulo: Saraiva, 2005. p. 1.011.

(4) *Idem*, p. 64-02/155.

(5) Para Ronaldo Lima dos Santos: "Os direitos individuais homogêneos, assim, são individuais em sua essência (com titulares determinados, divisíveis, de fruição singular e disponíveis), sendo que somente adquire feição coletiva a forma processual pela qual podem ser tratados, dada a sua homogeneidade decorrente da origem comum e a expressão social que adquirem (Amplitude da Coisa Julgada nas Ações Coletivas, in *Ação coletiva na visão de juízes e procuradores do trabalho*, coordenadores: José Hortêncio Ribeiro Júnior, Juliana Vignoli Cordeiro, Marcos Neves Fava e Sebastião Vieira Caixeta, São Paulo: LTr, 2006. p. 303).

(6) NERY JÚNIOR, Nelson; NERY, Rosa Maria de Andrade. Código Civil comentado e legislação extravagante. 3. ed. São Paulo: RT, 2005. p. 1.010/1.011.

Frequentemente, as ações civis públicas, na defesa de interesses difusos e coletivos, buscam a imposição de obrigações de fazer ou não fazer ao causador do dano. Já na ação coletiva para a defesa de interesses individuais homogêneos a pretensão é de ressarcimento pecuniário para as vítimas.

Pensamos ser interesse coletivo para fins trabalhistas: o que transcende o aspecto individual para irradiar efeitos sobre um grupo ou categoria de pessoas, sendo uma espécie de soma de direitos individuais, mas também um direito próprio do grupo, cujos titulares são indeterminados, mas que podem ser determinados, ligados entre si por uma relação jurídica base. Em razão disso, no Direito do Trabalho, cada categoria pode defender o próprio interesse e também, por meio de negociação coletiva, criar normas a viger no âmbito da categoria.

São exemplos de interesses coletivos na esfera trabalhista, conforme enumera *Raimundo Simão de Mello*[(7)]: eliminação dos riscos no meio ambiente de trabalho, no interesse exclusivo dos trabalhadores da empresa; demissão coletiva de trabalhadores durante uma greve; descumprimento generalizado de cláusula convencional.

O interesse individual homogêneo, no nosso sentir, é o que tem origem comum, envolvendo diversas pessoas determinadas, interligadas entre si por uma relação fática, buscando a mesma pretensão. Trata-se de interesse divisível e disponível, entretanto a soma dos interesses individuais adquire feição coletiva, configurando uma espécie de feixe de direitos individuais.

Como exemplos de interesses ou direitos individuais homogêneos na esfera trabalhista temos pedidos de pagamento de adicionais de periculosidade e insalubridade a trabalhadores de uma empresa, pagamento de horas extras, etc. Nos interesses individuais homogêneos, a pretensão posta em juízo tem natureza condenatória pecuniária.

Conforme o Código de Defesa do Consumidor, a defesa dos interesses individuais homogêneos se faz por meio da chamada *Ação Civil Coletiva*, que segue o procedimento fixado nos arts. 91 a 100 do Código de Defesa do Consumidor, que não difere substancialmente da Ação Civil Pública, sendo esta última destinada à defesa de interesses difusos e coletivos.

A legitimidade da defesa dos interesses difusos e coletivos pelo Ministério decorre da Lei (Leis n. 7.347/85 e 8.078/90).

Quanto à legitimidade do Ministério Público do Trabalho para a defesa de direitos individuais homogêneos na esfera trabalhista, há certo dissenso na doutrina e jurisprudência, uma vez que o interesse é divisível e, em regra, disponível. Além disso, há uma tendência doutrinária de se prestigiar a tutela do direito individual homogêneo na esfera trabalhista, a cargo dos Sindicatos (art. 8º, III, da CF).

Não obstante, a nosso ver, o interesse individual homogêneo é uma subespécie de interesse transindividual arrolado no art. 81 da Lei n. 8.078/90, tendo, portanto, feição coletiva. Além disso, o art. 129, III, da Constituição Federal atribui legitimidade ao Mi-

---

(7) *Op. cit.*, p. 32.

nistério Público "para a promover o inquérito civil público e a ação civil pública, para a proteção do patrimônio público e social, do meio ambiente *e de outros interesses difusos e coletivos*" (o grifo é nosso). Ora, outros interesses coletivos somente podem ser os interesses individuais homogêneos. Em suma, quando há lesão individual homogêneo, há o interesse social que justifica a legitimidade do *Parquet*.

Nesse sentido, destacamos a seguinte ementa:

> "Ação civil coletiva — Natureza — Defesa de direitos e interesses individuais homogêneos — Legitimidade do Ministério Público do Trabalho para ajuizá-la — Necessidade de uma interpretação sistemática e teleológica das normas constitucionais e infraconstitucionais que regulam a matéria. Nos últimos quinze anos, o Brasil conheceu importantes inovações legislativas a respeito dos chamados direitos e interesses difusos e coletivos e dos mecanismos de tutela coletiva desses direitos, destacando-se a Lei n. 7.347, de 24 de julho de 1985, que disciplina a conhecida ação civil pública, e a Lei n. 8.078, de 11 de setembro de 1990, que instituiu o Código de Proteção e Defesa do Consumidor. Este, entre outras novidades, introduziu um importante mecanismo de defesa coletiva para direitos individuais homogêneos: a ação civil coletiva (arts. 91 a 100). São características dessa última categoria de direitos ou interesses a possibilidade de perfeita identificação do sujeito, assim como da relação dele com o objeto do seu direito, sendo que a ligação com os demais sujeitos decorre da circunstância de serem todos titulares individuais de direitos com "origem comum" e são divisíveis, pois podem ser lesados e satisfeitos de forma diferenciada e individualizada, satisfazendo ou lesando um ou alguns titulares sem afetar os demais. Portanto, por serem individuais e divisíveis, fazem parte do patrimônio individual do seu titular e, por isso, são passíveis de transmissão por ato *inter vivos* ou *mortis causa* e, regra geral, suscetíveis de renúncia e transação. Quanto a sua defesa em juízo, geralmente, são defendidos pelo próprio sujeito detentor do direito material, sendo que a defesa por terceiros será sob a forma de representação ou, quando houver previsão legal, sob a forma de substituição processual. Assim sendo, no que concerne à legitimidade do *parquet* laboral para a propositura da ação civil coletiva, mostra-se mais coerente com o direito hodierno o entendimento de que o art. 83, inciso III, da Lei Complementar n. 75/93, ao dispor, entre outras atribuições, que é incumbência do Ministério Público do Trabalho 'propor ação civil pública no âmbito da Justiça do Trabalho, para defesa de interesses coletivos, quando desrespeitados os direitos sociais constitucionalmente garantidos' (grifei), utilizou a expressão 'interesses coletivos' na sua acepção lato, abrangendo, outrossim, tanto os interesses coletivos *stricto sensu*, quanto os difusos e os individuais homogêneos, uma vez não se poder restringir a legitimidade que foi amplamente concedida pelo art. 129, inciso II, do Texto Ápice, sem qualquer discriminação entre os diversos ramos do *Parquet*. À mesma conclusão chega-se após o exame do art. 6º, inciso VII, alínea d, da Lei Complementar n. 75/93, que, ao disciplinar os instrumentos de atuação do Ministério Público da União, em todos os seus ramos, aponta a ação civil pública para a defesa de 'outros interesses individuais indisponíveis, homogêneos, sociais, difusos e coletivos'. Ademais, não há olvidar que, após a promulgação da *Lex Fundamentalis* de 1988, o Ministério Público foi guindado à 'instituição permanente, essencial à função jurisdicional do Estado, incumbindo-lhe a defesa da ordem jurídica, do regime democrático e dos interesses sociais e individuais indisponíveis'. Vale dizer, portanto, que, ao tutelar os direitos elencados ao trabalhador no art. 7º da Constituição Federal vigente, ele atua, sem dúvida alguma, na defesa dos direitos sociais e, por conseguinte, tam-

bém na defesa dos direitos e garantias fundamentais conferidos aos cidadãos, bem assim na concretização dos objetivos fundamentais da República Federativa do Brasil previstos no art. 3º" (TRT — 12ª R. — 1ª T. — Ac. n. 3121/98 — Rel. Juiz Dilnei Biléssimo — DJSC 23.4.1998 — p. 336).

Nesse mesmo diapasão cumpre destacar os Enunciado ns. 75 e 76, ambos da 1ª Jornada de Direito Material e Processual do Trabalho do TST, *in verbis*:

Enunciado n. 75:

"AÇÃO CIVIL PÚBLICA. INTERESSES INDIVIDUAIS HOMOGÊNEOS. LEGITIMAÇÃO DO MINISTÉRIO PÚBLICO.

I — O Ministério Público do Trabalho detém legitimidade para defender direitos ou interesses individuais homogêneos, assim entendidos os decorrentes de origem comum, nos exatos termos do art. 81, inciso III, do CDC.

II — Incidem na hipótese os arts. 127 e 129, inciso III, da Constituição Federal, pois a defesa de direitos individuais homogêneos quando coletivamente demandada se enquadra no campo dos interesses sociais previstos no art. 127 da Magna Carta, constituindo os direitos individuais homogêneos em espécie de direitos coletivos *lato sensu*".

Enunciado n. 76:

"AÇÃO CIVIL PÚBLICA. REPARAÇÃO DE DANO MORAL COLETIVO. TRABALHO FORÇADO OU EM CONDIÇÕES DEGRADANTES. LEGITIMIDADE DO MINISTÉRIO PÚBLICO DO TRABALHO.

I — Alegada a utilização de mão de obra obtida de forma ilegal e aviltante, sujeitando o trabalhador a condições degradantes de trabalho, a trabalho forçado ou a jornada exaustiva, cabe Ação Civil Pública de reparação por dano moral coletivo.

II — Legitimidade do Ministério Público do Trabalho para o ajuizamento da ação civil pública na tutela de interesses coletivos e difusos, uma vez que a referida prática põe em risco, coletivamente, trabalhadores indefinidamente considerados".

Temos assistido a uma atuação extrajudicial intensa do Ministério Público do Trabalho por meio de dois instrumentos: o inquérito civil público e o termo de ajuste de conduta.

O inquérito civil público consiste num procedimento extrajudicial de natureza inquisitória, no qual o Ministério Público do Trabalho busca provas e dados para propor eventual ação civil pública ou tentar firmar um termo de ajuste de conduta.

Na visão de *Hugo Nigro Mazzilli*(8), o inquérito civil é uma investigação administrativa prévia a cargo do Ministério Público, que se destina a colher elementos de convicção para que o próprio órgão ministerial possa identificar se ocorre circunstância que enseja eventual propositura de ação civil pública ou coletiva".

---

(8) MAZZILLI, Hugo Nigro. *O inquérito civil*. São Paulo: Saraiva, 1999. p. 46.

O inquérito civil público é peça facultativa para o Ministério Público, pois, caso já tenha elementos suficientes, poderá instaurar ação civil pública sem ele. Nesse sentido dispõe o § 1º do art. 8º, da Lei: "O Ministério Público poderá instaurar, sob sua presidência, inquérito civil, ou requisitar, de qualquer organismo público ou particular, certidões, informações, exames ou perícias, no prazo que assinalar, o qual não poderá ser inferior a 10 (dez) dias úteis".

O termo de ajuste de conduta consiste num instrumento por meio do qual o Ministério Público do Trabalho e a pessoa, normalmente uma empresa, que está descumprindo direitos metaindividuais de natureza trabalhista (difusos, coletivos e individuais homogêneos — art. 81, da Lei n. 8.078/90), pactuam um prazo e condições para que a conduta do ofensor seja adequada ao que dispõe a Lei.

Não se trata de transação, pois o MP não pode dispor do interesse público, mas, inegavelmente, há algumas concessões por parte do órgão Ministerial, como a concessão de prazo ou o perdão de eventuais multas, a fim de que o agente que está descumprindo o ordenamento jurídico possa passar a cumpri-lo com maior facilidade. O termo de ajustamento de conduta (TAC) deve vir acompanhado de multa pecuniária pelo seu descumprimento (*astreintes*) e tem a qualidade de título executivo extrajudicial (art. 876, da CLT).

Nesse sentido, dispõe o § 6º do art. 5º, da Lei n. 7.347/85:

> "Os órgãos públicos legitimados poderão tomar dos interessados compromisso de ajustamento se sua conduta às exigências legais, mediante cominações, que terá eficácia de título executivo extrajudicial".

Na visão de *Luciana Aboim Machado Gonçalves da Silva*(9), o termo de ajuste de conduta é um instituto jurídico que soluciona conflitos metaindividuais, firmado por algum ou alguns dos órgãos públicos legitimados para ajuizar ação civil pública e pelo investigado (empregador) no qual se estatui, de forma voluntária, o modo, lugar e prazo em que o inquirido deve adequar sua conduta aos preceitos normativos, mediante cominação, sem que para tanto, *a priori*, necessite de provocação do Poder Judiciário, com vistas à natureza jurídica de título executivo extrajudicial.

(9) SILVA, Luciana Aboim Machado Gonçalves da. *Termo de ajuste de conduta*. São Paulo: LTr, 2004. p. 19.

2. Representação do Empregador em Audiência. Questões Polêmicas

TRT 6ª REGIÃO — 2007

Representação do empregador na Justiça do Trabalho. Preposto. Requisitos. Aborde a questão, considerando a legislação, a doutrina e a jurisprudência existentes sobre a matéria.

Há a representação processual quando alguém vem a juízo, autorizado por lei, a postular em juízo em nome de outrem, defendendo, em nome alheio, interesse alheio.

A CLT disciplina a matéria no § 1º do art. 843, que tem a seguinte redação:

"É facultado ao empregador fazer-se substituir pelo gerente, ou qualquer outro preposto que tenha conhecimento do fato, e cujas declarações obrigarão o preponente".

Ensina *Melchíades Rodrigues Martins*(1):

"O preposto, no âmbito da Justiça do Trabalho, é aquela pessoa indicada pelo empregador para ser seu representante em juízo trabalhista e suas declarações, favoráveis ou desfavoráveis ao desfecho do processo, serão tidas como sendo do próprio preponente".

Em análise superficial do § 1º do art. 843, da CLT, constata-se que a nomeação de preposto é faculdade do empregador, portanto, a preposição é voluntária, entretanto, as declarações do preposto vincularão o proponente. De outro lado, a lei exige que o preposto tenha conhecimento dos fatos, ainda que não os tenha presenciado(2). Basta que

(1) MARTINS, Melchíades Rodrigues. *O preposto e a representação do empregador em juízo trabalhista e órgãos administrativos*. São Paulo: LTr, 2002. p. 14.

(2) Nesse sentido destacam-se as seguinte ementas: *Preposto. Conhecimento dos fatos por terceiro*. O preposto não precisa ser empregado, nem seu conhecimento dos fatos, embora exigível, deve necessariamente ser

tenha ciência dos fatos, ainda que por informações de terceiros. Não obstante, não encerra penalidade específica para esse desconhecimento. Entretanto, são pacíficas tanto a doutrina como a jurisprudência no sentido de que o desconhecimento dos fatos pelo preposto acarreta a confissão, nos termos dos arts. 345 e 348 e seguintes do CPC.

Como bem adverte *Domingos Sávio Zainaghi*(3): "O preposto detém todos os poderes cabíveis ao empregador, o qual pelo simples fatos de tê-lo nomeado, outorga-lhe amplos poderes para representá-lo, só que esta representação fica limitada à audiência em que compareceu. Logo, se o preposto comparece na primeira audiência e não na segunda, seus poderes se exaurem naquela; se comparecer na segunda sessão não há necessidade de nova carta de preposição, bastando mencionar que já fora preposto na audiência anterior".

Mostra-se polêmica a seguinte questão: Deve o preposto ser empregado da reclamada?

A CLT não prevê tal exigência, conforme o art. 843, § 1º, acima transcrito. Desse modo, muitos doutrinadores sustentam a desnecessidade do preposto ser empregado da reclamada, podendo o empregador fazer-se representar em audiência por qualquer preposto que tenha conhecimento dos fatos. Caso o preposto não saiba dos fatos, o empregador correrá o risco da confissão.

O TST, recentemente, editou a Súmula n. 377, que tem a seguinte redação:

> "PREPOSTO. EXIGÊNCIA DA CONDIÇÃO DE EMPREGADO (nova redação) — Res. n. 146/2008, DJ 28.4.2008, 2 e 5.5.2008
>
> Exceto quanto à reclamação de empregado doméstico, ou contra micro ou pequeno empresário, o preposto deve ser necessariamente empregado do reclamado. Inteligência do art. 843, § 1º, da CLT e do art. 54 da Lei Complementar n. 123, de 14 de dezembro de 2006".

No nosso sentir, embora a lei não exija que o preposto seja empregado, a interpretação teleológica e sistemática dos arts. 843 e 844, da CLT, em cotejo com o princípio da oralidade, nos sinaliza no sentido de que, efetivamente, o preposto deva ser empregado para que conheça os fatos da causa e facilite o acesso do juízo aos fatos pertinentes e relevantes do processo.

Para as micro e pequenas empresas, a lei não exige a condição de empregado do preposto. Com efeito, dispõe o art. 54, da Lei Complementar n. 123 de 14.12.2006: "é facultado ao empregador de microempresa ou de empresa de pequeno porte a fazer-se

---

pessoal e direto (TRT-8ª Regl, RO 535/85, Rel. Juiz Roberto Araújo de Oliveira Santos, LTr 50(2):223, fev./86) In: MARQUES, Gérson. *Processo do trabalho anotado*. São Paulo: RT, 2001. p. 287). *Conhecimento dos fatos por documentos da empresa*. A alegação do preposto de que conhece os fatos ou informações do chefe imediato do reclamante por documentos da empresa não autoriza, por si só a aplicação de pena de confissão ficta. Desimporta que o preposto não tenha estado fisicamente presente aos fatos, desde que conheça os mesmos, ainda que por via indireta (TRT — 4ª Reg. RO-RA 124/92, AC 1ª T. Rel. Juiz Fabiano de Castilho Bertolucci, LTr 58 (10):1164).

(3) ZAINAGHI, Domingos Sávio, *apud* MARTINS, Rodrigues Melchíades. *Op. cit.*, p. 26.

substituir ou representar perante a Justiça do Trabalho por terceiros que conheçam dos atos, ainda que não possuam vínculo trabalhista ou societário".

Tem por objetivo o referido dispositivo facilitar o acesso à justiça das pequenas e microempresas em razão do número reduzido de empregados que possuem. Não obstante, o preposto dessas empresas, ainda que não empregado, devem conhecer os fatos (art. 843, § 1º, da CLT).

Em se tratando de controvérsias que não envolvam a relação de emprego (EC n. 45/05), pensamos não ser exigível a condição de empregado do preposto, uma vez que não se está discutindo vínculo de emprego, bastando apenas que o preposto conheça os fatos referentes à relação de trabalho discutida no processo.

Para os processos em que se discute relação de emprego, alguns autores sustentam a tese de que, se o preposto não ostentar a condição de empregado, deve ser aberto prazo para a irregularidade ser sanada.

Nesse sentido a posição de *Raymundo Antonio Carneiro Pinto*(4): "Comparecendo à audiência um preposto que não é empregado (salvo o caso de ação de doméstico) e ficando patente o *animus* da empresa em defender-se, consideramos arbitrário decretar-se de imediato, a revelia. Com base no art. 13 do CPC, deve o juiz conceder um prazo razoável para a parte sanar a representação".

No nosso entendimento, mesmo que o preposto não seja empregado, não há como se decretar a revelia do reclamado, pois houve a presença do reclamado em audiência (art. 843, § 1º, da CLT). O fato de o preposto não ser empregado acarreta confissão ficta da reclamada, mas não revelia, pelo fato de não conhecer os fatos. Sendo assim, o conhecimento dos fatos pertine à fase probatória e não questão de representação processual. Portanto, inaplicável se mostra o art. 13 do CPC.

Sob outro enfoque, como se trata de confissão ficta, não deve o juiz encerrar prematuramente a instrução processual e prosseguir na dilação probatória, pois o conjunto probatório pode elidir a confissão ficta. Por isso, acreditamos que o juiz não deve pronunciar de plano a confissão ficta do preposto não empregado e valorar suas consequências na sentença.

Nesse sentido destacamos as seguintes ementas:

> "Confissão ficta. O desconhecimento dos fatos pelo preposto para a cominação do art. 843, § 1º da CLT, não se confunde com a hipótese de o mesmo prestar declarações não condizentes com a prova documental. A penalidade processual deve ser interpretada restritivamente. Justa causa. Prova. A justa causa, fato extintivo do direito do autor, deve ser convenientemente provada, ônus a cargo da reclamada (art. 818/CLT c/c art. 333, II, CPC), do qual não se desincumbiu, razão pela qual deve ser afastada a falta imputada à empregada. Comissionista. Pedido de horas extras. Descabimento. Empregado que recebe salário à base de comissões não faz jus a horas extras, mas apenas ao adicional pelo trabalho em jornada suplementar, a ser calculado sobre o valor das comissões percebidas no período ex-

(4) PINTO, Raymundo Antonio Carneiro. *Súmulas do TST comentadas*. São Paulo: LTr, 2005. p. 333.

traordinário (aplicação do entendimento erigido nos Enunciados ns. 56 e 340/TST)" (TRT — 10ª R. — 2ª T. — Ac. n. 2980/96 — Rel. Juiz Braz H. de Oliveira — DJDF 10.1.1997 — p. 168).

"Processo Confissão da reclamada. Uma das condições essenciais para o preposto atuar em juízo, é que tenha conhecimento dos fatos versados no contraditório. A forma da ciência é irrelevante (simples relatório verbal) posto não se tratar de testemunha. Ao declarar que ignora esses fatos faz com que se considere a confissão da ex-empregadora. Regime de compensação de horas. Acordo tácito. O direito pátrio admite, mediante prévio acordo escrito, não sendo admitido acordo tácito. E.108.RR 115.652/94" (TRT 2ª R. 6ª T. Ac. n. 2960313830 Rel. Carlos F. Berardo DJSP 3.7.1996 p. 38).

3. Tutela Inibitória no Direito Processual do Trabalho

TRT 9ª REGIÃO — 2007

Aplica-se ao Processo do Trabalho a tutela inibitória?

A fim de que seja observado o devido processo legal, que é um mandamento constitucional e uma garantia da cidadania, o processo deve obedecer aos trâmites legais, passando por todas as fases até atingir uma decisão definitiva, com o trânsito em julgado.

Não obstante, situações há em que o direito postulado não pode aguardar o regular desenrolar do processo, sob consequência de perecimento. Desse modo, há instrumentos processuais destinados a tutelar pretensões que não podem esperar a tramitação do processo, muitas vezes, nem sequer aguardar a citação do réu. Tais medidas processuais são chamadas pela doutrina de *tutelas de urgência*, que têm por objetivo resguardar direito (tutela cautelar), antecipar o próprio provimento de mérito (tutela antecipatória) ou impedir que um dano iminente aconteça (tutela inibitória).

Como destaca *José Roberto dos Santos Bedaque*[(1)]:

> "Os provimentos antecipatórios urgentes são cabíveis em qualquer forma de tutela e podem antecipar totalmente os efeitos da tutela final. Essa circunstância confere à instrumentalidade, característica fundamental das cautelares, conotação pouco diversa daquela atribuída tradicionalmente a essa modalidade de tutela, se analisadas as medidas meramente conservativas. Aliás, exatamente em razão desse fator, passou a doutrina a pensar em outra categoria de proteção jurisdicional — a tutela de urgência — destinada a abranger todas as medidas necessárias a evitar risco de dano ao direito. Caracterizam-se não pela sumariedade da cognição, circunstância também presente em tutelas não cautelares, mas pelo *periculum in mora*. Analisa-

(1) BEDAQUE, José Roberto dos Santos. *Tutela cautelar e tutela antecipada*: tutelas sumárias e de urgência. 3. ed. São Paulo: Malheiros, 2003. p. 158.

-se a situação substancial e verifica-se a necessidade de proteção imediata, em sede cautelar, ante a impossibilidade de se aguardar o tempo necessário para a entrega da tutela final".

Faz parte do gênero das tutelas de urgência a chamada *tutela inibitória*, ainda pouco estudada, mas que tem sido utilizada com eficácia, inclusive no Processo do Trabalho.

Ao contrário das tutelas cautelares e antecipatórias que pressupõem um direito já violado que merece imediata tutela, a tutela inibitória é preventiva.

Como destaca *Luiz Guilherme Marinoni*(2):

> "A tutela inibitória é caracterizada por ser voltada para o futuro, independentemente de estar sendo dirigida a impedir a prática, a continuação ou a repetição do ilícito. Note-se, com efeito, que a inibitória, ainda que empenhada apenas em fazer cessar o ilícito ou a impedir a sua repetição, não perde a sua natureza preventiva, pois não tem por fim reintegrar ou reparar o direito violado (...) A tutela inibitória funciona, basicamente, através de uma decisão ou sentença capaz de impedir a prática, a repetição ou a continuação do ilícito, conforme a conduta ilícita temida seja de natureza comissiva ou omissiva, o que permite identificar o fundamento normativo-processual desta tutela nos arts. 461 do CPC e 84 do CDC".

Na tutela inibitória ainda não há um dano, pois este é dispensável, basta a probabilidade do ilícito. Não há necessidade de culpa, pois esta é critério para apuração da sanção pelo dano.

A tutela inibitória tem suporte no princípio constitucional do acesso à Justiça (art. 5º, XXXV, da CF), e na efetividade da tutela jurisdicional.

A tutela inibitória tem aplicação na esfera trabalhista, exemplificativamente, como medida preventiva das seguintes condutas: a) antissindicais, que atentam contra a liberdade sindical; b) discriminatórias na relação de emprego; c)cláusulas contratuais abusivas; d) interdito proibitório em caso de greve (art. 932 do CPC), entre outras hipóteses.

Dispõe o art. 461 do CPC:

> "Na ação que tenha por objeto o cumprimento de obrigação de fazer ou não fazer, o juiz concederá a tutela específica da obrigação ou, se procedente o pedido, determinará providências que assegurem o resultado prático equivalente ao do adimplemento. (Redação dada pela Lei n. 8.952, de 1994)
>
> § 3º Sendo relevante o fundamento da demanda e havendo justificado receio de ineficácia do provimento final, é lícito ao juiz conceder a tutela liminarmente ou mediante justificação prévia, citado o réu. A medida liminar poderá ser revogada ou modificada, a qualquer tempo, em decisão fundamentada. (Incluído pela Lei n. 8.952, de 1994)
>
> § 4º O juiz poderá, na hipótese do parágrafo anterior ou na sentença, impor multa diária ao réu, independentemente de pedido do autor, se for suficiente ou compatível com a

(2) MARINONI, Luiz Guilherme. *Tutela inibitória:* individual e coletiva. 3. ed. São Paulo: RT, 2003. p. 38-39.

obrigação, fixando-lhe prazo razoável para o cumprimento do preceito. (Incluído pela Lei n. 8.952, de 1994)

§ 5º Para a efetivação da tutela específica ou a obtenção do resultado prático equivalente, poderá o juiz, de ofício ou a requerimento, determinar as medidas necessárias, tais como a imposição de multa por tempo de atraso, busca e apreensão, remoção de pessoas e coisas, desfazimento de obras e impedimento de atividade nociva, se necessário com requisição de força policial." (Redação dada pela Lei n. 10.444, de 2002)

§ 6º O juiz poderá, de ofício, modificar o valor ou a periodicidade da multa, caso verifique que se tornou insuficiente ou excessiva. (Incluído pela Lei n. 10.444, de 2002)".

Segundo a doutrina, a tutela inibitória encontra eco no já citado art. 461 do CPC e se efetiva por meio da ação inibitória, que é ação de conhecimento de cunho condenatório, podendo ser concedida a liminar, presentes os requisitos do § 3º do art. 461, do CPC. A natureza do provimento é mandamental, independendo para sua efetivação de posterior processo de execução. Conforme *Nélson Nery Júnior*(3), "a sentença inibitória prescinde de posterior e sequencial processo de execução para ser efetivada no mundo fático, pois seus efeitos são de execução *lato sensu*".

No aspecto, relevante destacar a seguinte ementa:

"Tutela inibitória — Previsão no ordenamento jurídico — Desnecessidade do dano. A necessidade do provimento inibitório, buscado na presente ação, é patente na medida em que direitos básicos dos empregados cooperados estavam sendo sonegados, inviabilizando, inclusive, o próprio objeto do contrato de trabalho, a prestação de serviços, conforme se constata dos procedimentos investigatórios juntados aos autos. Desse modo, a pretensão do autor é exatamente obter a tutela inibitória, preventiva, voltada para o futuro, impondo-se à recorrente a observância dos ditames legais para contratação de mão de obra, por meio de interposta pessoa, inclusive cooperativas de trabalho, para a execução de suas atividades finalísticas". (TRT 3ª R. — 7ª T. — RO n. 921/2004.079.03.00-6 — Relª Wilmeia da Costa Benevides — DJ 5.7.2005 — p. 12) (RDT n. 08 de agosto de 2005).

(3) NERY JÚNIOR, Nélson. *CPC comentado*. 10. ed. São Paulo: RT, 2007. p. 1.005.

4. Alteração da Competência Material Durante o Curso da Execução. Efeitos

TRT — 3ª REGIÃO — 2005

Quais os efeitos da alteração da competência material de dado órgão da jurisdição estatal na execução instaurada? Justificar.

Há acirradas discussões sobre os efeitos da alteração da competência material do órgão no qual se processa a execução.

Parte da doutrina e jurisprudência sustentam que o processo deve permanecer no próprio órgão que proferiu a decisão na fase de conhecimento em razão dos princípios da estabilização da lide, econômica e celeridade processuais.

Nesse sentido, a seguinte ementa:

"AÇÃO DE INDENIZAÇÃO POR DANOS MATERIAIS E MORAIS DECORRENTE DE ACIDENTE DE TRABALHO PROCESSADA E JULGADA NA JUSTIÇA ESTADUAL COMUM. SENTENÇA DE MÉRITO PROFERIDA ANTES DA EMENDA CONSTITUCIONAL N. 45/2004. RECURSO DE APELAÇÃO. COMPETÊNCIA DA JUSTIÇA ESTADUAL. Não é de competência desta Justiça Especializada o julgamento de recurso contra sentença de mérito prolatada antes da promulgação da EC n. 45/04, por Juiz da Justiça Estadual". TRT/SP — 02365200537202009 — RO — Ac. 12ªT. 20060939596 — Rel. SONIA MARIA PRINCE FRANZINI — DOE 1.12.2006.

Não obstante o respeito que merece o entendimento acima, com ele não concordamos, pois, uma vez cessada a competência material, o juiz não pode mais atuar no processo, já que falta um pressuposto processual de validade da relação jurídica processual, que é a competência material.

Nesse sentido, ensina com propriedade *Enrico Tullio Liebman*[1]:

"A competência é um pressuposto processual, ou seja, requisito de validade do processo e de seus atos, no sentido de que o juiz sem competência não pode realizar atividade alguma e deve apenas declarar sua própria incompetência (...). Seus atos são nulos".

Não se aplica à hipótese o princípio da *perpetuatio jurisdiccionis*, previsto no art. 87, do CPC, pois neste próprio artigo há exceção quanto à competência em razão da matéria.

Além disso, as regras de competência previstas na Constituição Federal têm aplicação imediata, pois não houve qualquer ressalva, por parte da Emenda n. 45, quanto aos processos em curso[2].

Mesmo os processos com recurso pendente de julgamento e em fase de execução, com o trânsito em julgado da decisão devem ser encaminhados à Justiça do Trabalho, não se aplicando à hipótese o art. 575, II, do CPC, pois o referido dispositivo somente disciplina a competência funcional para o processo de execução.

Como destaca *Estêvão Mallet*:

"(...) os autos dos processos em tramitação perante a Justiça Comum Estadual ou Federal, ao tempo da publicação da Emenda Constitucional n. 45, doravante de competência da Justiça do Trabalho, devem ser a esta última remetidos de imediato, independentemente da fase processual em que se encontrem. Se a sentença condenatória foi proferida pela Justiça Comum, na altura competente para julgamento da causa, deslocada a competência, à Justiça do Trabalho cabe a execução do respectivo pronunciamento, como já firmado, aliás, pela Súmula n. 10 do Superior Tribunal de Justiça. O disposto no art. 575, II do CPC não prevalece em caso de modificação de competência absoluta"[3]

Nesse sentido, destacamos a seguinte ementa:

"COMPETÊNCIA DA JUSTIÇA DO TRABALHO. ALTERAÇÃO. VIGÊNCIA DA EC N. 45/04. NULIDADE DE DECISÃO PROFERIDA PELA JUSTIÇA COMUM. A Emenda Constitucional n. 45, de 8.12.2004, publicada em 31.12.2004, alterou a redação do art. 114 da Constituição Federal de 1988, e definiu em seu inciso III, que compete à Justiça do Trabalho processar e julgar as ações de indenização por dano moral ou patrimonial, decorrentes da relação de trabalho. Nos termos do art. 87 do CPC, a competência é determinada no momento da propositura da ação, salvo quando houver alteração de competência em razão

(1) LIEBMAN, Enrico Tullio. *Manual de direito processual civil*. 3. ed. Tradução e notas de Cândido Rangel Dinamarco. Campinas: São Paulo: Malheiros: 2005. V. I, p. 82.

(2) Nesse sentido foi o entendimento firmado pelo C. STJ, conforme a redação da Súmula n. 10: "Instalada a Junta de Conciliação e Julgamento, cessa a competência do Juiz de Direito em matéria trabalhista, inclusive para a execução das sentenças por ele proferidas".

(3) MALLET, Estêvão. *Direito, trabalho e processo em transformação*. São Paulo: LTr, 2005. p. 188.

da matéria ou da hierarquia, bem como no caso de supressão do correspondente órgão judiciário. A ampliação de competência é inequívoca, e a norma constitucional tem aplicação e eficácia imediatas. O novo texto constitucional, portanto, alcança de imediato os processos em andamento. A partir da alteração constitucional, a ação deveria ter prosseguido perante o juízo instituído pela lei nova, no caso, a Justiça do Trabalho. A r. sentença proferida na Justiça Comum em maio/2005 está eivada de nulidade, porquanto proferida por juiz incompetente, por expressa previsão constitucional". (TRT/SP — 00066200637302007 — RO — Ac. 4ª T. 20060979520 — Rel. Sergio Winnik — DOE 12.12.2006).

Não obstante os argumentos acima mencionados, o Colendo STJ sumulou a matéria em sentido contrário, entendendo que se o processo já foi sentenciado, mesmo havendo alteração da competência em razão da matéria, ele deve ser executado no juízo que prolatou a sentença, conforme se constata da relação da Súmula n. 367 da sua jurisprudência, abaixo transcrita:

"EMENDA CONSTITUCIONAL N. 45/2004 — COMPETÊNCIA — PROCESSOS JÁ SENTENCIADOS — NÃO ALCANCE. A competência estabelecida pela EC n. 45/2004 não alcança os processo já sentenciados (DJe 26.11.2008)".

No mesmo sentido vem se pronunciando a jurisprudência, conforme as ementas:

"AÇÃO DE EXECUÇÃO FISCAL. MULTA ADMINISTRATIVA. JULGAMENTO PELA JUSTIÇA FEDERAL ANTES DO ADVENTO DA EMENDA CONSTITUCIONAL N. 45/2004. A ALTERAÇÃO SUPERVENIENTE DA COMPETÊNCIA, AINDA QUE DETERMINADA POR NORMA CONSTITUCIONAL, NÃO INVALIDA A SENTENÇA ANTERIORMENTE PROFERIDA. MANTÊM-SE A COMPETÊNCIA DA JUSTIÇA FEDERAL PARA JULGAR O APELO. A r. sentença de primeiro grau, prolatada pelo Juízo da 6ª Vara Especializada de Execuções Fiscais da Justiça Federal, julgou o feito acatando a legalidade da multa impetrada, proferindo julgamento de mérito, quando vigorava previsão constitucional da competência da Justiça Federal. Na esteira da inteligência do Egrégio Supremo Tribunal Federal, a competência não é desta Justiça Especializada; fica mantida a competência Justiça Federal para julgamento do recurso. SUSCITADO CONFLITO NEGATIVO DE COMPETÊNCIA, com determinação de remessa dos autos ao Egrégio Superior Tribunal de Justiça para julgamento do conflito". (TRT/SP — 00509200609002000 — RO — Ac. 10ª T. 20090206970 — Rel. Marta Casadei Momezzo — DOE 7.4.2009).

"COMPETÊNCIA EM RAZÃO DA MATÉRIA ALTERADA PELA EMENDA CONSTITUCIONAL 45/2004. As ações que tramitavam tanto na Justiça Estadual como na Justiça Federal com sentença de mérito anterior à promulgação da Emenda Constitucional n. 45/2004 lá continuam até o trânsito em julgado e correspondente execução. Aplicação analógica do entendimento do Supremo Tribunal Federal, segundo o qual o princípio da segurança jurídica admite seja atribuída eficácia prospectiva às suas decisões, com a delimitação precisa dos respectivos efeitos, toda vez que proceder a revisões de jurisprudência definidora de competência em razão da matéria". (TRT/SP — 03336200608302004 — RO — Ac. 5ª T. 20090412308 — Rel. José Ruffolo — DOE 19.6.2009).

5. Execução da Parcela Previdenciária. Aspectos Polêmicos

TRT — 17ª REGIÃO — 2003

Comente o alcance da competência da Justiça do Trabalho para executar, de ofício, as contribuições sociais previstas no art. 195, I, *a*, e II da CRFB e seus acréscimos legais, decorrentes das sentenças que proferir, enfrentando os seus limites, a expressão "de ofício", a competência prevista no art. 109, I, da Constituição Federal, a possibilidade de o órgão previdenciário recorrer, na hipótese de conciliação judicial que especifica apenas parcelas indenizatórias e, ainda, a possibilidade de cobrança, na Justiça do Trabalho, das contribuições sociais decorrentes de conciliação firmada perante a Comissão de Conciliação Prévia.

A Emenda Constitucional n. 20/1998 acrescentou o § 3º ao art. 114 da CF, atribuindo competência à Justiça do Trabalho de executar, de ofício, as contribuições previdenciárias das sentenças que proferir.

Na ocasião, alguns se mostraram pessimistas com o aumento da competência da Justiça do Trabalho para abranger a execução de parcelas que não pertencem ao empregado e sim ao INSS. Outros se mostraram otimistas, uma vez que a execução de ofício das contribuições previdenciárias propicia grande arrecadação de contribuições sociais para a previdência e maior eficiência da jurisdição trabalhista.

Dispõe o art. 114, VIII, da Constituição Federal, com a redação dada pela EC n. 45/2004 competir à Justiça do Trabalho a execução, de ofício, das contribuições sociais previstas no art. 195, I, *a*, e II, e seus acréscimos legais, decorrentes das sentenças que proferir.

Em que pesem as críticas sobre a constitucionalidade do inciso VIII do art. 114 da CF e também à Lei n. 1.035/2000 (que regulamenta a execução previdenciária na Justiça do Trabalho), a nosso ver a execução de ofício das contribuições de INSS está em compasso com o caráter social da Justiça do Trabalho e também a melhoria da condição social do trabalhador.

Ainda que a autarquia federal não tenha participado do processo na fase de conhecimento, não há irregularidade e também não haveria interesse em tal participação, pois é na sentença que o juiz do trabalho deferirá as parcelas postuladas e haverá a incidência do INSS sobre as parcelas que deferiu.

Com a competência para executar as contribuições sociais de ofício, há o fortalecimento da Justiça do Trabalho enquanto instituição encarregada não só de resguardar o cumprimento dos direitos sociais, mas também em garantir o futuro do trabalhador e de contribuir para a arrecadação de contribuições sociais que servem para a melhoria da sociedade como um todo.

Além disso, os resultados da competência da Justiça do Trabalho para executar as contribuições previdenciárias das sentenças que profere têm sido excelentes, com um pequeno gasto para a União.

Nesse sentido argumenta com propriedade *Antonio Álvares da Silva*(1):

> "Não é certa a afirmativa de que a Justiça do Trabalho execute alguém que não tomou parte no processo de conhecimento. O reclamado fez, sim, parte do processo de conhecimento. Foi condenado e pagará o que a sentença reconheceu devido. Só que, além do débito trabalhista, tornou-se também devedor de parcelas previdenciárias, cujo fato gerador é a mesma sentença. Seria um absurdo que se iniciasse um outro processo para cobrar a contribuição previdenciária, simplesmente porque o credor é o Estado e não o reclamante. O fato é um só. As partes são as mesmas. Mandar um ofício ao INSS para exigir o débito previdenciário seria um formalismo elevado á última potência. É regra elementar, em qualquer atividade humana, que se obtenha um resultado com a maior rapidez e com o menor dispêndio. Ora, se o próprio Estado, representado pelo juiz, é credor da contribuição, por que não exigi-la de ofício, já que se trata de débito de natureza tributária, que interessa ao Estado e não precisa de solicitação da parte para executar-se".

No nosso sentir, a interpretação do inciso VIII, do art. 114 da CF não pode ser restritiva, devendo abranger também os recolhimentos pretéritos que não foram realizados pelo empregador, atinentes às parcelas de índole salarial, conforme o art. 28, da Lei n. 8.212/91. Se a justiça do trabalho declara o vínculo de emprego, deve executar as contribuições pretéritas desse reconhecimento, pois isso possibilita não só maior efetividade da jurisdição, como também da eficácia social da norma. De outro lado, propiciará que o empregado obtenha futuramente a aposentadoria sem maiores transtornos, pois são notórias as vicissitudes que enfrenta o trabalhador quando vai averbar o tempo de serviço reconhecido em sentença trabalhista, mas os recolhimentos previdenciários não estão realizados.

---

(1) SILVA, Antonio Álvares da. *Pequeno tratado da nova competência da Justiça do Trabalho*. São Paulo: LTr, 2005. p. 282-283.

No mesmo sentido destacamos a seguinte ementa:

"COMPETÊNCIA DA JUSTIÇA DO TRABALHO — EXECUÇÃO DE CONTRIBUIÇÃO PREVIDENCIÁRIA — ART. 114, § 3º, DA CONSTITUIÇÃO FEDERAL — RECONHECIMENTO DE VÍNCULO EMPREGATÍCIO — SALÁRIOS PAGOS NO CURSO DA RELAÇÃO DE EMPREGO. Ainda que a decisão trabalhista tenha se limitado a reconhecer o vínculo de empregatícios, com efeito meramente declaratório, a competência é desta Justiça Especializada para executar a contribuição incidente sobre as parcelas pagas no curso da relação de emprego, pois, se houve anotação na CPTS, como consequência da decisão trabalhista, são devidas as contribuições previdenciárias decorrentes do reconhecimento desse vínculo, na esteira do disposto no art. 114, § 3º, da Constituição Federal. É irrelevante que a decisão judicial não tenha estabelecido o pagamento de verbas salariais propriamente ditas em razão dessa anotação, pois a simples declaração do vínculo já basta para caracterizar a obrigação previdenciária, cobrável judicialmente perante esta Justiça Especializada. A identificação do feto gerado é o reconhecimento do vínculo do qual derivam os salários, cuja natureza jurídica não pode ser outra que não a declaração da existência do liame entre empregado e empregador, valendo a sentença trabalhista como decisão administrativa e judicial da existência de débito previdenciário, que se torna automaticamente executável pela Justiça Trabalhista. Recurso de revista conhecido e provido (TST — RR 478 — 4ª T. — Rel. Min. Ives Gandra Martins Filho — DJU 21.11.2003).

Em sentido contrário a Súmula n. 368 do C. TST, *in verbis*: "Súmula n. 368 — TST — Res. n. 129/2005 — DJ 20.4.05 — Conversão das Orientações Jurisprudenciais ns. 32, 141 e 228 da SDI-1 I. A Justiça do Trabalho é competente para determinar o recolhimento das contribuições previdenciárias e fiscais. A competência da Justiça do Trabalho, quanto à execução das contribuições previdenciárias, limita-se às sentenças condenatórias em pecúnia que proferir e aos valores objeto de acordo homologado que integrem o salário-de-contribuição. (ex-OJ n. 141 — Inserida em 27.11.1998); II. É do empregador a responsabilidade pelo recolhimento das contribuições previdenciárias e fiscais, resultante de crédito do empregado oriundo de condenação judicial, devendo incidir, em relação aos descontos fiscais, sobre o valor total da condenação, referente às parcelas tributáveis, calculado ao final, nos termos da Lei n. 8.541/1992, art. 46 e Provimento da CGJT n. 01/1996. (ex-OJ n. 32 — Inserida em 14.3.1994 e OJ n. 228 — Inserida em 20.6.01); III. Em se tratando de descontos previdenciários, o critério de apuração encontra-se disciplinado no art. 276, § 4º, do Decreto n. 3.048/99 que regulamentou a Lei n. 8.212/91 e determina que a contribuição do empregado, no caso de ações trabalhistas, seja calculada mês a mês, aplicando-se as alíquotas previstas no art. 198, observado o limite máximo do salário de contribuição." (ex-OJ n. 32 — Inserida em 14.3.94 e OJ 228 — Inserida em 20.6.2001)".

A questão restou resolvida pelo parágrafo único do art. 876, da CLT, com a redação dada pela Lei n. 11.457, de 15 de março de 2007, que assim dispõe:

"Serão executadas *ex officio* as contribuições sociais devidas em decorrência de decisão proferida pelos Juízes e Tribunais do Trabalho, resultantes de condenação ou homologação de acordo, inclusive sobre os salários pagos durante o período contratual reconhecido".

Portanto, doravante, a Justiça do Trabalho também poderá executar as parcelas previdenciária das decisões meramente declaratórias de vínculo de emprego.

Nesse sentido o Enunciado n. 73, da Primeira Jornada de Direito Material e Processual do Trabalho do Tribunal Superior do Trabalho, *in verbis*:

> "EXECUÇÃO DE CONTRIBUIÇÕES PREVIDENCIÁRIAS. REVISÃO DA SÚMULA N. 368 DO TST.
>
> I — Com a edição da Lei n. 11.457/2007, que alterou o parágrafo único do art. 876 da CLT, impõe-se a revisão da Súmula n. 368 do TST: é competente a Justiça do Trabalho para a execução das contribuições à Seguridade Social devidas durante a relação de trabalho, mesmo não havendo condenação em créditos trabalhistas, obedecida a decadência.
>
> II — Na hipótese, apurar-se-á o montante devido à época do período contratual, mês a mês, executando-se o tomador dos serviços, por força do art. 33, § 5º, da Lei 8.212/91, caracterizada a sonegação de contribuições previdenciárias, não devendo recair a cobrança de tais contribuições na pessoa do trabalhador.
>
> III — Incidem, sobre as contribuições devidas, os juros e a multa moratória previstos nos arts. 34 e 35 da Lei n. 8.212/91, a partir da data em que as contribuições seriam devidas e não foram pagas".

O Supremo Tribunal Federal, entretanto, fixou entendimento contrário, entendendo que a competência da Justiça do Trabalho abrange somente a parcela previdenciária das decisões condenatórias, não incidindo sobre os salários pagos durante o vínculo de emprego, conforme se constata de seu informativo 519, *in verbis*:

> "JUSTIÇA DO TRABALHO: EXECUÇÃO DE OFÍCIO DE CONTRIBUIÇÕES PREVIDENCIÁRIAS E ALCANCE.
>
> A competência da Justiça do Trabalho, nos termos do disposto no art. 114, VIII, da CF, limita-se à execução, de ofício, das contribuições sociais previstas no art. 195, I, *a*, e II, e seus acréscimos legais, decorrentes das sentenças condenatórias em pecúnia que proferir e aos valores objeto de acordo homologado que integrem o salário de contribuição, não abrangendo, portanto, a execução de contribuições atinentes ao vínculo de trabalho reconhecido na decisão, mas sem condenação ou acordo quanto ao pagamento das verbas salariais que lhe possam servir como base de cálculo ('Art. 114. ... VIII — a execução, de ofício, das contribuições sociais previstas no art. 195, I, a , e II, e seus acréscimos legais, decorrentes das sentenças que proferir;'). Com base nesse entendimento, o Tribunal desproveu recurso extraordinário interposto pelo INSS em que sustentava a competência da Justiça especializada para executar, de ofício, as contribuições previdenciárias devidas, incidentes sobre todo o período de contrato de trabalho, quando houvesse o reconhecimento de serviços prestados, com ou sem vínculo trabalhista, e não apenas quando houvesse o efetivo pagamento de remunerações. Salientou-se que a decisão trabalhista que não dispõe sobre pagamento de salário, mas apenas se restringe a reconhecer a existência do vínculo empregatício não constitui título executivo no que se refere ao crédito de contribuições previdenciárias. Assim, considerou-se não ser possível admitir uma execução sem título executivo. Asseverou-se que, em relação à contribuição social referente ao salário cujo pagamento foi determinado em decisão trabalhista é fácil identificar o crédito exequendo e, por conseguinte, admitir a substituição das etapas tradicionais de sua constituição por ato típico, próprio, do magis-

trado. Ou seja, o lançamento, a notificação e a apuração são todos englobados pela intimação do devedor para o seu pagamento, porque a base de cálculo para essa contribuição é o valor mesmo do salário que foi objeto da condenação. Já a contribuição social referente ao salário cujo pagamento não foi objeto da sentença condenatória, e, portanto, não está no título exequendo, ou não foi objeto de algum acordo, dependeria, para ser executada, da constituição do crédito pelo magistrado sem que este tivesse determinado o pagamento do salário, que é exatamente a causa e a base da sua justificação. O Min. Ricardo Lewandowski, em acréscimo aos fundamentos do relator, aduziu que a execução de ofício de contribuição social antes da constituição do crédito, apenas com base em sentença trabalhista que reconhece o vínculo empregatício sem fixar quaisquer valores, viola também o direito ao contraditório e à ampla defesa. Em seguida, o Tribunal, por maioria, aprovou proposta do Min. Menezes Direito, relator, para edição de súmula vinculante sobre o tema, e cujo teor será deliberado nas próximas sessões. Vencido, no ponto, o Min. Marco Aurélio, que se manifestava no sentido da necessidade de encaminhamento da proposta à Comissão de Jurisprudência. (RE 569056/PR, rel. Min. Menezes Direito, 11.9.2008. (RE-569056))".

Conforme já nos pronunciamos acima, em que pese o alto respeito que merece, não concordamos com o posicionamento do Colendo STF, pois o art. 114, VIII, da CF, não restringe a competência às decisões de natureza condenatória.

Nesse sentido é a posição de *Luciano Athayde Chaves*(2):

"Não estou de acordo, com o respeito merecido, com a orientação apresentada pelo Supremo Tribunal Federal para o problema. Ora, mesmo as sentenças condenatórias não logram indicar, em seu texto, os exatos limites dos salários-de-contribuição que serão tomados em referência para a apuração do montante das contribuições sociais que haverão de ser cobradas nos mesmos autos do processo trabalhista. A fase de acertamento e quantificação se destina a este fim, e lá também são assegurados a ampla defesa e o contraditório. Assim, não vislumbro ofensa ao direito fundamental ao devido processo legal quando se empresta trânsito executivo à decisão declaratória de reconhecimento de vínculo de emprego (...)".

O ideal seria que o art. 114, VIII, da CF, atribuísse, *de lege ferenda,* competência à Justiça do Trabalho para, além de executar as contribuições oriundas do reconhecimento do vínculo de emprego, competência para determinar a averbação do tempo de serviço do empregado junto ao INSS, buscando assim maior eficácia da jurisdição trabalhista e também maior efetividade social da norma.

Nesse sentido, destaca-se a seguinte ementa:

"INSS. AVERBAÇÃO DO TEMPO DE SERVIÇO. COMPETÊNCIA DA JUSTIÇA DO TRABALHO. É competente a Justiça do Trabalho para determinar ao INSS o reconhecimento e a averbação de tempo de serviço apurado nos autos de Reclamação Trabalhista, por se tratar de corolário da competência material fixada pela Constituição Federal para executar de

(2) CHAVES, Luciano Athayde. *Estudos de direito processual do trabalho*. São Paulo: LTr, 2009. p. 170-171.

ofício as contribuições devidas em razão das sentenças proferidas na Justiça do Trabalho" (PROC RO 01160-2005-005-20-00-1 — 20ª Região — SE — Eliseu Pereira do Nascimento — Desembargador Redator. DJ/SE de 27.9.2006 — (DT — janeiro/2007 — v. 150, p. 202).

Acreditamos ser cabível a Ação Monitória para cobrança de contribuições de INSS incidentes sobre os acordos firmados perante a Comissão de Conciliação Prévia quanto às parcelas do INSS, pois o parágrafo único do art. 876 da CLT com a redação dada pela recente Lei n. 11.457, de 15 de março de 2007[(3)], não estendeu a competência da Justiça do Trabalho para executar tal parcela.

Desse modo, pode o Procurador da União, munido do acordo firmado perante a Comissão de Conciliação Prévia, ingressar com a Ação Monitória para cobrança da parcela previdenciária incidente sobre as verbas de índole salarial.

A Lei n. 10.035/2000, com as alterações da Lei n. 11.457/2007, regulamentou a execução *ex officio* das parcelas previdenciárias incidentes sobre os créditos trabalhistas das sentenças proferidas pela Justiça do Trabalho.

Os títulos judiciais que embasam a execução de ofício das contribuições previdenciárias são:

a) termos de conciliação homologados na Justiça do Trabalho (art. 831 da CLT) contendo parcelas objeto de incidência de INSS.

Conforme o art. 832, § 4º, da CLT, com a redação dada pela Lei n. 11.457/2007, a *União será intimada das decisões homologatórias de acordos que contenham parcela indenizatória, na forma do art. 20 da Lei n. 11.033, de 21 de dezembro de 2004, facultada a interposição de recurso relativo aos tributos que lhe forem devidos.*

Nos termos do § 7º, do art. 832, da CLT, com a redação dada pela Lei n. 11.457/2007, o *Ministro de Estado da Fazenda poderá, mediante ato fundamentado, dispensar a manifestação da União nas decisões homologatórias de acordos em que o montante da parcela indenizatória envolvida ocasionar perda de escala decorrente da atuação do órgão jurídico.*

Havendo acordo, na execução, após o trânsito em julgado da decisão, as partes não poderão alterar na natureza jurídica das parcelas, pois a parcela previdenciária que incide sobre tais verbas não pertence às partes do processo, não estando mais sobre a livre disposição destas por meio da transação.

Nesse sentido, o § 6º do art. 832 da CLT, com a redação dada pela Lei n. 11.457/2007, pacificou a questão. Dispõe o referido dispositivo, *in verbis*:

> "O acordo celebrado após o trânsito em julgado da sentença ou após a elaboração dos cálculos de liquidação de sentença não prejudicará os créditos da União;
>
> b) sentença trabalhista transitada em julgado, contendo parcelas objeto de incidência de INSS".

(3) Diz o parágrafo único do art. 876 da CLT: "Serão executadas *ex officio* as contribuições sociais devidas em decorrência de decisão proferida pelos Juízes e Tribunais do Trabalho, resultantes de condenação ou homologação de acordo, inclusive sobre os salários pagos durante o período contratual reconhecido".

Nos termos do § 3º do art. 832 da CLT, as decisões cognitivas ou homologatórias deverão sempre indicar a natureza jurídica das parcelas constantes da condenação ou acordo homologado, inclusive o limite de responsabilidade de cada parte pelo recolhimento da contribuição previdenciária se for o caso.

A contribuição previdenciária incide sobre as parcelas de natureza salarial.

Salário é a contraprestação devida ao empregado paga diretamente pelo empregador em razão da prestação de serviços. Nos termos do art. 457 da CLT: "compreendem-se na remuneração do empregado, para todos os efeitos legais, além do salário devido e pago diretamente pelo empregador, como contraprestação do serviço, as gorjetas que receber".

Na definição clássica de *José Martins Catharino*(4), salário é *contraprestação devida a quem põe seu esforço pessoal à disposição de outrem em virtude do vínculo jurídico de trabalho, contratual ou instituído*.

As verbas objeto de incidência da contribuição previdenciária são previstas no art. 28, da Lei n. 8.212/91 (salário-contribuição), não se aplicando o conceito de salário previsto na Consolidação das Leis do Trabalho, uma vez que o crédito pertence à Autarquia Previdenciária, aplicando-se o princípio da especialidade.

Conforme o art. 28 da Lei n. 8.212/91, entende-se por salário de contribuição para o empregado e trabalhador avulso a remuneração auferida em uma ou mais empresas, assim entendida a totalidade dos rendimentos pagos, devidos ou creditados a qualquer título, durante o mês, destinados a retribuir o trabalho, qualquer que seja a sua forma, inclusive as gorjetas, os ganhos habituais sob a forma de utilidades e os adiantamentos decorrentes de reajuste salarial, quer pelos serviços efetivamente prestados, quer pelo tempo à disposição do empregador ou tomador de serviços nos termos da lei ou do contrato ou, ainda, de convenção ou acordo coletivo de trabalho ou sentença normativa (Redação dada pela Lei n. 9.528, de 10.12.1997).

Caso a sentença não fixar as parcelas objeto de incidência previdenciária, bem como a responsabilidade das partes, o Juiz na execução poderá fazê-lo, pois se trata de matéria de ordem pública, não havendo preclusão. Nesse sentido dispõe o art. 401 do C. TST *in verbis*:

> "AÇÃO RESCISÓRIA. DESCONTOS LEGAIS. FASE DE EXECUÇÃO. SENTENÇA EXEQUENDA OMISSA. INEXISTÊNCIA DE OFENSA À COISA JULGADA. (conversão da Orientação Jurisprudencial n. 81 da SDI-2) Os descontos previdenciários e fiscais devem ser efetuados pelo juízo executório, ainda que a sentença exequenda tenha sido omissa sobre a questão, dado o caráter de ordem pública ostentado pela norma que os disciplina. A ofensa à coisa julgada somente poderá ser caracterizada na hipótese de o título exequendo, expressamente, afastar a dedução dos valores a título de imposto de renda e de contribuição previdenciária. (ex-OJ n. 81 — inserida em 13.3.2002)".

A forma de liquidação do crédito da previdenciário está prevista no art. 879 da CLT, que assim dispõe:

> "Sendo ilíquida a sentença exequenda, ordenar-se-á, previamente, a sua liquidação, que poderá ser feita por cálculo, por arbitramento ou por artigos. (Redação dada pela Lei n.

(4) CATHARINO, José Martins. *Tratado jurídico do salário*. São Paulo: LTr, 1997. p. 90.

2.244/54).

§ 1º Na liquidação, não se poderá modificar, ou inovar, a sentença liquidanda, nem discutir matéria pertinente à causa principal.

§ 1º-A. A liquidação abrangerá, também, o cálculo das contribuições previdenciárias devidas. (Acrescentado pela Lei n. 10.035/2000 — DOU 26.10.2000).

§ 1º-B. As partes deverão ser previamente intimadas para a apresentação do cálculo de liquidação, inclusive da contribuição previdenciária incidente. (Acrescentado pela Lei n. 10.035/2000 — DOU 26.10.2000).

§ 2º Elaborada a conta e tornada líquida, o Juiz poderá abrir às partes prazo sucessivo de 10 (dez) dias para impugnação fundamentada com a indicação dos itens e valores objeto da discordância, sob pena de preclusão.

§ 3º Elaborada a conta pela parte ou pelos órgãos auxiliares da Justiça do Trabalho, o juiz procederá à intimação da União para manifestação, no prazo de 10 (dez) dias, sob pena de preclusão. (Redação dada pela Lei n. 11.457/2007 — DOU 19.3.2007.

§ 4º A atualização do crédito devido à Previdência Social observará os critérios estabelecidos na legislação previdenciária. (Acrescentado pela Lei n. 10.035/2000 — DOU 26.10.2000).

§ 5º O Ministro de Estado da Fazenda poderá, mediante ato fundamentado, dispensar a manifestação da União quando o valor total das verbas que integram o salário-de-contribuição, na forma do art. 28 da Lei n. 8.212, de 24 de julho de 1991, ocasionar perda de escala decorrente da atuação do órgão jurídico". (Acrescido pela Lei n. 11.457/2007 — DOU 19.3.2007.

O referido art. 879, parágrafo segundo, da CLT, prevê dois procedimentos alternativos e facultativos para o Juiz do Trabalho adotar na liquidação por cálculos. São eles:

> "a) apresentados os cálculos pelo reclamante, intimar o reclamado para impugná-los em 10 dias sob pena de preclusão[(5)]. Posteriormente à impugnação ou não há havendo, o juiz do trabalho homologará a conta de liquidação[(6)].
>
> b) apresentados os cálculos pelo reclamante, o juiz do trabalho os homologará, determinando a citação do reclamado para pagamento nos termos do art. 880, da CLT, podendo a conta de liquidação homologada ser discutida nos embargos à execução pelo reclamado e pelo exequente na impugnação à sentença de liquidação, nos termos do § 3º do art. 884, da CLT".

Diante da redação do § 3º[(7)] do art. 879 da CLT, pode parecer que o Juiz do Trabalho deve, obrigatoriamente, intimar o INSS para impugnar os cálculos[(8)], mesmo que adote a

(5) No nosso entendimento, preclusão não é pena e sim a perda de uma faculdade processual que gera consequências processuais, por não ter a parte a praticado no prazo legal (preclusão temporal), por já ter praticado o ato (consumativa), ou por ter praticado uma das duas ou mais faculdades que a lei possibilitava (lógica). A preclusão pela não contestação dos cálculos é a temporal.

(6) A jurisprudência não tem admitido a impugnação genérica dos cálculos, sem especificar os títulos e valores objeto da discordância. Na praxe, o reclamado apresenta um novo cálculo, com os valores que entende devidos. Nesse sentido, destacamos a seguinte ementa: Cálculos de liquidação — Impugnação genérica pelos executados em embargos à execução. Não merecem acolhimento os embargos à execução opostos pelos executados que fazem, de modo genérico e inespecífico, impugnação ao cálculo de liquidação homologado. (TRT — 3ª R. — 1ª T. — Ap. n. 4135/94 — Relª Juíza Denise A. Horta — DJMG 25.5.2000 — p. 5) (RDT 06/2000, p. 57).

(7) § 3º, do art. 879, da CLT: "Elaborada a conta pela parte ou pelos órgãos auxiliares da Justiça do Trabalho, o juiz procederá a intimação, da União para manifestação, no prazo de 10 dias, sob pena de preclusão" (redação dada pela Lei n. 11.457/2007).

(8) Edilton Meirelles e Leonardo Dias Borges sustentam que diante do § 3º do art. 879, da CLT, entendem ser imperativo o disposto no § 3º do art. 879, da CLT e, portanto, o contraditório deve ser deferido antes da

postura de postergar a impugnação dos cálculos após a garantia do juízo, entretanto, não nos parece que tal providência seja obrigatória, pois poderá o magistrado intimar o INSS para impugnar a conta de liquidação após a garantia do juízo, não havendo qualquer prejuízo às partes e também ao INSS (art. 794 da CLT[(9)]). Desse modo, no nosso sentir, a interpretação do § 3º do art. 879 da CLT deve ser conjugada com o § 2º do referido dispositivo, no sentido de cumprir, discricionariamente, ao magistrado a faculdade de estabelecer o momento para a Autarquia Previdenciária se manifestar sobre os cálculos de liquidação.

Nos termos do art. 889-A da CLT, *os recolhimentos das importâncias devidas, referentes às contribuições sociais, serão efetuados nas agências locais da Caixa Econômica Federal ou do Banco do Brasil S/A., por intermédio de documento de arrecadação da Previdência Social, dele se fazendo constar o número do processo. (Redação dada pela Lei n. 10.035/2000 — DOU 26.10.2000). § 1º Concedido parcelamento pela Secretaria da Receita Federal do Brasil, o devedor juntará aos autos a comprovação do ajuste, ficando a execução da contribuição social correspondente suspensa até a quitação de todas as parcelas. § 2º As Varas do Trabalho encaminharão mensalmente à Secretaria da Receita Federal do Brasil informações sobre os recolhimentos efetivados nos autos, salvo se outro prazo for estabelecido em regulamento (Redação dos §§ 1º e 2º dada pela Lei n. 11.457/2007 — DOU 19.3.2007).*

O art. 878-A da CLT faculta ao devedor o pagamento imediato da parte que entender devida à Previdência Social, sem prejuízo da cobrança de eventuais diferenças encontradas na execução *ex officio*.

Fixado o valor da quantia devida ao INSS, a execução prosseguirá pelo rito da execução por quantia certa contra devedor solvente (arts. 880 e seguintes da CLT), podendo o Juiz do Trabalho determinar, de ofício (art. 878 da CLT), o início da execução.

Uma vez garantido o juízo, poderá o INSS embargar a execução e também impugnar a decisão de homologação da liquidação (§ 3º do art. 884 da CLT). Da decisão preferida nos embargos, o INSS poderá interpor Agravo de Petição (art. 897, § 8º, da CLT).

Embora seja relevante o papel social da Justiça do Trabalho na execução das parcelas previdenciárias, deve o Juiz do Trabalho dar primazia ao credor trabalhista. Por isso, em primeiro lugar deve o Juiz direcionar a execução a fim de satisfazer o crédito trabalhista e, posteriormente, o crédito previdenciário. Como bem adverte *Wagner D. Giglio*[(10)]: "o bom senso recomenda que as Varas deem preferência à execução do débito trabalhista ou, pelo menos, procedam ao desmembramento dos autos, para que a execução das contribuições previdenciárias não interfira com a dos direitos reconhecidos ao trabalhador".

---

homologação dos cálculos (*Nova reforma processual e seu impacto no processo do trabalho*. 2. ed. São Paulo: LTr, 2007. p. 59). No mesmo sentido é a visão de Carlos Henrique Bezerra Leite: "Em se tratando de execução de contribuição previdenciária, tal faculdade não é conferida ao juiz, uma vez que o § 3º do art. 879 da CLT estabelece norma cogente em relação à União, ou seja, elaborados os cálculos, deverá a União ser imediatamente intimada para, querendo impugná-los, sob pena de preclusão" (*Curso de direito processual do trabalho*. 6. ed. São Paulo: LTr, 2008. p. 1.039).

(9) Art. 794 da CLT: "Nos processos sujeitos à apreciação da Justiça do Trabalho só haverá nulidade quando resultar dos atos inquinados manifesto prejuízo às partes litigantes".

(10) GIGLIO, Wagner D. *Op. cit.*, 15. ed. São Paulo: Saraiva, 2005. p. 548.

6. Relativização da Coisa Julgada Material no Processo do Trabalho

TRT 23ª REGIÃO — 2007

Discorra sobre a relativização da coisa julgada à vista do disposto no art. 741, parágrafo único, do CPC, repetido na CLT, art. 884, § 5º.

Em razão de ser escopo da jurisdição solucionar o conflito de forma definitiva, dizendo o direito diante de um caso concreto, ganha destaque o instituto da coisa julgada que busca tornar imutável a decisão, a fim de que seu cumprimento possa ser imposto pelo Estado, dando a cada um o que é seu por direito.

Sem o efeito da coisa julgada, seria impossível o término da relação processual. Desse modo, segundo a doutrina, a coisa julgada é a preclusão máxima do processo, pois, quando atingida, a decisão se torna imutável.

Como destaca *Moacyr Amaral Santos*[1]:

> "Enquanto sujeita a recurso e, pois suscetível de reforma, a sentença, em princípio, não produz os seus efeitos regulares, principais ou secundários. É uma situação jurídica. Enquanto sujeita recurso a sentença, não se atingiu ainda a finalidade do processo, que é a composição da lide, pelo julgamento final da *res in iudicium deducta*. E, assim, o Estado não satisfez nem ultimou a prestação jurisdicional, a que está obrigado. O Estado ainda não disse, pela boca do órgão jurisdicional, a palavra final, que traduzirá a vontade da lei na sua atuação em relação jurídica deduzida em juízo".

Diante da importância da coisa julgada, não só para as partes do processo como para a sociedade, a Constituição Federal, no art. 5º, inciso XXXVI, disciplina a proteção

(1) SANTOS, Moacyr Amaral. *Primeiras linhas de direito processual civil*. 3. v. 16. ed. São Paulo: Saraiva, 1997. p. 42.

da coisa julgada, como direito fundamental, constituindo cláusula pétrea constitucional e também uma garantida da cidadania (art. 60, § 4º, da CF). Dispõe o referido dispositivo constitucional:

> "A lei não prejudicará o direito adquirido, o ato jurídico perfeito e a coisa julgada".

Nesse sentido destacamos a seguinte ementa:

> "Coisa julgada. A coisa julgada é a entrega final, pelo Judiciário, da tutela jurisdicional, solucionando as questões colocadas em discussão, da qual não existe mais recurso, tornando imutável a decisão judicialmente proferida. Logo, é característica imperiosa da coisa julgada a existência de uma sentença anterior, proferida em autos de ação idêntica, com as mesmas partes, objeto e causa de pedir, que extinguiu o processo com julgamento do mérito de que já não caiba recurso, impossibilitando, portanto, a teor do art. 5º, inciso XXXVI, da CF, a prolação de nova decisão". (TRT 12ª R. — 3ª T. — ROV n. 1951/2005.029.12.00-5 — Ac. n. 13386/06 — Relª Gisele P. Alexandrino — DJ 10.10.2006 — p. 63) (RDT n. 11 — novembro de 2006).

Embora a proteção à coisa julgada tenha *status* constitucional, como bem adverte *Vicente Greco Filho*[(2)], o momento em que ocorre a coisa julgada e as condições de sua efetivação dependem da lei processual e da lei material.

Entende-se por coisa julgada o efeito ou a qualidade da sentença que se torna imutável, dentro da mesma relação jurídica processual em razão de já terem escoados os recursos, ou ainda que não esgotados todos os recursos, eles já não sejam possíveis em razão de a parte que pretendia a reforma da decisão não os ter interpostos ou eles não terem sido recebidos.

Da definição que adotamos, extraímos as seguintes características:

a) a coisa julgada é o efeito da decisão;

b) a coisa julgada torna imutável a decisão dentro da mesma relação jurídica processual. No prazo de dois anos a sentença de mérito pode ser rescindida desde que presentes as hipóteses legais (art. 485 do CPC);

c) não há necessidade de se esgotarem todos os recursos, basta que eles não sejam mais possíveis;

d) havendo a coisa julgada material, os efeitos da coisa julgada se projetam para fora da relação jurídica processual, pois obrigam as partes ao que foi decidido na sentença. Caso haja apenas a coisa julgada formal, os efeitos da decisão somente produzirão efeitos dentro da relação jurídica processual, pois a decisão não poderá mais ser objeto de recursos.

Dispõe o art. 467 do CPC: "Denomina-se coisa julgada material a eficácia, que torna imutável e indiscutível a sentença, não mais sujeita a recurso ordinário ou extraordinário".

---

(2) GRECO FILHO, Vicente. *Direito processual civil brasileiro*. 2. V. 16. ed. São Paulo: Saraiva, 1996. p. 266.

O referido dispositivo consagra o que a doutrina denomina coisa julgada material, qualidade apenas verificada nos provimentos de mérito.

Coisa julgada material é a eficácia da decisão que projeta efeitos fora da relação jurídica processual, pois aprecia o mérito da causa, acolhendo ou rejeitando o pedido ou pedidos de forma definitiva, uma vez que não pode mais ser alterada mediante recurso, dentro da mesma relação jurídica processual.

Ensina *Moacyr Amaral Santos*(3), referindo-se à coisa julgada material: "o comando emergente da sentença, como ato imperativo do Estado, torna-se definitivo, inatacável, imutável, não podendo ser desconhecido fora do processo. E aí se tem o que se chama de coisa julgada material, ou coisa julgada substancial, que consiste no fenômeno pelo qual a imperatividade do comando emergente da sentença adquire força de lei entre as partes".

De outro lado, embora a lei não defina, a coisa julgada formal é a impossibilidade de alteração da decisão, por já esgotados todos os recursos, ou eles não serem mais possíveis. Na verdade, a coisa julgada formal é uma mera preclusão, atinente a não mais ser possível a recorribilidade da sentença dentro da mesma relação jurídica processual.

Toda sentença adquirirá a qualidade da coisa julgada formal (seja terminativa ou definitiva), pois chegará o momento em que ela não possa mais ser recorrível, entretanto, somente adquirirão a qualidade da coisa julgada material as sentenças de mérito, pois serão imutáveis.

Por isso se diz que a coisa julga material traz consigo a coisa julgada formal, uma vez que somente haverá a qualidade da coisa julgada material se antes houver a coisa julgada formal.

Pode-se dizer, com *Moacyr*, que a coisa julgada formal e a coisa julgada material são degraus do mesmo fenômeno. Proferida a sentença e preclusos os prazos para recursos, a sentença se torna imputável (primeiro degrau — coisa julgada formal); e, em consequência, tornam-se imutáveis os seus efeitos (segundo degrau — coisa julgada material)(4).

A Consolidação das Leis do Trabalho tem um único artigo que se refere à coisa julgada, porém sem defini-la. Dispõe o art. 836:

> "É vedado aos órgãos da Justiça do Trabalho conhecer de questões já decididas, excetuados os casos expressamente previstos neste Título e a ação rescisória, que será admitida na forma do disposto no Capítulo IV do Título IX da Lei n. 5.869, de 11 de janeiro de 1973 — Código de Processo Civil, sujeita ao depósito prévio de 20% (vinte por cento) do valor da causa, salvo prova de miserabilidade jurídica do autor".

Diante da omissão da CLT quanto aos efeitos e consequências da coisa julgada, restam aplicáveis ao Processo do Trabalho as disposições dos arts. 467 a 475 do CPC,

(3) SANTOS, Moacyr Amaral. *Op. cit.*, p. 43.

(4) SANTOS, Moacyr Amaral. *Primeiras linhas de direito processual civil.* 16. ed. São Paulo: Saraiva, 1997. p. 43.

em razão de omissão da CLT e compatibilidade com os princípios que regem o Processo do Trabalho (art. 769 da CLT).

Embora não haja previsão legal, e a proteção à coisa julgada tenha status constitucional (art. 5º, XXXVI, da CF), há entendimentos, na doutrina e jurisprudência, defendendo a relativização da coisa julgada material em determinadas hipóteses, tendo em vista que a coisa julgada se forma em compasso com a lei processual; que não subsiste a coisa julgada contra a Constituição Federal; que a coisa julgada deve refletir Justiça, não subsistindo a coisa julgada injusta; supremacia da efetividade processual.

Nessa linha de argumentação, mesmo após o trânsito em julgado, é possível se desconstituir a coisa julgada material desde que presentes as hipóteses acima mencionadas.

Como destaca *Nélson Nery Júnior*(5): "os exemplos trazidos por essa tendência para justificar a desconsideração da intangibilidade constitucional da coisa julgada são casos de exceção que não justificam a criação de regra para quebrar-se o Estado Democrático de Direito, fundamento constitucional da própria República Brasileira (CF 1º *caput*). Essa tendência se verifica por conta de, principalmente, dois exemplos: investigação de paternidade julgada improcedente quando ainda não havia DNA e desapropriação de imóvel com avaliação supervalorização".

Não obstante os ponderáveis argumentos da doutrina que embasam, em determinadas hipóteses a relativização (desconsideração da coisa julgada material), com eles não concordamos, pois a coisa julgada tem assento constitucional (art. 5º, XXXVI), sendo uma garantia da cidadania e do Estado Democrático de Direito. Pensamos ser muito perigosa a desconstituição da coisa julgada material quando ela se formou diante de um regular processo judicial, uma vez que proteção à coisa julgada visa a segurança jurídica.

No nosso sentir, é mais relevante proteger a intangibilidade da coisa julgada material do que a justiça da decisão ou eventual inconstitucionalidade do dispositivo em que se baseou a decisão. Vale destacar que o sistema processual brasileiro permite uma gama elevada de recursos visando ao aperfeiçoamento da decisão, e ainda, após o trânsito em julgado, há a possibilidade de propositura da Ação Rescisória. Faz parte do sistema processual existirem coisas julgadas injustas ou que não refletem a realidade dos fatos, mas tais vicissitudes decorrem do devido processo legal, pois o julgamento das causas é realizados por seres humanos passíveis de erros.

Pelo exposto, embora sejamos favoráveis à ampla possibilidade probatória no processo, ao amplo contraditório e ampla defesa, ao exercício de amplos poderes instrutórios do Juiz, da aplicabilidade de leis processuais efetivas e da ampla possibilidade de discussões sobre a constitucionalidade das normas, mas, após o trânsito em julgado, não somos favoráveis à desconstituição da coisa julgada, fora das hipóteses admitidas pela legislação processual (art. 485 do CPC).

---

(5) NERY JÚNIOR, Nélson. *Código de processo civil comentado*. 10. ed. São Paulo: RT, 2007. p. 684-685.

Como bem adverte *Nélson Nery Júnior*(6): "consoante o direito constitucional de ação (art. 5º, XXV), busca-se pelo processo a tutela jurisdicional adequada e justa. A sentença justa é o ideal — utópico — maior do processo. Outro valor não menos importante para essa busca é a segurança das relações sociais e jurídicas. Havendo choque entre esses dois valores (justiça da sentença e segurança das relações sociais e jurídicas), o sistema constitucional brasileiro resolve o choque, optando pelo valor segurança (coisa julgada), que deve prevalecer em relação à justiça, que será sacrificada".

A Consolidação das Leis do Trabalho disciplina uma polêmica hipótese de desconstituição da coisa julgada material, no § 5º do art. 884, da CLT, com a redação dada pela Medida Provisória n. 2.180-35/01. Dispõe o referido dispositivo legal:

> "Considera-se inexigível o título judicial fundado em lei ou ato normativo declarados inconstitucionais pelo Supremo Tribunal Federal ou em aplicação ou interpretação tidas por incompatíveis com a Constituição Federal".

No sentido da aplicabilidade do referido dispositivo, destacamos a seguinte ementa:

> "Coisa julgada — Relativização — Execução — Acordo judicial — Conluio entre as partes. 1. A garantia constitucional da intangibilidade da coisa julgada (art. 5º, inciso XXXVI, da Constituição da República) não constitui um princípio absoluto, mas condicionada a que se forme em processo regular e válido, nos termos da lei. Tanto que a própria lei autoriza rescindir a decisão de mérito em certos casos (CPC, arts. 485 e 741, inciso I), assim como autoriza o Juiz, em caso de processo fraudulento ou de processo simulado, a pôr cobro a tal situação de modo a obstar os objetivos das partes (CPC, art. 129). 2. Somente a deusa que simboliza o valor Justiça tem os olhos vendados. A instituição "Justiça", contudo, precisa tê-los bem abertos para não se deixar enredar por litigantes maliciosos, cuja atuação pode comprometer a base ética e de moralidade que deve permear o exercício da atividade jurisdicional do Estado. Daí porque, em situações extraordinárias e teratológicas, há que superar o formalismo estreito da coisa julgada material para dar prevalência a outros princípios de que também é cioso o ordenamento jurídico. 3. Constatado por depoimentos e documentos nas instâncias ordinárias que o acordo anteriormente homologado em juízo, de valor elevado, resultou de conluio fraudulento entre as partes, visando a comprometer o direito de credores quirografários junto a empresa em situação financeira ruinosa, é dever do Juiz obstar o cumprimento da transação inadimplida e declarar extinto o processo, sem exame de mérito. 4. Não se vislumbra a acenada violação ao art. 5º, inciso XXXVI, da Constituição Federal, ante a viabilidade de relativizar-se a coisa julgada, a fim de coibir-se a avença fraudulenta alcançada entre as partes". (TST — 1ª T. — RR n. 108/2000.019.12.00-0 — Rel. João Oreste Dalazen — DJ 8.4.2005 — p. 685) (RDT n. 05 de maio de 2005).

Como já nos pronunciamos acima, somos contrários à relativização da coisa julgada material. Em razão disso, reputamos inconstitucional o § 5º do art. 884, da CLT, por colidir com o art. 5º, XXXVI, da Constituição Federal, uma vez que a proteção da coisa julgada tem assento constitucional. Além disso, há inconstitucionalidade formal

(6) NERY JUNIOR, Nélson. *Op. cit.*, p. 687.

da norma, pois não houve relevância e urgência para a inclusão do § 5º ao art. 884, da CLT (art. 62 da CF).

Nesse sentido, sustenta com propriedade *Jorge Luiz Souto Maior*[(7)]:

"Ao aplicar a lei para solução de um conflito, o juiz avalia sua constitucionalidade, por meio do controle difuso, mesmo que não o diga, expressamente. Em outras palavras, o juiz só aplica a lei que considera constitucional. Proferida a decisão, em contraditório, com respeito à ampla defesa e ao duplo grau de jurisdição, uma vez transitada em julgado, deve esta ser respeitada. Não há sentido em negar eficácia executiva a esta decisão mesmo se, posteriormente, o Supremo Tribunal Federal, venha declarar a lei, sobre a qual se baseia a decisão, inconstitucional ou lhe der uma interpretação conforme a Constituição, pois que tentando preservar a autoridade da Constituição acaba-se negando um dos direito que a própria Constituição estabelece na qualidade de direitos fundamentais, que é o respeito à coisa julgada".

No mesmo diapasão, relevante destacar a seguinte ementa:

"Coisa julgada — Necessidade de observância — Inconstitucionalidade do § 5º do art. 884 da CLT. A coisa julgada, enquanto valor constitucionalmente resguardado (Constituição Federal, art. 5º, XXXVI), resta imutável, quando já escoado o prazo para interposição de ação rescisória (CPC, art. 485 e seguintes). O § 5º, acrescentado ao art. 884 da CLT, a exemplo do que ocorre com o parágrafo único do art. 741 do CPC, atentando contra o dogma, ultrapassa os limites franqueados à legislação ordinária, ofendendo a Carta Magna e exigindo sua pronta extirpação do ordenamento jurídico. Inconstitucional idade declarada". (TRT — 10ª R. — 3ª T. — Ap. n. 1394-1992-008-00-7 — Rel. Alberto Bresciani — DJDF 31.1.2003 — p. 15) (RDT n. 2 — fevereiro de 2003)

(7) SOUTO MAIOR, Jorge Luiz. Reflexos das Alterações do Código de Processo Civil no Processo do Trabalho. In: *Revista LTr*, 70-09/924.

7. Exceção de Pré-Executividade no Processo do Trabalho

TRT 3ª REGIÃO — 2005

Discorrer sobre a admissibilidade da exceção de pré-executividade no processo do trabalho.

Diante da atividade coercitiva do Estado na busca da satisfação da obrigação consagrada no título executivo, podem surgir arbitrariedades praticadas por parte da Justiça, pois muitas vezes a execução se inicia sem nenhuma viabilidade de prosseguimento, ou em razão da nulidade do título, falta de interesse processual, prescrição da dívida, quitação da obrigação, entre outras hipóteses que trancam o processo executivo.

Como, na execução, o contraditório é limitado e praticamente o executado não pode se insurgir contra a execução, sem constrição patrimonial, a doutrina criou a figura da "exceção de pré-executividade", ou "objeção de pré-executividade", amplamente acolhida pela jurisprudência, que objetiva a possibilidade de defesa do executado sem contrição patrimonial, tendo por objetivo a proteção da propriedade e dignidade da pessoa humana do executado.

Como menciona *Yone Frediani*(1), "o primeiro jurista que traçou os contornos do referido instituto foi *Pontes de Miranda*, ao admitir a possibilidade de defesa do devedor no processo de execução, independentemente de embargos. Mais tarde, o mesmo jurista reforçou esse entendimento em parecer oferecido nos idos de 1966 em processo no qual figura a Siderúrgica Mannesmann, que sofria inúmeras exceções em diversos Estados com base em títulos que continham assinatura falsa de um de seus diretores. Assim, com base na existência de defeito no título ou inexequibilidade do mesmo, permite-se ao executado o direito de demonstrar liminarmente a falta dos pressupostos que autorizariam o prosseguimento da execução de forma anômala, eis que dispensável a prévia garantia do juízo".

---

(1) FREDIANI, Yone. *Exceção de pré-executividade no processo do trabalho*. São Paulo: LTr, 2002. p. 41.

Concordamos com a definição de *Hélcio Luiz Adorno Júnior*[(2)], para quem a exceção de pré-executividade "se trata de objeção suscitada pelo suposto devedor, na fase preliminar da execução ou nela propriamente dita, para apontar questão de ordem pública ou de prova pré-constituída, antes da garantia do juízo".

Acreditamos ser possível a oposição da exceção de pré-executividade antes da constrição patrimonial, pois após ela ocorrer não haverá interesse processual por parte do executado.

A doutrina diverge com relação às matérias que podem ser invocadas na exceção de pré-executividade. Para parte da doutrina, apenas as matéria de ordem pública, ou seja, aquelas que o Juiz do Trabalho possa conhecer de ofício são objeto da exceção, como as condições da ação e os pressupostos processuais, pois atacam a validade e existência do título executivo. Já matérias que não atacam a validade e existência do título, mas prejudicam os seus efeitos, como a quitação, transação, devem ser deduzidas nos embargos.

Nesse sentido é a posição de *Estêvão Mallet*[(3)]:

> "Nenhuma relevância tem que a oposição, fundada no questionamento da obrigação, esteja amparada em prova documental, pré-constituída, de facial exame. Não importa a profundidade da cognição, importa sim a matéria a ser examinada. Se é preciso desconstituir o título, os embargos tornam-se inevitáveis. Permitir a discussão em torno da subsistência da obrigação no próprio processo de execução, com possibilidade de desconstituição do título, seria aberrante e desnaturaria a ação de execução, reduzindo-a, injustificada e desnecessariamente, a mera reiteração da ação condenatória, com característica a *actio judicati* romana. Em síntese, a oposição à execução, deduzida independentemente de embargos e sem necessidade de garantia do juízo, em rigor não abrange outras matérias eu não as relacionadas com os pressupostos processuais e as condições da ação de execução"[(4)].

Outros autores admitem amplitude maior para as matérias que podem ser invocadas na exceção de pré-executividade, como causas extintivas da obrigação (quitação, transação, novação e prescrição). Nesse sentido defende *Júlio César Bebber*[(5)]:

> "Nada impede a alegação de causas extintivas da obrigação por meio de exceção de pré-executividade, desde que supervenientes à sentença (no caso de o título executivo ser sentença)".

---

(2) ADORNO JÚNIOR, Hélcio Luiz. *A exceção de pré-executividade no processo do trabalho*. Dissertação de Mestrado. Faculdade de Direito da Universidade de São Paulo. São Paulo, 2002. p. 27.

(3) MALLET, Estêvão. Oposição à Execução fora dos embargos e sem garantia do juízo. In: *Direito, trabalho e processo em transformação*. São Paulo: LTr, 2005. p. 226-227.

(4) No mesmo sentido é a visão de Manoel Carlos Toledo Filho (*Fundamentos e perspectivas do processo do trabalho brasileiro*. São Paulo: LTr, 2006. p. 158).

(5) BEBBER, Júlio César. *Exceção de pré-executividade no processo do trabalho*. São Paulo: LTr, 2005. p. 222-223.

No mesmo sentido é a visão de *Yone Frediani*(6):

"No que pertine às hipóteses cabíveis para arguição de pré-executividade no processo do trabalho, destacam-se: o pagamento, a prescrição, a transação ocorridas após a decisão no processo de conhecimento (...) Relativamente ao pagamento, ocorrido após a prolação da sentença de mérito, pouco importando se já iniciada a execução, não necessitará o executado aguardar a constrição patrimonial para que possa opor exceção de pré-executividade comprovando o pagamento do crédito, pleiteando, por conseguinte seja declarada extinta a execução em face da extinção da obrigação".

No nosso sentir a exceção de pré-executividade caracteriza-se como meio de resistência à execução, por parte do devedor, sem constrição patrimonial, invocando matérias de ordem pública, ou outras matérias que neutralizam a execução (cumprimento da obrigação, quitação, novação, prescrição e decadência) que não necessitam de dilação probatória. Somente se admite na exceção de pré-executividade a prova documental e pré-constituída.

Acreditamos que seja possível se invocarem matérias de mérito (prejudiciais) como a quitação, novação, transação e prescrição, se estiverem fundamentadas em prova robusta documental pré-constituída, uma vez que tal previsão possibilita maior efetividade processual, justiça na decisão e economia dos atos executivos de constrição patrimonial.

Não obstante, deve o Juiz do Trabalho ter muita cautela na admissão de outras matérias na exceção de pré-executividade, a fim de não transformar a exceção nos embargos à execução. Somente quando estiver convencido, *prima facie* de forma absoluta da existência de quitação da dívida, novação, etc., deverá acolher a exceção. Se estiver em dúvida, deve deixar a decisão da matéria para os embargos.

A exceção de pré-executividade vem sendo admitida no processo do trabalho tanto pela doutrina como pela jurisprudência trabalhista, conforme se constata pelas seguintes ementas:

> "Exceção de pré-executividade — Arguição de ilegitimidade passiva *ad causam* em razão de sucessão empresarial operada — Preclusão. O instituto da execução de pré-executividade, de criação doutrinária e ampla aceitação pretoriana, permite que certas matérias — como, por exemplo, a inexistência de título executivo, de pressupostos processuais e de condições da ação — sejam objeto de ampla análise pelo julgador, mediante simples petição, de modo a possibilitar o trancamento de execuções ilegais. Nada obstante, tratando-se de execução de título judicial, não há como admitir-se a arguição de ilegitimidade passiva *ad causam*, em exceção de pré-executividade, quando os fatos que a justificam poderiam ter sido suscitados na contestação apresentada na ação cognitiva. Nesse caso, a preclusão para o debate é manifesta (CPC, art. 474), inviabilizando a cognição reclamada, sob pena de ofensa à coisa julgada (CPC, art. 467) e ao devido processo legal (CF, art. 5º, LIV). Agravo de petição conhecido e desprovido. (TRT 10ª R. — 3ª T. — AP n. 1500/2002.101.10.00-9 — Rel. Douglas A. Rodrigues — DJDF 10.9.2004 — p. 23) (RDT n. 10 outubro de 2004).

(6) FREDIANI, Yone. *Exceção de pré-executivade no processo do trabalho.* São Paulo: LTr, 2002. p. 70.

Exceção de pré-executividade. A exceção de pré-executividade não se presta ao revolvimento de matéria já apreciada e decidida na fase de conhecimento". (TRT 3ª R. — 2ª T. — AP n. 941/2003.110.03.00-3 — Rel. Ricardo Marcelo Silva — DJMG 4.2.2004 — p. 9) (RDT n. 3 — março de 2004)

Acreditamos ser possível a oposição da exceção de pré-executividade antes da constrição patrimonial, pois após ela ocorrer não haverá interesse processual por parte do executado. Embora se possa argumentar que no tocante às matérias de ordem pública possam ser invocadas a qualquer tempo, o momento por excelência para invocá-las é o dos embargos à execução.

Nesse diapasão, concordamos com as conclusões de *Nélson Nery Júnior*(7): "O *dies ad quem* para a oposição da exceção de executividade coincide com o término do prazo para a oposição dos embargos do devedor: ultrapassado o prazo dos embargos, o devedor não mais poderá opor a exceção de executividade. Isso porque as matérias que podem ser arguidas na exceção são as mesmas que podem fundamentar os embargos, vale dizer, são de direito disponível que dependem da alegação do devedor para que o juiz possa decidir, e, portanto, devem obedecer o prazo legal para tanto, que é o do CPC 738".

Nesse sentido, destacamos a seguinte ementa:

> "Exceção de pré-executividade. Momento oportuno. Preclusão. A novel arguição só encontra colhida quando interposta no momento adequado, ou seja, antes da efetivação da penhora, sendo a sua insurgência preclusão quando já há garantia do juízo" (TRT 14ª Reg. Ap n. 286/00, Ac. n. 292/01, Rel. Juíza Rosa Maria Nascimento Silva, julg. em 22.1.2001. In DJE/RO de 22.3.2001).

Não obstante, autores defendem a oposição da exceção a qualquer momento, não necessariamente antes da constrição patrimonial, ou até mesmo após a constrição ocorrida e da fase dos embargos à execução, uma vez que a exceção de pré-executividade tem por objeto invocar matérias de ordem pública. Nesse sentido é a opinião de *Estêvão Mallet*(8):

> "(...) o fato de já haver penhora, com ou sem embargos, não obsta, diversamente do que já se decidiu certa feita, oposição fundada em falta dos pressupostos processuais ou ausência das condições da ação de execução. Na mesma linha, opostos e rejeitados os embargos à execução ou eventual impugnação à sentença de liquidação, indo a causa ao tribunal, por meio de recurso interposto por qualquer das partes, permanece a possibilidade de apresentar-se, ainda, que apenas nesse momento, à oposição à execução".

Quanto ao procedimento da exceção de pré-executividade, pensamos que ela deve ser oposta em petição escrita, onde deve o excipiente declinar os motivos e fazer o pedido de declaração da nulidade da execução. Recebida a exceção, o Juiz do Trabalho

---

(7) NERY JÚNIOR, Nélson. *Código de processo civil comentado*. 10. ed. São Paulo: RT, 2007. p. 1.074.

(8) MALLET, E. *Op. cit.*, p. 237.

poderá rejeitá-la liminarmente se estiver convencido de que ela não é cabível, ou se entender presentes os requisitos de admissibilidade a exceção, notificar o excepto para contestação em 5 dias (prazo aplicável analogicamente dos embargos à execução do art. 884 da CLT), e após decidir.

A exceção de pré-executivade não suspende a execução, por ausência de garantia do juízo. Além disso, se os próprios embargos à execução, conforme nos pronunciamos acima, não suspendem a execução, não há fundamento para que a exceção a suspenda. De outro lado, entendendo relevante o fundamento da exceção, o Juiz, como diretor do processo, poderá suspendê-la.

Em face da decisão que rejeita a exceção de pré-executividade, não cabe recurso, pois se trata de decisão interlocutória (art. 893, § 1º, da CLT). Além disso, toda a matéria pode ser renovada nos embargos à execução.

Nesse sentido, destacamos as seguintes ementas:

> "Exceção de pré-executividade — Cabimento e recorribilidade no processo do trabalho. A chamada exceção de pré-executividade constitui inovação doutrinária pela qual se pretende a cognição de temas obstativos da execução sem que seja necessária a garantia do Juízo. Seu uso indiscriminado, entretanto, tem causado graves prejuízos à celeridade necessária ao processo do trabalho, e por isso deve ser restrita somente àquelas situações em que se pode aferir, de plano, pelo descabimento da execução da forma como processada. Isso, a rigor, sempre foi praticado no processo laboral, sem o pomposo nome hoje dado pelos processualistas, sempre que o devedor aponta fatores relevantes capazes de obstaculizar a execução, como, p. ex., a inequívoca demonstração do pagamento da dívida. Qualquer situação que dependa de uma cognição abrangente, inclusive com coleta de provas orais, refoge totalmente à pertinência da dita exceção, e por isso não se deve processar medida nesse sentido. De qualquer sorte, ainda que seja assumido o uso da exceção citada, não se pode desconsiderar outro princípio típico do direito processual do trabalho, que é o da irrecorribilidade interlocutória, consubstanciado no § 1º do art. 893 da CLT. Nesse sentido, todos os incidentes da execução só são passíveis de debate por ocasião do recurso principal, de sorte que se a decisão da exceção for meramente interlocutória, nenhum recurso imediato é pertinente. Somente será admissível o Agravo de Petição se da exceção eventualmente acolhida resultar decisão definitiva ou terminativa da execução. (TRT — 15ª R. — 3ª T. — Ac. n. 6805/2002 — Rel. Carlos Eduardo O. Dias — DJSP 18.2.2002 — p. 79)
>
> Exceção de pré-executividade — Decisão interlocutória — Não-cabimento de agravo de petição sem a garantia do juízo. A decisão que rejeita a exceção de pré-executividade, por referir-se a incidente no curso do processo, tem caráter de decisão interlocutória que poderá ser questionada após a decisão definitiva, em embargos à execução, e não em agravo de petição, especialmente por não encontrar-se garantido o juízo, de acordo com a exigência do § 1º do art. 897 da CLT". (TRT 15ª R. — 1ª T. — AIAP n. 207/1993.047.15.01-7 — Rel. Eduardo Benedito de O. Zanella — DJSP 22.3.2005 — p. 6) (RDT n. 4 de abril de 2005).

Em face da decisão que acolhe a exceção de pré-executividade por colocar fim ao procedimento executivo, é cabível o Agravo de Petição (art. 897, *a*, da CLT).

8. Aspectos Polêmicos do Procedimento Sumaríssimo Trabalhista

TRT — 3ª REGIÃO — 2007

Disserte sobre as particularidades e exigências do procedimento sumaríssimo do Processo do Trabalho, à luz dos princípios constitucionais de natureza processual aplicáveis.

Atualmente, existem dois ritos sumaríssimos no Processo do Trabalho, o da Lei n. 5.584/1970, que foi batizado pela doutrina com o nome de rito sumário, e o da Lei n. 9.957/2000, denominado sumaríssimo.

Tanto os ritos sumário como sumaríssimo têm fundamento nos princípios da celeridade, simplicidade e informalidade, propiciando um rito processual mais ágil para as causas de menor valor econômico.

Há discussões na doutrina sobre ter a Lei n. 9.957/2000, aplicável para as causas cujo valor atingem até 40 salários mínimos, revogado a Lei n. 5.584/1970, que disciplina o procedimento para as causas cujo valor não ultrapasse 2 salários mínimos.

Defendendo a revogação, temos a visão de *José Augusto Rodrigues Pinto* e *Rodolfo Pamplona Filho*[1]:

> "Se consideramos não ter havido derrogação da Lei n. 5.584/70, na parte que trata das causas de pequeno valor, ficaríamos submetidos a dois critérios de incoerência incompreensível: um pequeno valor menor (*sic*) que sujeitará a causa a procedimento ordinário, com ampla possibilidade de produção de prova, sem comportar recurso; e um pequeno valor maior (*sic*) que sujeitará a causa a procedimento sumaríssimo, portanto com uma limitação da dilação probatória e ampliação dos poderes de direção do juiz comportando recurso (...) Tudo nos leva, pois, à conclusão de que, embora as duas leis não disponham diretamente sobre a mesma matéria, as

(1) *Manual da conciliação preventiva e do procedimento sumaríssimo*. São Paulo: LTr, 2001. p. 161.

norma da Lei n. 9.957/00, relativas a causas de pequeno valor, entram em conflito disciplinar com as do art. 2º e parágrafos da Lei n. 5.584/70. E, se entram, derrogam-nas. Não admitir isso é, *ultima ratio*, desprezar um dos princípios fundamentais do Direito Processual, a simetria de tratamento das partes pelo processo".

Em que pesem os argumentos acima declinados, pensamos que o rito sumário previsto na Lei n. 5.584/70 não foi revogado expressa ou tacitamente pela Lei n. 9.957/2000, pois não houve regulamentação total da matéria, não há incompatibilidade entre as duas leis e também não houve menção expressa à revogação (art. 2º, da Lei de Introdução ao Código Civil Brasileiro).

Nesse sentido a posição de *Estêvão Mallet*(2):

"Revogação expressa da Lei n. 5.584 não houve. De outro lado, a Lei n. 9.957/2000 não regulou inteiramente a matéria tratada pela Lei 5.584, que cuida não apenas do procedimento aplicável a determinadas causas como, também de outras matérias, como, por exemplo, remição e assistência judiciária. Ademais, a Lei n. 9.957 silencia por completo sobre as regras para fixação do valor da causa, e exclui de seu âmbito de aplicação a Administração Pública (parágrafo único, do art. 852-A, da CLT), o que não se verifica no procedimento da Lei n. 5.584/1970)".

A Lei n. 9.957/2000, inserindo as alíneas A/I ao art. 852, da CLT, teve por objetivo criar um rito processual mais simples e célere, tendo por objetivo propiciar ao jurisdicionado maior rapidez e efetividade no recebimento da prestação jurisdicional para as demandas cujo valor dos pedidos não ultrapasse quarenta salários mínimos(3).

O presente rito se aplica para as causas cujo valor seja de dois a quarenta salários mínimos, pois, conforme a posição que adotamos, a Lei n. 9.957/2000 não revogou o procedimento sumário previsto na Lei n. 5.584/1970.

Os princípios processuais do rito sumaríssimo são os mesmos do Processo do Trabalho, destacando-se os da oralidade, simplicidade, celeridade e maiores poderes do Juiz do Trabalho na direção do processo.

Mesmo diante de algumas previsões pessimistas iniciais, o rito sumaríssimo vem obtendo bons resultados no processo do trabalho, principalmente na fase de conhecimento, muito embora, na execução, não tenha havido nenhuma previsão legal a respeito destinada a imprimir maior celeridade para as causas que tramitam pelo rito sumaríssimo.

---

(2) MALLET, Estêvão. *Procedimento sumaríssimo trabalhista.* São Paulo: LTr, 2002. p. 21-22.

(3) Nesse sentido, destacamos a seguinte ementa: "Rito sumaríssimo — Inaplicabilidade. Quando os valores líquidos do pedido ultrapassam o limite de 40 salários mínimos, ainda que arbitrado o valor da causa em quantia inferior àquele teto (CLT, art. 852-A). Com efeito, pelo exame da inicial, verifica-se que a parte líquida dos pedidos formulados totaliza R$ 13.001,23 (fl. 8) e o restante ilíquido corresponde a mais vinte salários mínimos, a título de indenização por danos morais (fl. 9, item h). Logo, trata-se de valores que ultrapassam em muito quarenta vezes o salário mínimo vigente na data de ajuizamento da reclamação. Tal circunstância, além da iliquidez de parte do pedido, afasta, por força da lei (CLT, art. 852-A), que seja processada a ação pelo procedimento sumaríssimo." (TRT — 1ª R. — 8ª T. — RO n. 1.559/99 — Rel. Juiz Carlos Alberto A. Drummond — DJ 7.2.2001 — p. 181) (RDT 03/2001, p. 66).

Dispõe o art. 852-A, da CLT:

"Os dissídios individuais cujo valor não exceda a quarenta vezes o salário mínimo vigente na data do ajuizamento da reclamação ficam submetidos ao procedimento sumaríssimo. Parágrafo único. Estão excluídas do procedimento sumaríssimo as demandas em que é parte a Administração Pública direta, autárquica e fundacional".

Conforme o referido dispositivo, discute-se na doutrina e jurisprudência se o rito sumaríssimo é compulsório para as causas cujo valor superem dois e não excedem quarenta salários mínimos.

Há defensores da facultatividade do rito, cabendo a escolha ao autor se pretende o rito ordinário ou sumaríssimo, considerando, entre outros argumentos, o princípio do acesso à Justiça, e de que a competência em razão do valor é relativa.

Não obstante as razões acima mencionadas, com elas não concordamos. Pensamos que o rito processual é de ordem pública, não tendo o autor a escolha do rito. Se tal fosse possível, esta escolha também caberia ao réu (princípio da isonomia — art. 5º, da Constituição Federal). Além disso, o art. 852-A da CLT utiliza o verbo no imperativo dizendo que as causas até 40 salários mínimos ficam sujeitas ao rito sumaríssimo.

Nesse sentido, concordamos com a posição de *Estêvão Mallet*(4) quando assevera:

"Sendo cabível, pelas características da causa, o procedimento sumaríssimo, sua utilização é obrigatória e não facultativa. Tal conclusão se impõe não apenas porque use o art. 852-A, da CLT, de locução imperativa. A expressão utilizada, reconhecidas as deficiências e as limitações da interpretação gramatical, não é o argumento decisivo. Mais importante é o fato de que a forma do processo é estabelecida não para satisfazer o interesse particular dos litigantes, mas para permitir a melhor e mais eficiente administração da justiça, rendendo serviço, portanto, ao interesse público".

Há divergências na doutrina e jurisprudência sobre poder o juiz converter o rito se a parte erroneamente o elegeu. Alguns argumentam que o rito processual é de ordem pública, não cabendo ao Juiz corrigi-lo. Não obstante, pensamos que o rito possa ser corrigido pelo Juiz, uma vez que ele é o diretor do processo, e este tem caráter instrumental. Desde que não haja manifesto prejuízo às partes (arts. 794 e seguintes da CLT) e a petição inicial possa se adaptar ao rito para o qual determinou o juiz, acreditamos que o rito possa ser alterado *ex officio* pelo Juiz, nos termos dos arts. 765, da CLT e 130 do CPC.

O art. 277, §§ 4º e 5º do CPC, aplicado subsidiariamente ao Processo do Trabalho (art. 769 da CLT), autoriza o Juiz do Trabalho a alterar o rito processual do sumaríssimo para o ordinário. Com efeito, dispõem os referidos parágrafos do art. 277 do CPC:

"O juiz designará a audiência de conciliação a ser realizada no prazo de trinta dias, citando-se o réu com a antecedência mínima de dez dias e sob advertência prevista no § 2º deste

(4) MALLET, Estêvão. *Procedimento sumaríssimo trabalhista*. p. 30-31.

artigo, determinando o comparecimento das partes. Sendo ré a Fazenda Pública, os prazos contar-se-ão em dobro. (Redação dada pela Lei n. 9.245, de 1995)

(...) § 4º O juiz, na audiência, decidirá de plano a impugnação ao valor da causa ou a controvérsia sobre a natureza da demanda, determinando, se for o caso, a conversão do procedimento sumário em ordinário. (Incluído pela Lei n. 9.245, de 1995)

(...) § 5º A conversão também ocorrerá quando houver necessidade de prova técnica de maior complexidade". (Incluído pela Lei n. 9.245, de 1995)

Nesse sentido destacamos a seguinte ementa:

"1. Preliminar de nulidade — Conversão do rito processual no decurso do processo. Em se tratando de causa sujeita ao rito sumaríssimo, o conhecimento do recurso de revista limita-se às hipóteses tratadas no art. 896, § 6º, da CLT. Contudo, a reclamada não cuidou de indicar violação direta de preceito constitucional, tampouco contrariedade a Enunciado do Tribunal Superior do Trabalho, inviabilizando o seguimento do recurso de revista. 2. Ilegitimidade de parte. Incumbe à parte indicar violação de dispositivo constitucional e/ou contrariedade a Súmula de jurisprudência do Tribunal Superior do Trabalho, conforme previsão do art. 896 da CLT, § 6º, da CLT, para fins de conhecimento do recurso de revista, em causa submetida ao rito sumaríssimo. 3. Responsabilidade subsidiária. Se o Tribunal Regional decide com base em Súmula de jurisprudência do Tribunal Superior do Trabalho — no caso, o Enunciado n. 331, inciso IV —, o conhecimento do recurso de revista não se viabiliza por contrariedade ao mencionado Enunciado. 4. Agravo de instrumento desprovido". (TST — 1ª T. — AIRR n. 797.349/2001-8 — Rel. Emmanoel Pereira — DJ 27.2.2004 — p. 581) (RDT n. 3 — março de 2004)

Todas as matérias de índole trabalhista da competência da Justiça do Trabalho (art. 114 da CF), independentemente da complexidade da causa, ficam sujeitas ao rito sumaríssimo, desde que o valor da causa seja superior a dois e inferior a 40 salários mínimos. Não há exclusão de qualquer direito trabalhista que não possa ser postulado pelo rito sumaríssimo.

Outrossim, todas as pretensões trabalhistas podem ser objeto de postulação pelo rito sumaríssimo, tanto os pedidos condenatórios como os referentes às obrigações de fazer, dar ou não fazer.

Não obstante, ficam excluídas do rito sumaríssimo nos termos do parágrafo único do art. 852-A, da CLT, as demandas em que é parte a Administração Pública direta, autárquica e fundacional.

Desse modo, se figurar como parte Administração direta (União, Estados e Municípios), Autarquias e Fundações Públicas, em um dos polos do processo, o rito deverá ser o ordinário.

Acreditamos que não acertou o legislador ao excluir do rito sumaríssimo as causas em que figurem a administração pública direta, autárquica e funcional, pois tal não se justifica, uma vez que a própria Constituição Federal (art. 100) e o CPC (art. 475, § 2º) não mais exigem a execução por precatório para as causas de pequeno valor em face da Fazenda Pública, não excedentes a 60 salários mínimos, buscando acelerar o recebimento de tais quantias.

Pensamos que as ações coletivas não estão abrangidas pelo rito sumaríssimo, pois o art. 852-A, da CLT faz menção a *dissídios individuais*. Além disso, o dissídio coletivo trabalhista é regido por procedimento próprio, o que também corre com as ações coletivas para a defesa de direitos difusos, coletivos e individuais homogêneos (Ação Coletiva e Ação Civil Pública).

Nesse sentido destaca com propriedade *Estêvão Mallet*(5):

> "Os dissídios coletivos, seja qual for a natureza, não podem ser processados segundo o procedimento sumaríssimo. É o que resulta da alusão, no art. 852-A, *caput*, a dissídios individuais. Assim quer os dissídios coletivos comuns — de natureza jurídica ou econômica, não importa —, quer os de greve, os de extensão ou os de revisão, independentemente do valor da causa, observarão necessariamente as regras dos arts. 856 e seguintes da CLT. Como coletiva há de ser tratada também — ficando afastada do âmbito do procedimento sumaríssimo a ação cujo objeto principal é a anulação de cláusula ilegal de convenção ou acordo coletivo, ação essa que, mesmo não prevista em lei tem sido tranquilamente admitida pela jurisprudência e pela doutrina. Se, todavia, o objeto da ação não é a anulação da cláusula normativa, constituindo a discussão sobre sua validade mera questão prejudicial (CPC, art. 469, inciso III) em reclamação ajuizada pelo empregado, o dissídio é sem dúvida alguma individual, podendo, em consequência, ser processado sumariamente".

As ações de cumprimento, por serem ações individuais, se o valor não exceder a 40 salários mínimos, pensamos que se aplica o rito sumaríssimo, pois a lei não regulamenta procedimento específico para esta ação.

No nosso sentir, embora o inquérito judicial para apuração de falta grave seja uma ação individual, é regido por rito próprio disciplinado pela CLT (arts. 853 a 855), o que afasta a aplicabilidade do rito sumaríssimo. Em sentido contrário pensa *José Antônio Ribeiro de Oliveira Silva*(6):

> "A norma do art. 853 trata apenas do prazo decadencial para o ajuizamento da ação por parte do empregador. A do art. 855, apenas da execução do pagamento de salários devidos até a data do ajuizamento do inquérito. Por essa razão, não vemos como considerar o rito do processo para apuração de falta grave especial, apenas por essas circunstâncias relativas ao número de testemunhas, custas processuais, prazo decadencial e execução de salários anteriores. Outrossim, a própria regra do art. 854 disciplina que o processo do inquérito obedecerá às normas do capítulo que cuida do processo do trabalho, no qual estão inseridas, agora, tanto as normas do rito ordinário quanto as do rito sumaríssimo. Dessarte, não vemos como deixar de aplicar à ação para apuração de falta grave o rito sumaríssimo, sendo que então

---

(5) MALLET, E. *Op. cit.*, p. 23.

(6) SILVA, J. A. R. de O. *Questões relevantes do procedimento sumaríssimo:* 100 perguntas e respostas. São Paulo: LTr, 2000. p. 165.

cada uma das partes poderá ouvir apenas duas testemunhas, de acordo com o art. 852-H, § 2º, da CLT, se for atribuído à causa o valor de até quarenta salários mínimo (art. 852-A, *caput*, da CLT)"(7).

Dispõe o art. 852-B, da CLT:

Nas reclamações enquadradas no procedimento sumaríssimo:

"I — o pedido deverá ser certo ou determinado e indicará o valor correspondente;

II — não se fará citação por edital, incumbindo ao autor a correta indicação do nome e endereço do reclamado;

III — a apreciação da reclamação deverá ocorrer no prazo máximo de quinze dias do seu ajuizamento, podendo constar de pauta especial, se necessário, de acordo com o movimento judiciário da Junta de Conciliação e Julgamento.

§ 1º O não atendimento, pelo reclamante, do disposto nos incisos I e II deste artigo importará no arquivamento da reclamação e condenação ao pagamento de custas sobre o valor da causa.

§ 2º As partes e advogados comunicarão ao juízo as mudanças de endereço ocorridas no curso do processo, reputando-se eficazes as intimações enviadas ao local anteriormente indicado, na ausência de comunicação".

Conforme dispõe o referido dispositivo legal, no rito sumaríssimo, a inicial deve preencher os requisitos do art. 840 da CLT e também dos incisos I e II do art. 852-B.

O pedido deve ser certo e determinado, devendo ser indicado o valor correspondente, vale dizer: o reclamante deve apresentar a liquidação dos pedidos na inicial. Exige-se, outrossim, que seja declinado o valor da causa. De outro lado, não se exige rigor na liquidação do valor, podendo ser utilizada estimativa, máxime em pedidos que demandam maior complexidade nos cálculos, como horas extras. Não se exige a liquidação das obrigações de fazer ou não fazer, como, por exemplo, o pedido de anotação de CTPS.

Deve o reclamante também indicar o nome correto do endereço do reclamado.

Embora o § 1º do art. 852-B da CLT assevere que o não atendimento, pelo reclamante, do disposto nos incisos I e II deste artigo importará no arquivamento da reclamação e condenação ao pagamento de custas sobre o valor da causa, pensamos que tal somente será possível após a concessão de prazo de 10 dias para emenda da inicial (art. 284 do CPC c/c Súmula n. 263 do C. TST), pois a lei não veda a possibilidade de concessão de prazo pelo Juiz do Trabalho para o autor adequar a petição inicial aos requisitos do rito sumaríssimo.

Nesse sentido destacamos a seguinte ementa:

"Pedido ilíquido — Ação submetida ao rito ordinário em razão do valor atribuído à causa — Impossibilidade de indeferimento liminar da petição inicial. Submetida a ação traba-

(7) No mesmo sentido é a posição de Gérson Marques, mas defendendo a possibilidade de seis testemunhas de cada parte no inquérito (*Processo do trabalho anotado*. São Paulo: RT, 2001, p. 322).

lhista ao rito ordinário, em face do valor atribuído ao dissídio, e entendendo o Julgador de primeira instância que lhe é impossível aferir a adequação do valor atribuído à causa, como declarado na decisão recorrida, duas são as possibilidades: determinar a emenda da petição inicial para liquidar a pretensão (art. 284/CPC e Enunciado n. 263/TST) ou prosseguir no feito, deixando ao réu a impugnação do valor atribuído à causa, no prazo da contestação (art. 261/CPC). Não tendo sido adotado nenhum dos procedimentos citados, reformo a decisão, determinando o retorno dos autos à Vara de origem para que se dê prosseguimento ao feito, optando por uma das soluções apontadas anteriormente. Recurso conhecido e provido". (TRT — 10ª R. — 3ª T. — RO n. 3.994/2000 — Rela. Cilene Ferreira A. Santos — DJDF 1º.6.2000 — p. 64) (RDT N. 6/2001, p. 63)[8].

Pensamos também que se houver mudança de endereço do reclamado, ao reclamante, também deverá ser concedido prazo razoável para informar o novo endereço, e somente ser possível o arquivamento se transcorrido o prazo sem a manifestação do reclamante. Negar ao reclamante fornecer o novo endereço do reclamado é negar o acesso à Justiça.

Nesse sentido destacamos a seguinte ementa:

"A devolução da notificação inicial, em virtude da alteração de endereço da reclamada, não enseja o 'arquivamento do processo. Agrava-se, se o juiz, ante da audiência, chama os autos à conclusão e decreta a sua extinção, por suposto descumprimento ao que dispõe o art. 852. Tratando-se de irregularidade sanável, cumpre ao juiz conceder oportunidade, ainda que em curtíssimo prazo, para o reclamante apresentar novo endereço do reclamado. Se informada que o reclamado cria embaraços ao recebimento ou não sendo encontrado (§ 1º do art. 841, da CLT), a solução é convertê-lo para o rito ordinário, determinando a citação por edital garantindo-se, assim, o direito constitucional de ação. A extinção só tem cabimento em caso de absoluta inércia do autor, sob pena de caracterizar negativa de prestação jurisdicional, em ofensa ao art. 5º, XXXV, da CF/88". (TRT — 15ª Região, 5ª T., Proc. n. 035543/2000-ROS-2, Ac. n. 533/2001 — SPAJ, Rel. Juiz José Antonio Pancotti, DOE 15.1.01)

Caso haja necessidade da citação por Edital e como a Lei do rito sumaríssimo trabalhista veda a citação por Edital (art. 852-B, II[9], da CLT), no nosso sentir há duas alternativas para o Juiz:

"a) Converter o rito para ordinário, com suporte nos arts. 130 do CPC e 765, da CLT, uma vez que o Juiz do Trabalho é o diretor do Processo;

---

(8) Em sentido contrário a seguinte ementa: "Rito ordinário — Pedidos líquidos. É certo que quando a ação está submetida ao rito sumaríssimo, não se procede à emenda da petição inicial, no caso de pedido ilíquido, porque há previsão expressa de extinção do feito, na forma do art. 852-B, § 1º, da CLT. Contudo, no caso dos autos, o valor atribuído à causa supera os quarenta salários mínimos previstos para o rito sumaríssimo (art. 852-A da CLT), não havendo previsão legal para, liminarmente, se extinguir o feito, sem julgamento do mérito." (TRT — 10ª R. — 3ª T. — RO n. 3.995/2000 — Rel. Lucas Kontoyanis — DJDF 1º.6.2001 — p. 64) (RDT n. 6/2001, p. 63).

(9) Art. 852-B, II, da CLT: "não se fará citação por edital, incumbindo ao autor a correta indicação de nome e endereço do reclamado".

b) declarar a inconstitucionalidade *incidenter tantum* do disposto no art. 852-B, II, da CLT, por violar o princípio da inafastabilidade da jurisdição (art. 5º, XXXV, da CF) e deferir a citação por Edital mesmo no rito sumaríssimo".

Pensamos que a solução mais adequada, considerando-se a obrigatoriedade do rito sumaríssimo, será deferir a citação por Edital, mantendo o rito sumaríssimo, uma vez que o inciso II do art. 852-B, da CLT se mostra manifestamente inconstitucional por atritar com os princípios constitucionais do acesso real à Justiça do Trabalho e inafastabilidade da jurisdição trabalhista.

Nesse sentido pensa *Júlio César Bebber*(10):

> "Se o procedimento sumaríssimo, então é imperativo, resta flagrante o vício da inconstitucionalidade do art. 852-B, inciso II, da CLT, que veda a citação por edital, uma vez que impede, com isso, o acesso à justiça, em afronta direita e literal ao princípio da inafastabilidade da jurisdição, também chamado de princípio do direito de ação (CF, art. 5º, XXXV)".

O rito sumaríssimo não difere substancialmente do rito ordinário, principalmente na audiência, entretanto, tem peculiaridades próprias.

Nos termos do art. 852-B da CLT, a apreciação da reclamação deverá ocorrer no prazo máximo de quinze dias do seu ajuizamento, podendo constar de pauta especial, se necessário, de acordo com o movimento judiciário da Vara do Trabalho.

Pensamos não ser o referido prazo peremptório, pois há que ser considerado o número de processos e a quantidade de serviço de cada Vara, mas, na medida ao possível, deve o Juiz do Trabalho priorizar a celeridade dos processos que tramitam pelo rito sumaríssimo, designando pauta especial para tais processos.

A audiência será una, ocasião em que se fará a instrução e o julgamento do processo. Entretanto, em algumas hipóteses, como no caso de necessidade da prova pericial, a audiência poderá ser cindida.

Conforme o art. 852-D da CLT, o juiz dirigirá o processo com liberdade para determinar as provas a serem produzidas, considerado o ônus probatório de cada litigante, podendo limitar ou excluir as que considerar excessivas, impertinentes ou protelatórias, bem como para apreciá-las e dar especial valor às regras de experiência comum ou técnica.

O referido dispositivo propicia ao Juiz do Trabalho maiores poderes na condução do processo, buscando a celeridade da sua tramitação, bem como a efetividade processual. Vale destacar que o legislador priorizou a aplicabilidade das regras de experiência comum do juiz na valoração da prova, buscando sempre que possível a verdade real.

Aberta a sessão, o juiz esclarecerá as partes presentes sobre as vantagens da conciliação e usará os meios adequados de persuasão para a solução conciliatória do litígio, em qualquer fase da audiência (art. 852-E da CLT).

---

(10) BEBBER, Júlio César. *Procedimento sumaríssimo no processo do trabalho*. São Paulo: LTr, 2000. p. 36.

Na ata de audiência serão registrados resumidamente os atos essenciais, as afirmações fundamentais das partes e as informações úteis à solução da causa trazidas pela prova testemunhal (art. 852-F da CLT).

Conforme o art. 852-G da CLT, serão decididos, de plano, todos os incidentes e exceções que possam interferir no prosseguimento da audiência e do processo. As demais questões serão decididas na sentença.

O referido dispositivo determina que o Juiz do Trabalho faça o saneamento do processo na própria audiência, o que é bem recomendável, decidindo, de plano, as preliminares e os incidentes processuais, prosseguindo na audiência com a instrução e o julgamento do feito.

Nos termos do art. 852-H, da CLT, *todas as provas serão produzidas na audiência de instrução e julgamento, ainda que não requeridas previamente. § 1º Sobre os documentos apresentados por uma das partes manifestar-se-á imediatamente a parte contrária, sem interrupção da audiência, salvo absoluta impossibilidade, a critério do juiz. § 2º As testemunhas, até o máximo de duas para cada parte, comparecerão à audiência de instrução e julgamento independentemente de intimação. § 3º Só será deferida intimação de testemunha que, comprovadamente convidada, deixar de comparecer. Não comparecendo a testemunha intimada, o juiz poderá determinar sua imediata condução coercitiva. § 4º Somente quando a prova do fato o exigir, ou for legalmente imposta, será deferida prova técnica, incumbindo ao juiz, desde logo, fixar o prazo, o objeto da perícia e nomear perito. § 5º (VETADO) § 6º As partes serão intimadas a manifestar-se sobre o laudo, no prazo comum de cinco dias. § 7º Interrompida a audiência, o seu prosseguimento e a solução do processo dar-se-ão no prazo máximo de trinta dias, salvo motivo relevante justificado nos autos pelo juiz da causa.*

O dispositivo mencionado destaca a concentração dos atos processuais em audiência, determinando que todas as provas sejam produzidas neste ato processual, exceto a prova documental que é pré-constituída e a prova pericial que se realiza fora da audiência.

A manifestação do reclamante sobre a defesa e documentos deve ser realizada na própria audiência em quantidade de tempo razoável fixado pelo Juiz (normalmente de cinco a dez minutos). Não obstante, se os documentos forem complexos e em grande quantidade, poderá o Juiz conceder prazo para manifestação fora da audiência.

As testemunhas comparecerão à audiência independentemente de intimação. Somente serão intimadas as que comprovadamente convidadas deixarem de comparecer. Não comparecendo a testemunha intimada, o juiz poderá determinar sua imediata condução coercitiva.

No nosso sentir, a prova do convite não necessita ser escrita, podendo ser verbal, e até mesmo ser produzida na próxima sessão em que será ouvida a testemunha, pois a lei não exige prova escrita do convite. Além disso, a experiência nos tem demonstrado que dificilmente o reclamante consegue comprovar o convite da testemunha, pois frequentemente o convite à testemunha é feito verbalmente. Desse modo, pensamos que o disposto no § 3º do art. 852-H da CLT, ao aludir à testemunha *comprovadamente convidada*, deve ser interpretado com maior flexibilidade pelo Juiz do Trabalho, a fim de não impedir o acesso à Justiça, bem como cercear o direito de defesa da parte.

Nesse sentido, concordamos com *Manoel Antonio Teixeira Filho*(11), quando assevera:

> "O § 3º do art. 852-H da CLT, acertadamente, exige esse convite. Haverá dificuldade, contudo, na prática, de a parte comprovar tal convite, pois a norma legal em estudo cogita do fato de a testemunha ausente haver sido 'comprovadamente convidada'. Não nos parece que essa comprovação deva ser por escrito sob pena de impor-se certos danos ou constrangimentos à parte. Danos, porque, se a ausência da testemunha não fosse comprovada por esse meio, a audiência não seria adiada; constrangimento, porque toda vez que a parte convidasse alguém para testemunhar em juízo teria de pedir que a pessoa assinasse um comprovante desse convite. Penamos, pois, que essa comprovação possa ser feita, até mesmo sob a forma de *justificação verbal* ao magistrado, que levará em conta os argumentos e circunstância de cada situação concreta".

Poderão ser ouvidas no rito sumaríssimo, no máximo, duas testemunhas para cada parte. Não obstante, pensamos, caso seja necessário possa o Juiz determinar a oitiva de outras testemunhas, como as testemunhas referidas, ou até mesmo testemunhas do juízo para firmar seu convencimento. O limite máximo de testemunhas é para parte, não para o Juiz.

A celeridade processual não pode extremar-se ao ponto de se sobrepor ao direito de prova ou à busca pela verdade real do processo. Urge, em cada caso, sopesarem-se estes valores (celeridade x direito à prova) para se aplicar a justiça verdadeira(12).

Se for necessária a designação da prova pericial, deverá o Juiz nomear o perito da própria audiência, fixar o prazo para apresentação do laudo, fixando o prazo para as partes manifestar sobre ele e já designar a próxima audiência no prazo máximo de trinta dias, salvo motivo relevante justificado nos autos pelo juiz da causa.

No procedimento sumaríssimo trabalhista não cabe a intervenção de terceiros, tampouco a assistência, em razão dos princípios da celeridade e simplicidade do procedimento sumaríssimo. Embora a Lei n. 9.957/2000 não vede expressamente a possibilidade de intervenção de terceiros, o art. 10, da Lei n. 9.099/1995(13), aplicável subsidiariamente ao procedimento sumaríssimo trabalhista veda expressamente tal intervenção. Admite-se, entretanto, o litisconsórcio.

Nesse mesmo diapasão pensa *José Antônio Ribeiro de Oliveira Silva*: "(...) pensamos não ser admissível no rito sumaríssimo trabalhista qualquer espécie de intervenção de terceiros, inclusive a assistência, para não comprometimento do ideal de celeridade da lei, como aliás ocorre no Juizado Especial Cível, consoante disposição contida no art. 10 da Lei n. 9.099/1995"(14).

---

(11) TEIXEIRA FILHO, Manoel Antonio. *O procedimento sumaríssimo no processo do trabalho*. São Paulo: LTr, 2000. p. 104-105.

(12) MARQUES, Gérson. *Processo do trabalho anotado*. São Paulo: RT, 2001. p. 328.

(13) Art. 10, da Lei n. 9.099/1995: "Não se admitirá, no processo, qualquer forma de intervenção de terceiros nem de assistência. Admitir-se-á o litisconsórcio".

(14) Silva, J. A. R. de O. *Questões relevantes do procedimento sumaríssimo, 100 perguntas e respostas*. São Paulo: LTr, 2000. p. 61.

Em razão da simplicidade e celeridade do rito sumaríssimo, não se admite a reconvenção, sendo possível o pedido contraposto, por aplicação analógica do art. 31 da Lei n. 9.099/95. Dispõe o referido dispositivo legal:

> "Não se admitirá a reconvenção. É lícito ao réu, na contestação, formular pedido em seu favor, nos limites do art. 3º desta Lei, desde que fundado nos mesmos fatos que constituem objeto da controvérsia".

Como destaca *Gérson Marques*(15), "o pedido contraposto, também chamado de reconvenção indireta, é compatível com o Processo do Trabalho, sendo admitido, excepcionalmente, quando, em algumas hipóteses, a parte acionada foi quem sofrera a lesão patrimonial (...) O pedido contraposto é formulado na própria contestação e será apreciado pela mesma sentença que julgará a reclamatória. Contudo, é assegurado ao autor da Reclamação a defesa, o qual poderá apresentá-la na própria audiência ou requerer a designação de nova data, que será desde logo fixada, cientes todos os presentes" (art. 31, parágrafo único, Lei n. 9.099/1995).

Nos termos do art. 852-I da CLT, *a sentença mencionará os elementos de convicção do juízo, com resumo dos fatos relevantes ocorridos em audiência, dispensado o relatório. § 1º O juízo adotará em cada caso a decisão que reputar mais justa e equânime, atendendo aos fins sociais da lei e as exigências do bem comum. § 2º (VETADO) § 3º As partes serão intimadas da sentença na própria audiência em que prolatada.*

Conforme o referido dispositivo legal, a sentença deve ser proferida na própria audiência. Entretanto, em determinadas hipóteses, considerando-se a complexidade da causa e o ânimo das partes na audiência, é conveniente que a sentença seja proferida no gabinete, designando-se data para julgamento.

O relatório da sentença fica dispensado, o que não acarreta qualquer prejuízo processual, pois a cada dia este resumo do processo vem perdendo prestígio na doutrina e jurisprudência. A medida visa a imprimir maior celeridade à sentença que deve, sempre que possível, ser proferida na audiência.

Sendo prolatada a sentença em audiência, as partes devem ser intimadas do seu teor, começando a partir daí a fluir o prazo recursal.

O § 1º do art. 852-I da CLT assevera a determinação para o Juiz adotar em cada caso a decisão que reputar mais justa e equânime, atendendo aos fins sociais da lei e as exigências do bem comum. A presente regra não dispõe sobre o julgamento *por equidade*, e sim o julgamento *com equidade*, vale dizer: não poderá o Juiz desconsiderar as disposições legais, mas sim interpretá-las de forma justa e razoável, abrandando o rigor da lei para que ela se encaixe ao caso concreto.

Vale destacar, por derradeiro, que o valor da condenação não fica limitado ao valor atribuído à causa pelo reclamante, pois a Lei n. 9.957/2000 assim não determina(16).

(15) MARQUES, G. *Processo do trabalho anotado*. São Paulo: RT, 2001. p. 320.

(16) Por isso, resta inaplicável ao rito sumaríssimo trabalhista o disposto no art. 39 da Lei n. 9.099/1995, *in verbis*: "É ineficaz a sentença condenatória na parte que exceder a alçada estabelecida nesta Lei".

Além disso, não pode ser interpretado como renúncia pelo empregado do valor que sobejar 40 salários mínimos, em razão do princípio da irrenunciabilidade dos direitos trabalhistas.

Nesse sentido argumenta com propriedade *Estêvão Mallet*(17):

> "No procedimento sumaríssimo trabalhista não existe regra tornando ineficaz a parte condenatória da sentença excedente da alçada imposta, como há na Lei n. 9.099 (art. 39). Em consequência, nada obsta seja proferida sentença com condenação superior ao limite legal para a utilização dessa espécie de procedimento. Não haverá ineficácia ou mesmo nulidade da decisão, ficando igualmente afastado, só por isso, o cabimento de ação rescisória, ao contrário do que já se pretendeu. Note-se que pode a superação do valor limite decorrer, por exemplo, de multa cominatória diária ou de prestações vencidas durante a tramitação do feito, como em ação tendo por objeto pedido de reintegração, com o pagamento de salários vencidos e vincendos".

---

(17) MALLET, E. *Op. cit.*, p. 90-91.

9. Desconsideração da Personalidade Jurídica. Efeitos na Execução Trabalhista

TRT — 5ª REGIÃO — 2005

Teoria da desconsideração da pessoa jurídica. Conceito. Efeitos. É cabível a sua aplicação no processo de execução trabalhista? Justifique.

A pessoa jurídica não se confunde com a do sócio (art. 20 do Código Civil de 1916), tampouco a sociedade comercial se confunde com a de seus administradores ou acionistas. Não obstante, a lei atribui ao sócio a chamada responsabilidade patrimonial (arts. 591 e 592, II, do CPC). Desse modo, os bens do sócio podem vir a ser chamados a responder pela execução, nos termos da lei, caso a sociedade não apresente bens que satisfaçam a execução.

Independentemente de ter figurado no polo passivo da reclamação trabalhista, os bens do sócio podem responder pela execução, pois a responsabilidade do sócio é patrimonial (econômica e de caráter processual). Nesse sentido, a ementa a seguir retrata com precisão esta situação.

> "Execução sobre os bens do sócio — Possibilidade. A execução pode ser processada contra os sócios, uma vez que respondem com os bens particulares, mesmo que não tenham participado do processo na fase cognitiva. Na Justiça do Trabalho, basta que a empresa não possua bens para a penhora para que incida a teoria da desconsideração da personalidade jurídica da sociedade. O crédito trabalhista é privilegiado, tendo como base legal, de forma subsidiária, o art. 18 da Lei n. 8.884/94 e CTN, art. 135, *caput* e inciso III, c/c o art. 889 da CLT". (TRT 3ª R. — 2ª T. — AP n. 433/2004.098.03.00-7 — Rel. João Bosco P. Lara — DJMG 9.9.2004 — p. 11).

Atualmente, a matéria está regulamentada pelo art. 28, da Lei n. 8.078/90 (Código de Defesa do Consumidor) e art. 50, do Código Civil, que encamparam a teoria da *desconsideração da personalidade jurídica*, também conhecida com *disregard doctrine*, *disregard of legal entity, lifting tlhe corporate veil*, oriunda do direito anglo-saxão e introduzida ao direito brasileiro por *Rubens Requião*.

O art. 28 da Lei n. 8.078/1990 tem a seguinte redação:

> "O juiz poderá desconsiderar a personalidade jurídica da sociedade quando, em detrimento do consumidor, houve abuso de direito, excesso de poder, infração da lei, fato ou ato ilícito ou violação dos estatutos ou contrato social. A desconsideração também será efetivada quando houver falência, estado de insolvência, encerramento ou inatividade da pessoa jurídica provocados pó má administração".

Assevera o art. 50 do CC:

> "Em caso de abuso da personalidade jurídica, caracterizado pelo desvio de finalidade, ou pela confusão patrimonial, pode o juiz decidir, a requerimento da parte, ou do Ministério Público quando lhe couber intervir no processo, que os efeitos de certas e determinadas relações de obrigações sejam estendidos aos bens particulares dos administradores ou sócios da pessoa jurídica".

Pela teoria da desconsideração da personalidade jurídica, os bens do sócio podem ser atingidos quando:

> "a) a pessoa jurídica não apresentar bens para pagamento das dívidas;
>
> b) atos praticados pelo sócio com abuso de poder, desvio de finalidade, confusão patrimonial, ou má-fé".

Atualmente, a moderna doutrina e a jurisprudência trabalhista encamparam a chamada teoria objetiva da desconsideração da personalidade jurídica que disciplina a possibilidade de execução dos bens do sócio, independentemente se os atos destes violaram ou não o contrato, ou houve abuso de poder. Basta a pessoa jurídica não possuir bens, para ter início à execução aos bens do sócio.

No processo do trabalho, o presente entendimento se justifica em razão da hipossuficiência do trabalhador, da dificuldade que apresenta o reclamante em demonstrar a má-fé do administrador e do caráter alimentar do crédito trabalhista.

Nesse sentido, destacamos as seguintes ementas que refletem o entendimento predominante da jurisprudência trabalhista.

> "Execução — Responsabilidade do sócio. Em face da ausência de bens da sociedade para responder pela dívida trabalhista, respondem os sócios com o patrimônio pessoal, conforme preconizam os arts. 592 e 596 do CPC c/c o inciso V do art. 4º da Lei n. 6.830/1980 e inciso III do art. 135 do Código Tributário Nacional, todos de aplicação subsidiária no processo do trabalho. (TRT 15ª R. — 1ª T. — Ap. n. 26.632/2003 — Rel. Eduardo B. de O. Zanella — DJSP 12.9.2003 — p. 19) RDT n.10 — outubro de 2003.
>
> Execução — Bens do ex-sócio — Desconsideração da personalidade jurídica da empresa. Em regra, os bens particulares do sócio não podem ser objeto de constrição, a teor do art. 596 do CPC. O Decreto n. 3.708/1919, que regulamenta o funcionamento das sociedades

de responsabilidade limitada, dispõe que o sócio somente responderá pelas dívidas da sociedade, em caso de falência, quando não integralizado o capital, diante de excesso de mandato do sócio-gerente ou quando os sócios praticarem atos contrários à lei ou ao contrato. A jurisprudência trabalhista acresce a dissolução irregular da sociedade, sem o pagamento dos créditos trabalhistas. O Juízo de primeiro grau confirma que a empresa não vem honrando seus compromissos trabalhistas, dificultando o andamento de inúmeros feitos, pois não tem sido possível localizar bens disponíveis. Vale invocar a teoria do superamento da personalidade jurídica (*disregard of legal entity*), a qual permite seja desconsiderada a personalidade jurídica das sociedades de capitais, para atingir a responsabilidade dos sócios, visando impedir a consumação de fraudes e abusos de direito cometidos através da sociedade. Aliás, aplicável, por analogia, a disposição contida no art. 28, § 5º, do Código de Defesa do Consumidor, que autoriza a desconsideração da personalidade jurídica sempre que esta constituir obstáculo ao ressarcimento de prejuízos". (TRT — 3ª R. — 2ª T. — Ap. n. 2875/97 — Relª Alice de Barros — DJMG 24.4.1998 — p. 5).

Nesse mesmo diapasão sustenta com propriedade *Hermelino de Oliveira Santos*(1):

"A inserção da doutrina da desconsideração no direito brasileiro ocorreu naturalmente em decorrência de questões envolvendo direito societário, inclusive a levar *Rubens Requião* a significativa conferência sobre o tema, 'Abuso de direito e fraude através da personalidade jurídica', protagonizando a inserção em nosso direito positivo (art. 28 do CDC e art. 50 do CC/2002). Haveria hipóteses de aplicação dessa doutrina nos casos em que sócios e administradores da sociedade, não obstante agirem aparentemente em conformidade com a lei e seus estatutos, incorressem em utilização da pessoa jurídica, mas em prejuízo desta ou de terceiros, ou ainda dos demais sócios. O que nos parece muito claro é a invocação da doutrina da desconsideração prescinde da análise do específico caso concreto naquelas hipóteses em que o direito positivo ainda não a disciplinou".

A desconsideração da personalidade jurídica no processo do trabalho, na fase executória, pode ser determinada de ofício pelo Juiz do Trabalho (art. 878 da CLT), independentemente de requerimento da parte, em sede de decisão interlocutória, devidamente fundamentada (art. 93, IX, da CF). Não obstante, o sócio, uma vez intimado ou citado para a execução tem o direito de invocar o chamado *benefício de ordem* e requerer que primeiro sejam excutidos os bens da sociedade, mas para que tal seja possível, é necessário que indique onde estão os bens, livres e desembarcados para penhora, que sejam de fácil liquidez, e obedeçam a ordem de preferência mencionada no art. 655 do CPC.

Nesse sentido é o que preconiza o art. 596, § 1º do Código de Processo Civil:

"Os bens particulares dos sócios não respondem pelas dívidas da sociedade senão nos casos previstos em lei; o sócio, demandado pelo pagamento da dívida, tem direito a exigir que sejam primeiro excutidos os bens da sociedade.

(1) SANTOS, Hermelino de Oliveira. *Desconsideração da personalidade jurídica no processo do trabalho*. São Paulo: LTr, 2003. p. 42.

§ 1º Cumpre ao sócio, que alegar o benefício deste artigo, nomear bens da sociedade, sitos na mesma comarca, livres e desembargados, quantos bastem para pagar o débito".

O dispositivo acima consagra a responsabilidade subsidiária do sócio, pois prevê a faculdade deste invocar o benefício de ordem. Desse modo, a responsabilidade do sócio é subsidiária em face da pessoa jurídica, entretanto, a fim de dar maior garantia e solvabilidade ao crédito trabalhista, têm a doutrina e a jurisprudência, acertadamente, entendido que a responsabilidade dos sócios entre si é solidária. Sendo assim, se a pessoa jurídica tiver mais de um sócio, cada um deles responderá pela integralidade da dívida, independentemente do montante das cotas de cada um na participação societária. Aquele que pagou a dívida integralmente pode se voltar regressivamente em face dos demais sócios.

10. Fungibilidade das Tutelas de Urgência no Processo do Trabalho

TRT — 13ª REGIÃO — 2006

É possível ao magistrado, quando provocado, deferir medida cautelar, em lugar de tutela antecipada requerida no bojo do próprio processo de conhecimento? Fundamente sua resposta.

Considerando-se o caráter urgente das tutelas antecipatórias, cautelares e inibitórias, o resultado útil de tais medidas, a instrumentalidade do processo, e a efetividade processual, a moderna doutrina, à luz das recentes alterações do Código de Processo Civil pelas Leis ns. 10.444/2002 e 11.1280/06, consagrou o chamado princípio da *fungibilidade das tutelas de urgência.*

Ensina *Plácido e Silva*[1]:

"Coisa fungível é substituível. A coisa consumível é a que se anula ou desaparece desde que cumpra a sua finalidade ou dela se tenha tirado a sua utilidade. Mas, o direito emprega fungível para significar substitutibilidade de uma coisa por outra, sem alteração de seu valor, desde que possa contar, medir ou pesar".

Pelo princípio da fungibilidade das tutelas de urgência é possível que o Juiz possa conceder uma medida de urgência no lugar de outra postulada, desde que presentes os requisitos para concessão.

Como bem adverte *Cândido Rangel Dinamarco*[2], a fungibilidade entre duas tutelas deve ser o canal posto pela lei à disposição do intérprete e do operador para a necessária caminhada rumo à unificação da teoria das medidas urgentes — ou seja, para a descoberta de que muito há, na disciplina explícita das medidas cautelares, que comporta plena aplicação às antecipações de tutela.

---

(1) SILVA, De Plácido e. *Vocabulário jurídico.* V. II. 12. ed. Rio de Janeiro: Forense, 1996. p. 336.

(2) DINAMARCO, Cândido Rangel. *A reforma da reforma.* São Paulo: Malheiros, 2002. p. 91.

Nesse sentido é o § 7º, do art. 273 do CPC, incluído pela Lei n. 10.444, de 2002:

> "Se o autor, a título de antecipação de tutela, requerer providência de natureza cautelar, poderá o juiz, quando presentes os respectivos pressupostos, deferir a medida cautelar em caráter incidental do processo ajuizado".

Conforme o referido dispositivo, é possível ao Juiz, de ofício, converter o pedido de tutela antecipada em cautelar, desde que presentes os requisitos para concessão da medida cautelar. Pensamos que o referido dispositivo é de mão dupla, vale dizer: se o autor pedir provimento cautelar, mas se estiverem presentes os requisitos da tutela antecipada, o juiz poderá conceder o provimento antecipatório.

Nesse sentido é a visão de *Dinamarco*(3):

> "O novo texto não deve ser lido somente como portador da autorização a conceder uma medida cautelar quando pedido fora antecipação de tutela. Também o contrário está autorizado, isto é: também quando feito um pedido a título de medida cautelar, o juiz estará autorizado a conceder a medida a título de antecipação de tutela, se esse for seu entendimento e os pressupostos estiverem satisfeitos. Não há fungibilidade em uma só mão de direção. Em direito, se os bens são fungíveis isso significa que *tanto se pode substituir um por outro, como outro por um*".

No mesmo diapasão é a redação do art. 489 do CPC, com a redação dada pela Lei n. 11.280/2006, *in verbis*:

> "O ajuizamento da ação rescisória não impede o cumprimento da sentença ou acórdão rescindendo, ressalvada a concessão, caso imprescindíveis e sob os pressupostos previstos em lei, de medidas de natureza cautelar ou antecipatória de tutela".

O referido dispositivo ratificou a existência do princípio da fungibilidade das tutelas de urgência, consignando que é possível tanto a concessão de tutela antecipada como da cautelar, desde que presentes os requisitos legais, a fim de suspender o cumprimento da sentença que está sendo objeto de ação rescisória.

O Tribunal Superior do Trabalho consagrou o princípio da fungibilidade, conforme a redação da Súmula n. 405, de sua jurisprudência *in verbis*:

> "AÇÃO RESCISÓRIA. LIMINAR. ANTECIPAÇÃO DE TUTELA. (conversão das Orientações Jurisprudenciais n. 1, 3 e 121 da SDI-2). I — Em face do que dispõe a MP n. 1.984-22/00 e reedições e o art. 273, § 7º, do CPC, é cabível o pedido liminar formulado na petição inicial de ação rescisória ou na fase recursal, visando a suspender a execução da decisão rescindenda; II — O pedido de antecipação de tutela, formulado nas mesmas condições, será recebido como medida acautelatória em ação rescisória, por não se admitir tutela antecipada em sede de ação rescisória". (ex-OJs n. 1 — inserida em 20.9.00, n. 3 — inserida em 20.9.00 e n. 121 — DJ 11.8.03) (Res. 137/2005 — DJ 22.8.2005).

---

(3) DINAMARCO, C. *Op. cit.*, p. 92.

Diante da redação clara do art. 489 do CPC, parece-nos que o inciso II da Súmula n. 405 do C. TST foi tacitamente revogado, pois restou expressamente consignada na lei a possibilidade de concessão de tutela antecipada na ação rescisória, para o fim de suspender a execução da sentença.

Nesse sentido é a visão de *Luciano Athayde Chaves*(4), ao comentar a Súmula n. 405 do TST: "parece-me superado, em parte, o entendimento sumular, exatamente quanto à impossibilidade legal de antecipação de tutela em sede rescisória, agora expressamente previsto no art. 489, do CPC".

Também diante do princípio da fungibilidade, pensamos ser possível a concessão de tutela inibitória (preventiva) quando presentes os requisitos, na hipótese de o autor equivocadamente formular pedido de tutela antecipada ou cautelar.

(4) CHAVES, Luciano Athayde. *A recente reforma no processo comum:* reflexos no direito judiciário do trabalho. 3. ed. São Paulo: LTr, 2007. p. 153.

11. Substituição Processual pelo Sindicato no Processo do Trabalho

TRT — 18ª REGIÃO — 2007

Qual a natureza e o fundamento da legitimação que autoriza a substituição processual de empregados pelo Sindicato?

A substituição processual, também chamada de legitimidade extraordinária ou anômala, consiste na possibilidade de alguém vir a juízo postular em nome próprio direito alheio. Tal instituto não se confunde com a representação processual, pois o substituto age em nome próprio.

Dispõe o art. 6º do Código de Processo Civil:

> "Ninguém poderá pleitear, em nome próprio, direito alheio, salvo quando autorizado por lei".

Diz-se legitimidade ordinária quando há coincidência entre a legitimação de direito material e a legitimidade para estar em juízo. Na legitimidade extraordinária, aquele que tem legitimidade para estar no processo como parte não é o que se afirma titular do direito material discutido em juízo. A dicotomia legitimação ordinária e extraordinária só tem pertinência no direito individual, no qual existe pessoa determinada a ser substituída(1).

Conforme destaca *Regina Maria Vasconcelos Dubugras*(2):

> "A definição clássica segundo a qual o substituto processual está legitimado a agir em nome próprio em defesa do direito alheio foi retirada das lições de *Chiovenda*.

(1) NERY JÚNIOR, Nélson. *Código de processo civil comentado*. 10. ed. São Paulo: RT, 2007. p. 178.

(2) DUBUGRAS, Regina Maria Vasconcelos. *Substituição processual no processo do trabalho*. São Paulo: LTr, 1998. p. 34.

Conferir legitimidade para agir em nome próprio, significa atribuir-lhe pessoalmente o complexo de poderes, direitos, obrigações e ônus que decorrem do processo; é reconhecer a qualidade de 'parte' no sentido processual, seja como autor ou como réu. Defesa de direito alheio significa que o legitimado não é titular do direito afirmado na pretensão, ou não corresponde àquele a que ela resiste, logo, não é titular da relação de direito material ou substancial".

Como bem adverte *Amauri Mascaro Nascimento*[(3)], a substituição processual trata-se de uma transferência da titularidade do direito de ação. Por se tratar de transferência do referido direito, sua pertinência é restrita e extraordinária. Justiça-se para alguns quando há uma correção de interesses entre substituto e o substituído. Outros entendem, de modo mais amplo, desnecessária a correlação. A substituição seria, nesse caso, mera opção legislativa. Basta que a lei permita e pode ocorrer.

No nosso sentir, diante da falta de exigência legal, basta que a lei autorize, para que o substituto processual possa atuar em juízo, independentemente de qualquer relação jurídica de direito material entre substituído e substituto.

O Direito Processual Civil brasileiro somente permite a substituição processual legal, sendo inválida cláusula contratual que obrigue o substituto a agir.

O substituto, defendendo direito alheio, pode praticar todos os atos processuais (postular, responder, recorrer, executar a decisão), exceto transigir, renunciar e reconhecer juridicamente o pedido, pois o direito não lhe pertence. De outro lado, havendo anuência do substituído, o substituto pode renunciar ou transigir.

A legitimidade do substituído é concorrente (pois o direito lhe pertence), podendo integrar a lide na qualidade de assistente litisconsorcial.

O referido instituto não se confunde com representação processual, pois o representante defende em nome alheio direito alheio, vale dizer: age como verdadeiro mandatário da parte. Já o substituto defende em nome próprio direito alheio.

Quanto à substituição processual pelo Sindicato, dispõe o art. 8º, III, da Constituição Federal:

> "Ao sindicato cabe a defesa dos direitos e interesses coletivos ou individuais da categoria, inclusive em questões judiciais ou administrativas".

Durante muito tempo a jurisprudência, principalmente, do Tribunal Superior foi refratária ao admitir que o referido dispositivo constitucional consagrava a substituição processual pelo Sindicato, argumentando que o Sindicato somente poderia substituir processualmente os membros da categoria mediante autorização de lei infraconstitucional.

Nesse sentido, dispunha a Súmula n. 310 do C. TST, hoje cancelada, *in verbis*:

> "SUBSTITUIÇÃO PROCESSUAL. SINDICATO. — Res. 119/2003, DJ 1.10.03 — I — O art. 8º, inciso III, da Constituição da República não assegura a substituição processual

(3) NASCIMENTO, Amauri Mascaro. *Curso de direito processual do trabalho*. 22. ed. São Paulo: Saraiva, 2007. p. 392-393.

pelo sindicato; II — A substituição processual autorizada ao sindicato pelas Leis ns. 6.708, de 30.10.79, e 7.238, de 29.10.84, limitada aos associados, restringe-se às demandas que visem aos reajustes salariais previstos em lei, ajuizadas até 3.7.89, data em que entrou em vigor a Lei n. 7.788; III — A Lei n. 7.788/1989, em seu art. 8º, assegurou, durante sua vigência, a legitimidade do sindicato como substituto processual da categoria; IV — A substituição processual autorizada pela Lei n. 8.073, de 30.7.90, ao sindicato alcança todos os integrantes da categoria e é restrita às demandas que visem à satisfação de reajustes salariais específicos resultantes de disposição prevista em lei de política salarial; V — Em qualquer ação proposta pelo sindicato como substituto processual, todos os substituídos serão individualizados na petição inicial e, para o início da execução, devidamente identificados pelo número da Carteira de Trabalho e Previdência Social ou de qualquer documento de identidade; VI — É lícito aos substituídos integrar a lide como assistente litisconsorcial, acordar, transigir e renunciar, independentemente de autorização ou anuência do substituto; VII — Na liquidação da sentença exequenda, promovida pelo substituto, serão individualizados os valores devidos a cada substituído, cujos depósitos para quitação serão levantados através de guias expedidas em seu nome ou de procurador com poderes especiais para esse fim, inclusive nas ações de cumprimento; VIII — Quando o sindicato for o autor da ação na condição de substituto processual, não serão devidos honorários advocatícios".

Posteriormente, em razão de vários pronunciamentos do Supremo Tribunal em sentido contrário, e também da posição majoritária da doutrina, o Tribunal Superior do Trabalho acabou por cancelar a referida Súmula n. 310, sendo o entendimento atual da jurisprudência trabalhista no sentido de que o inciso III, do art. 8º, da CF consagrou a substituição processual pelo Sindicato de forma ampla no processo do trabalho.

Nesse sentido, destacamos a seguinte ementa:

"CONSTITUCIONAL. SUBSTITUIÇÃO PROCESSUAL. SINDICATO. ART. 8º, III, DA CF/88. PRECEDENTE DO PLENÁRIO. ACÓRDÃO NÃO PUBLICADO. ALTERAÇÃO NA COMPOSIÇÃO DO STF. ORIENTAÇÃO MANTIDA PELA CORTE.

I — O Plenário do Supremo Tribunal Federal deu interpretação ao art. 8º, III, da Constituição, e decidiu que os sindicatos têm legitimidade processual para atuar na defesa de todos e quaisquer direitos subjetivos individuais e coletivos dos integrantes da categoria por ele representada.

II — A falta de publicação do precedente mencionado não impede o julgamento imediato de causas que versem sobre a mesma controvérsia, em especial quando o entendimento adotado é confirmado por decisões posteriores.

III — A nova composição do Tribunal não ensejou a mudança da orientação seguida."

IV — Agravo improvido. AG. REG. NO RECXTRA 189.264-1 DF — STF — Ricardo Lewandowski — Ministro Relator. DJU de 23.2.07 — (DT — Abril/2007 — v. 153, p. 256). Parte inferior do formulário.

Desse modo, de acordo com a atual posição do STF, pensamos que o art. 8º, III, consagrou a substituição processual dos membros da categoria (associados e não associados) para os direitos individuais homogêneos dos substituídos, vale dizer: os que têm origem comum, pois se originam do mesmo fato, cujos titulares são determinados e o interesse é divisível.

Nesse sentido ensina *Nélson Nery Júnior*[4]: "A figura da substituição processual pertence exclusivamente ao direito singular, e, no âmbito processual, ao direito processual civil individual. Só tem sentido falar-se em substituição processual diante da discussão sobre um direito subjetivo (singular), objeto da substituição; o substituto substitui pessoa determinada, defendendo em seu nome o direito alheio do substituído".

O art. 81, da Lei n. 8.078/90, que é aplicável ao Processo do Trabalho (art. 769 da CLT), define, por meio de interpretação autêntica, os interesses individuais homogêneos. Com efeito, aduz o referido dispositivo legal:

"A defesa dos interesses e direitos dos consumidores e das vítimas poderá ser exercida em juízo individualmente, ou a títulos coletivos.

Parágrafo único. A defesa coletiva será exercida quando se tratar de:

(...) III — interesses individuais homogêneos, assim entendidos os decorrentes de origem comum[5]".

Como exemplos de interesses ou direitos individuais homogêneos na esfera trabalhista objeto de defesa pelo Sindicato por meio da substituição processual, temos pedidos de pagamento de adicionais de periculosidade e insalubridade a trabalhadores de uma empresa, pagamento de horas extras, etc.

Para a defesa dos interesses coletivos e difusos, a doutrina tem se posicionado no sentido de ser autônoma a legitimação do sindicato por força do inciso III do art. 8º, da CLT, vale dizer: atuar o Sindicato como representante legal da categoria, cujo mandato é dado pela lei (*ad liten*)[6].

Nesse sentido, destacamos as seguintes ementas:

"Substituição processual — Amplitude — Legitimação sindical. A teor da Carta Magna de 1988 (art. 8º, III) é ampla a prerrogativa de substituição processual pelo sindicato, abrangendo, subjetivamente, os integrantes da categoria, e, objetivamente, seus direitos individuais homogêneos, a par dos direitos coletivos da comunidade de trabalhadores. A interpretação restritiva da Súmula n. 310/TST foi cancelada pelo Tribunal Superior do Trabalho. (TRT 3ª R. — 1ª T. — RO na defesa n. 503/2005.061.03.00-1 — Rel. Mauricio J. Godinho Delgado — DJMG 3.2.2006 — p. 3) (RDT 03 — março de 2006).

Substituição processual — Sindicato. A substituição processual assegurada ao sindicato abrange não só a defesa dos interesses coletivos da categoria, como também os interesses individuais homogêneos dos trabalhadores que a integram, considerados como direitos subjetivos, cujos titulares são determinados ou determináveis. Este instituto representa considerável avanço na solução judicial das lesões de massa, ao permitir o exame da vio-

---

(4) NERY JUNIOR, N. *Op. cit.*, p. 178.

(5) Tanto o inciso VI do art. 6º, como o art. 81, ambos da Lei n. 8.078/90, são aplicáveis ao Direito Material e ao Direito Processual do Trabalho, por força dos arts. 8º e 769, ambos da CLT.

(6) Nesse sentido é a visão de Nélson Nery Júnior: "Para a propositura de ação civil pública na defesa de direitos difusos ou coletivo, têm os sindicatos legitimidade autônoma para condução do processo, já que possuem natureza jurídica de associação civil" (LACP 5º, LV, CDC 82 IV) (*Código de processo civil comentado*. 10. ed. São Paulo: RT, 2007. p. 181).

lação que atinge várias pessoas em um único processo e tem como fundamento três princípios: 1) facilitação do acesso à Justiça; 2) harmonização das decisões judiciais; 3) economia dos atos processuais. O ajuizamento de várias ações de cumprimento pelo sindicato, como substituto processual, com identidade de partes, pedido e causa de pedir mediante indicação de um número muito reduzido de substituídos, contraria todos os princípios acima. A conduta importará elevação excessiva no número de casos a ser apreciado, além de conduzir a decisões conflitantes. Considera-se, por isso, que o ajuizamento da ação nessas condições não consubstancia substituição processual, mas apenas ação plúrima, de molde a exigir procuração firmada pelos titulares. Ausente esse documento, o processo há de ser extinto, sem julgamento do mérito, nos termos do art. 267, IV, do CPC". (TRT 3ª R. — 6ª T. — RO n. 863/2005.034.03.00-0 — Rel. Rodrigo Ribeiro Bueno — DJMG 2.2.2006 — p. 13) (RDT 03 — março de 2006)

Pensamos que a finalidade teleológica do inciso III do art. 8º da CF, foi de, efetivamente, conferir ao Sindicato a possibilidade de atuar de forma ampla na qualidade de substituto processual dos direitos individuais homogêneos da categoria, visando a:

"a) conferir máxima efetividade ao dispositivo constitucional;

b) facilitar o acesso à Justiça do Trabalho dos trabalhadores;

c) evitar a proliferação de ações individuais sobre o mesma matéria;

d) impedir que o empregado sofra retaliações do empregador ao ingressar com uma ação individual durante a vigência do contrato de trabalho;

e) promover a efetividade dos direitos sociais previstos na Constituição Federal e resguardar a dignidade da pessoa humana do trabalhador e os valores sociais do trabalho."

Ao contrário do que entendem alguns, acreditamos que o Sindicato não possa substituir processualmente um único trabalhador, pois é missão institucional e constitucional do Sindicato defender os interesses individuais e coletivos da categoria (art. 8º, III, da CF) e não um único trabalhador. Para tal desiderato existe o instituto da representação processual (art. 791, § 1º, da CLT) e também a prestação da assistência judiciária pelo Sindicato.

Conforme vem acertadamente se posicionando o Supremo Tribunal Federal, quando o sindicato atua como substituto processual, não há necessidade de apresentação de rol de substituídos, pois a Lei não exige tal providência. Além disso, tal substituição é autorizada por Lei.

12. Ação Civil Pública de Natureza Cautelar no Processo do Trabalho

TRT — 15ª REGIÃO — 2001

O Ministério Público propôs Ação Civil Pública de natureza cautelar requerendo a indisponibilização do patrimônio de empregador que, comprovadamente, estava a dilapidá-lo e a descumprir direitos trabalhistas. O requerimento foi atendido, independentemente da oitiva da parte contrária. Por quanto tempo o patrimônio do réu poderá permanecer indisponível? É necessária a propositura de ação principal? Quais são os requisitos para o ajuizamento da presente ação?

A Ação Civil Pública consiste numa ação prevista em lei especial, de natureza condenatória, destinada à tutela dos interesses transindividuais.

Para *Carlos Henrique Bezerra Leite*(1), *ação civil pública é o meio constitucionalmente assegurado ao Ministério Público, ao Estado ou a outros entes coletivos autorizados por lei, para promover a defesa judicial dos interesses ou direitos metaindividuais.*

Como destaca *Raimundo Simão de Melo*(2), "a ação civil pública, como gênero das ações coletivas, tem por finalidade proteger os direitos e interesses metaindividuais — difusos, coletivos e individuais homogêneos — de ameaças e lesões".

Dispõe o art. 1º, da Lei n. 7.347/85:

> "Regem-se pelas disposições desta Lei, sem prejuízo da ação popular, as ações de responsabilidade por danos morais e patrimoniais causados:
>
> I — ao meio ambiente;

---

(1) BEZERRA LEITE, Carlos Henrique. *Ação civil pública:* nova jurisdição trabalhista metaindividual. Legitimação do Ministério Público. São Paulo: LTr, 2001. p. 97.

(2) MELLO, Raimundo Simão de. *Ação civil pública na justiça do trabalho.* 2. ed. São Paulo: LTr, 2004. p. 87-88.

II — ao consumidor;

III — à ordem urbanística;

IV — a bens e direitos de valor artístico, estético, histórico, turístico e paisagístico;

V — a qualquer outro interesse difuso ou coletivo;

VI — por infração da ordem econômica. Parágrafo único. Não será cabível ação civil pública para veicular pretensões que envolvam tributos, contribuições previdenciárias, o Fundo de Garantia do Tempo de Serviço — FGTS ou outros fundos de natureza institucional cujos beneficiários podem ser individualmente determinados".

A natureza jurídica da ação civil pública é condenatória, pois tem por objeto reparar a lesão dos interesses que transcendem aspecto individual, por meio de imposição de obrigações de fazer, não fazer e pecuniárias ao causador do dano. Nesse diapasão, dispõe o art. 3º, da Lei n. 7.347/85: *A ação civil poderá ter por objeto a condenação em dinheiro ou o cumprimento de obrigação de fazer ou não fazer.*

Esta ação é plenamente compatível na defesa dos interesses difusos, coletivos que são da competência da Justiça do Trabalho, por força dos arts. 769, da CLT, 83, da LC 75/93 e 129, III da CF. Vale consignar que a Ação Civil Pública, prevista na Lei n. 7.347/85, pertence à teoria geral do direito, aplicável a todos os ramos do direito.

A ação civil pública pode ter natureza cautelar, como medida destinada a prevenir ou evitar o dano, desde que presentes o *fumus boni juris* e o *periculum in mora*. Nesse sentido dispõe o art. 4º da Lei n. 7.347/85:

"Poderá ser ajuizada ação cautelar para os fins desta Lei, objetivando, inclusive, evitar o dano ao meio ambiente, ao consumidor, à ordem urbanística ou aos bens e direitos de valor artístico, estético, histórico, turístico e paisagístico".

A ação cautelar, como regra geral, é acessória a uma ação principal e provisória, pois sua existência é temporária. Tem vigência, enquanto houver necessidade de resguardar uma pretensão.

Nesse sentido dispõe o art. 796 do CPC, *in verbis*:

"O procedimento cautelar pode ser instaurado antes ou no curso do processo principal e deste é sempre dependente".

Como destaca *Humberto Theodoro Júnior*(3), a eficácia da medida preventiva obtida por meio da ação cautelar é essencialmente temporária e provisória: só dura enquanto se aguarda a solução do processo de cognição ou de execução, que é o principal, o que soluciona realmente a lide; e destina-se forçosamente a ser substituída por outra média que será determinada em caráter definitivo, pelo processo principal.

No aspecto, destaca-se a seguinte ementa:

"Medida cautelar — Requisitos. As medidas cautelares, por suas características de acessoriedade e instrumentalidade, têm por objetivo garantir o resultado útil da ação principal,

(3) THEODORO JR., H. *Op. cit.*, p. 15.

evitando que eventual sucesso nesta se torne frustrada pela impossibilidade de sua efetividade prática ante óbices que impeça seus efeitos. No caso dos autos, percebe-se desde logo a presença do *fumus boni iuris* em razão da probabilidade de êxito da requerente em sua pretensão rescisória. De outro lado, o eventual pagamento das parcelas, objeto da execução, acarretaria dano de difícil reparação, considerando-se o montante do crédito, o que certamente tornará penosa a empreitada da autora para obter a devolução dos valores recebidos pelo empregado, restando caracterizado o *periculum in mora*". (TRT — 10ª R. — Pleno — ACI n. 0149/98 — Rel. Juiz João Mathias de Souza Filho — DJDF 6.11.1998 — p. 8)

No nosso sentir, a ação civil pública de natureza cautelar pode ter caráter satisfativo quando a pretensão posta em juízo seja apenas a prevenção do dano ou minorar sua dimensão. Por exemplo: o Ministério Público do Trabalho poderá ingressar com ação civil pública de natureza cautelar objetivando o bloqueio de transferência do patrimônio de determinada empresa, que não vem cumprindo direitos trabalhistas, defendendo, desse modo, direito coletivo dos trabalhadores, mas seu interesse se exaure em tal bloqueio. Cumprirá a cada trabalhador postular individualmente, ou por meio do seu Sindicato o ressarcimento de suas pretensões violadas, mas não ao Ministério Público. De outro lado, a tutela buscada na ação civil pública de natureza cautelar é inibitória por excelência, como o é o gênero das ações coletivas.

Desse modo, em que pesem as opiniões em sentido contrário, pensamos que o patrimônio da empresa ficará indisponível até que esta apresente garantias de solvabilidade dos direitos dos trabalhadores, sendo a ação civil pública de natureza cautelar contornos de medida cautelar satisfativa, não havendo necessidade de propositura de ação principal pelo órgão do Ministério Público.

13. Fraude de Execução. Penhora de Imóvel

TRT — 15ª REGIÃO — 2005

Professora aposentada adquire imóvel de proprietário pessoa física domiciliada em Campinas, providenciando todas as certidões exigíveis para lavrar a escritura de venda e compra respectiva. Algum tempo depois, o ex-proprietário do imóvel, também empresário na cidade de Paulínia, passou a figurar no polo passivo de reclamação trabalhista, em razão da declaração de despersonalização da pessoa jurídica, que não tinha bens para garantir o Juízo, e o referido imóvel foi penhorado. Como Juiz, o candidato declararia a fraude à execução? Justifique. Quais os efeitos desta decisão em relação à venda e compra realizada e o terceiro adquirente?

Assevera o art. 593 do CPC:

"Considera-se em fraude de execução a alienação ou oneração de bens: I — quando sobre eles pender ação fundada em direito real; II — quando, ao tempo da alienação ou oneração, corria contra o devedor demanda capaz de reduzi-lo à insolvência; III — nos demais casos expressos em lei".

Nas palavras de *Cândido Rangel Dinamarco*[(1)] a fraude de execução *é ato de rebeldia à autoridade estatal exercida pelo juiz no processo.*

Caracteriza-se a fraude de execução quando o devedor, diante de uma lide pendente, onera ou grava bens, sem ficar com patrimônio suficiente para quitar a dívida.

A declaração da fraude de execução destina-se a neutralizar as alienações ou onerações de bens por parte do executado, quando houver ação pendente, sem ficar com

(1) DINAMARCO, Cândido Rangel. *Execução civil*. 3. ed. São Paulo: Malheiros, 1993. p. 186.

patrimônio suficiente para solucionar o processo, tendo por objetivo assegurar a efetividade processual, a dignidade da Justiça e o efetivo recebimento do crédito consagrado no título executivo.

A fraude de execução por ser um instituto de ordem pública, destinada a resguardar a dignidade do processo e efetivação da jurisdição, pode ser reconhecida de ofício pelo Juiz, inclusive em sede de embargos de terceiro. Não há necessidade de ação própria, pois o Juiz reconhecerá a fraude incidentalmente, nos próprios autos da execução. Também a fraude independe de estar o terceiro adquirente do bem de boa ou má-fé.

Não se confunde a fraude de execução, que é instituto de direito processual com o tipo penal de fraude à execução, prevista no art. 179 do Código Penal que assim dispõe: "Fraudar a execução, alienando, desviando, destruindo ou danificando bens, ou simulando dívidas". Não obstante, a fraude de execução praticada no processo, conforme a gravidade da conduta do executado, poderá configurar o delito penal de fraude à execução.

O ato praticado em fraude de execução não é nulo, nem anulável, tampouco inexiste, é ineficaz em face do processo, ou seja, é como se não tivesse sido praticado, embora entre terceiros ela seja eficaz. Como bem adverte *Araken de Assis*(2), "o ato fraudulento, ineficaz, apesar de existente e válido entre seus figurantes, e como se inexistisse para o credor que poderá requerer e obter a penhora da coisa, transmitida ou gravada a terceiro (art. 593, *caput*), como se ainda estivesse presente no patrimônio do executado. Mais do que sutil jogo de palavras, a ineficácia se apresenta vantajosa para o credor prejudicado, comparativamente às dificuldades do regime normal: o juiz declarará a fraude, incidentalmente, nos próprios autos da execução".

O inciso I do art. 593 não se aplica ao Direito Processual do Trabalho, pois a Justiça do Trabalho não detém competência material para ações fundadas em direito real. Nesse sentido é a visão de *Manoel Antonio Teixeira Filho*(3), "no processo do trabalho não há lugar para a fraude de execução baseada neste inciso, que pressupõe a existência de litígio acerca dos bens, de natureza real (*ius in re*), e que estes venham a ser alienados ou onerados pelo devedor. Justamente para prevenir eventual terceiro adquirente é que se tem exigido a inscrição da citação do réu no Cartório do Registro de Imóveis competente, a fim de que esse registro passe a constar do histórico do imóvel — nada obstante a doutrina processual civil se encontre dividida a respeito da necessidade dessa inscrição".

Quanto ao inciso II do art. 593 do CPC a conduta é de frequente ocorrência no Processo do Trabalho. Diz o dispositivo que se configura a fraude de execução *quando ao tempo da alienação ou oneração, corria contra o devedor demanda capaz de reduzi-lo à insolvência*.

Ocorre a insolvência quando os bens patrimoniais do devedor são de valor inferior ao de suas dívidas. Se o déficit patrimonial acontece, ou se agrava, em razão de ato de disposição ou oneração praticado pela parte na pendência de ação, cuja eficácia dependeria da existência dos mesmos bens, configura-se a fraude de execução.

Tem prevalecido o entendimento na esfera do processo civil e também com grande prestígio no Processo do Trabalho que a fraude de execução somente se caracteriza com

(2) ASSIS, Araken. *Comentários ao código de processo civil*. V. VI, Rio de Janeiro: Forense, 2001. p. 225.

(3) TEIXEIRA FILHO, M. A. *Op. cit.*, p. 353.

a citação válida, pois é a partir deste momento que se configura a litispendência. Nesse sentido destacamos a visão de *Araken de Assis*, que retrata o pensamento predominante, inclusive no Superior Tribunal de Justiça. Aduz o referido jurista(4):

> "Inaugura-se a litispendência, segundo os arts. 263, 2ª parte e 219 do CPC, mediante citação válida. Este efeito, que se destina a produzir a pendência da lide perante o réu, não se relaciona, absolutamente, com a constituição da relação processual, que já existe, mas entre autor e o Estado, desde a distribuição (art. 263, 1ª parte). Mas o art. 593, II não alude à litispendência, empregando uma fórmula ambígua: 'quando ao tempo da alienação ou oneração, corria contra o devedor demanda'. Por isso, a interpretação de que basta o ajuizamento, pois não interessa ao terceiro se ocorreu a citação, exibe seus méritos. Acontece que, uniformizando a interpretação do dispositivo, a jurisprudência do STJ estima imprescindível a citação"(5).

Pensamos que no Direito Processual do Trabalho, a expressão demanda pendente deve ser interpretada como sendo a propositura da ação, uma vez que não há o despacho de recebimento da inicial, sendo a notificação inicial ato do Diretor de Secretaria (art. 841 da CLT).

Além disso, a partir da propositura de uma demanda em juízo, há a expectativa de o réu sofrer constrição patrimonial, bem como seu patrimônio responder pela dívida. A nosso ver, existe um chamado contraditório entre juiz e autor, como constatamos nas hipóteses de indeferimento da inicial sem a citação do réu previstas no art. 295 do CPC, como a pronúncia *ex officio* de prescrição e decadência, ilegitimidade passiva, inépcia, etc. Além disso, não é com a citação do réu que se considera pendente a lide e sim com a propositura da ação, pois com esta surgem interações processuais do juiz com a parte. Além disso, com a propositura da demanda, há o rompimento do princípio da inércia da jurisdição (art. 2º do CPC), passando o Judiciário a ter o dever de dar um desfecho ao processo. Em razão disso, acreditamos que o art. 219 do CPC, ao prever que a citação válida induz litispendência, não seguiu a melhor técnica processual.

Nesse sentido destaca-se a posição de *Antonio Carlos Marcato*(6): "Forma-se o processo no momento da propositura da demanda em juízo, o que ocorre com o despacho inicial do juiz na petição inicial (nos foros onde houver juízo único), ou quando esta seja distribuída a um dos juízos com competência concorrente (CPC, art. 263). Tem-se entendido, no entanto, que basta a protocolização da petição inicial no cartório judicial para que se considere proposta a demanda. Formado o processo (e sua formação independe da citação do réu, tanto que o indeferimento da petição inicial acarreta sua extinção — CPC, arts. 267, I e 295), estará ele pendente (litispendente) até que seja extinto. A

(4) ASSIS, Araken. *Manual da execução*. 11. ed. São Paulo: RT, 2007. p. 246-247.

(5) No mesmo sentido é a opinião de Nélson Nery Júnior exigindo a citação válida para que ocorra a fraude de execução (*Comentários ao código de processo civil*. 10. ed. São Paulo: RT, 2007. p. 1.001).

(6) MARCATO, Antonio Carlos. *Procedimentos especiais*. 10. ed. São Paulo: Atlas, 2004. p. 55.

litispendência significa, portanto, a existência de um processo em curso (v. notas ao art. 301), dele participando o réu a partir do seu ingresso no polo passivo da correspondente relação jurídica (quanto então esta se angulariza), por via da citação válida (CPC, arts. 213 e 214), ou pelo comparecimento espontâneo (arts. 214, § 1º). Tanto é assim, que, exemplificando, indeferida a petição inicial (art. 295) e apelando o autor da sentença (art. 296), não será admissível a repropositura da mesma ação (art. 267, V), enquanto pender julgamento pelo Tribunal)"[7].

Sob outro enfoque, no Processo do Trabalho, se justifica a interpretação da expressão "pendência da lide" a partir da expressão "a partir da propositura da ação, em razão das vicissitudes que enfrenta o trabalhador para buscar a tutela de seu direito, bem como todos os percalços da execução trabalhista. A fim de prestigiar os princípios do acesso real à justiça do trabalhador, da duração razoável do processo e da efetividade da jurisdição trabalhista, pensamos que a interpretação do inciso II do art. 593 do CPC ao processo do trabalho deve ser no sentido da simples propositura da ação e não da citação válida para eclodir a fraude de execução.

Nesse sentido é a posição de *Júlio César Bebber*[8]:

"O art. 593, inciso II do CPC exige apenas a existência de uma ação pendente (corria contra o devedor demanda), não fazendo referência ao fato de que nela o réu já deve ter sido citado. Teremos pendente desde o momento em que ela é ajuizada pelo autor (ou exequente), não obstante a tríplice angularização venha a ocorrer somente em momento posterior, com a citação do réu (ou executado). Portanto, se a alienação ocorreu posteriormente ao ajuizamento da ação, caracterizada estará a fraude de execução. A distribuição da ação 'é o quanto basta para o reconhecimento da configuração da fraude de execução, pouco importando que a própria citação do devedor e a própria penhora do bem houvessem ocorrido após a alienação que, na linguagem desenganada da lei, foi efetuada quando já em curso demanda capaz de reduzir o executado à insolvência".

No mesmo diapasão, destacamos a seguinte ementa:

"A alienação ou oneração de bens após o simples ajuizamento do pedido, mesmo antes de realizada a citação, configura a hipótese de alienação realizada em fraude de execução" (TJGO, 1ª Câm., j. 29.7.1948, RT 185/246).

Desse modo, para que ocorra a fraude de execução no Processo do Trabalho, exigem-se os seguintes requisitos:

a) lide pendente, que se dá com a simples propositura da ação;

---

(7) No mesmo sentido é a opinião de José Frederico Marques: "A litispendência é o fenômeno resultante da apresentação de uma lide em juízo. Com a propositura da ação, o litígio adquire tonalidade processual e, em torno da área demarcada pelo pedido do autor, forma-se a *litispendência*" (*Instituições de direito processual civil*. Campinas: Millennium, 2000. p. 196).

(8) BEBBER, Júlio César. Fraude contra Credores e Fraude de Execução. In: NORRIS, Roberto (coord.). *Execução trabalhista*: Visão atual. Rio de Janeiro: Forense, 2001. p. 192.

b) alienação ou oneração de bens por parte do executado em razão desses atos se torne insolvente;

c) irrelevância da boa-fé do terceiro que adquire o bem.

Nesse sentido, destacamos as seguintes ementas:

> "Fraude de execução — Transferência patrimonial antes da constrição judicial — Má-fé. Na dicção do art. 593, II, do CPC, caracteriza-se a fraude de execução quando o devedor, na pendência de ação, aliena ou onera seus bens de molde a se tornar insolvente. São dois, portanto, os requisitos para que se verifique a fraude: a pendência de ação quando o devedor aliena ou onera seus bens, e cujo desfecho da demanda possa levá-lo à insolvência. A boa-fé do adquirente resta afastada pela inobservância ou pelo descumprimento do art. 1º, § 2º, da Lei nº 7.433/85, com a transferência patrimonial discutida quando pendente ação judicial. Agravo desprovido. (TRT 10ª R. — 2ª T. — AP n. 931/2000.008.10.85-5 — Rel. Douglas A. Rodrigues — DJDF 5.12.03 — p. 20).
>
> Cessão de crédito — Ação trabalhista em andamento — Fraude à execução — Caracterização. Ajuizada a reclamação trabalhista em 22.3.96 e patenteada a cessão de créditos pela executada RFFSA ao BNDES em 28.8.96, flagrante a caracterização de fraude à execução, a teor do art. 593, II, do CPC. Com efeito, se pode o credor ceder seu crédito quando a isso 'não se opuser a natureza da obrigação, a lei, ou convenção com o devedor' (CPC/1916, art. 1.065) e, se, *in casu*, o próprio direito objetivo impede o procedimento pela executada (CPC, art. 593, II), inconteste a impossibilidade de fazê-lo. Ineficácia do ato praticado ao arrepio da lei; penhora subsistente". (TRT 15ª R. — 5ª T. — Ap. n. 696/2003.042.15.00-5 — Rel. Valdevir R. Zanardi — DJSP 20.8.04 — p. 62) (RDT n. 9 setembro de 2004)

Conforme o art. 593, III, do CPC, ocorre a fraude de execução nos demais casos previstos em lei.

Manoel Antonio Teixeira Filho cita um exemplo de fraude de execução que pode ocorrer no Processo do Trabalho, à luz do inciso III do art. 593 do CPC, com suporte na Lei n. 6.830/80, art. 11, II. Aduz o jurista(9):

> "A penhora de crédito, representado por letra de câmbio, nota promissória, duplicata, cheque ou outros títulos, que será feita pela apreensão do documento, esteja ou não em poder do devedor (CPC, art. 672, *caput*); sucede que, se o terceiro, em conluio com o devedor, vier a negar o débito, a quitação que este lhe vier a dar será considerada em fraude de execução" (CPC, art. 672, § 3º).

Tem sido comum na Justiça do Trabalho terceiro que adquirir bem imóvel e, posteriormente, ter o imóvel penhorado, em razão da declaração de fraude de execução, pois o adquiriu de sócio de empresa que estava sem patrimônio suficiente para satisfazer o crédito.

Como é sabido, o registro no Cartório Imobiliário usufruiu de fé-pública em razão da segurança das relações jurídicas e da seriedade que envolve a transferência da propriedade imóvel.

(9) TEIXEIRA FILHO, Manoel Antonio. *Execução no processo do trabalho*. 9. ed. São Paulo: LTr, 2005. p. 257.

Não obstante a seriedade do registro, o costume e o bom senso exigem que o comprador de propriedade imóvel retire certidões nos distribuidores cíveis, criminais, trabalhistas, Serasa e outros serviços de proteção ao crédito a fim de verificar se há alguma dívida do vendedor capaz de atingir o bem imóvel objeto do negócio.

Mesmo tendo às mãos todas as certidões exigíveis para uma boa compra, não havendo qualquer registro de penhora na matrícula do imóvel, o adquirente pode ser surpreendido com penhora do bem, em razão de o vendedor ser sócio de empresa que é ré em processo trabalhista e não apresenta bens para solucionar o processo. Em razão da desconsideração da personalidade jurídica, a alienação, muitas vezes, tem sido declarada ineficaz em face da execução, e o adquirente acaba perdendo o bem que adquiriu, muitas vezes com anos de trabalho e economias.

Questiona-se, será que é possível declarar a fraude de execução de terceiro de boa-fé, que tomou todas as cautelas exigíveis para fazer uma boa compra, em razão de o vendedor ser sócio de empresa que é ré em processo trabalhista e está insolvente?

Em que pesem posicionamentos em contrário no sentido de não se perquirir a intenção para a declaração de fraude de execução, pensamos que se o adquirente do imóvel estiver de boa-fé e tomou todas as cautelas exigíveis, segundo o padrão médio da sociedade para realizar a compra do imóvel e nada constava em face do vendedor, a fraude de execução não possa ser declarada, em razão da proteção do princípio da boa-fé que norteia os negócios jurídicos, da segurança das relações jurídicas sobre a transferência dos bens imóveis e principalmente pelo princípio da proteção da dignidade da pessoa que adquire o imóvel. Não obstante o relevante valor social de cumprimento do crédito trabalhista, no conflito entre o terceiro adquirente que terá elevado prejuízo se a fraude for decretada e o credor trabalhista que terá seu crédito solucionado, pensamos que deve prevalecer o direito do terceiro de boa-fé[(10)].

Como bem adverte *Estêvão Mallet*[(11)], "tem-se admitido, de modo cada vez mais amplo, quase que sem limites, a responsabilização do sócio por débitos da sociedade, em alguns casos até mesmo após sua retirada. Em consequência, aceitar-se a eficácia de penhora não registrada colocaria em risco qualquer negócio realizado com quem é ou tenha algum dia sido sócio de empresa, instaurando intolerável intranquilidade nas relações jurídicas".

Não obstante, provado o conluio (*consilium fraudis*) entre o terceiro e o sócio da executada, a fraude deve ser decretada e o bem constritado pela Justiça do Trabalho.

Nesse sentido, destacam-se as seguintes ementas:

> "Fraude à execução. Alienação de bem imóvel. Quando a execução se volta contra sócio da executada, atingindo imóvel já alienado anos antes, ainda que à época já em curso execução contra empresa, mas cercando-se o adquirente de todas as cautelas previstas no

(10) Nesse sentido é a opinião de Amauri Mascaro Nascimento In: *Curso de direito processual do trabalho*. 22. ed. São Paulo: Saraiva, 2007. p. 681.

(11) MALLET, Estêvão. Penhora de Bens Imóveis. In: NORRIS, Roberto (coord.). *Execução trabalhista*: Visão Atual. Coord. Roberto Norris. Rio de Janeiro: Forense, 2001. p. 106-107.

ordenamento, inclusive quanto ao registro público e outras certidões, sem qualquer restrição anotada, é imperiosa então a prova da fraude (*consilum fraudis*), não bastando simples presunção, pois há de prevalacer um interesse maior, o da segurança das relações jurídicas. Interpretação justa e humana do art. 593, II, do CPC, evitando-se ruína de inocentes, além de intranquilidade social, o desprestígio da própria função jurisdicional (TRT 2ª Reg. 10ª T., Ap. 1.5791/97-2, Rel. Juiz Eduardo Avezedo Silva, j. 25.11.1997). In: Bol. AASP n. 2.058/593 — de 8.6.98.

Alienação de imóvel. Terceiro de boa-fé. Comprovado que o adquirente do imóvel agiu com total boa-fé, haja vista que se acercou de todas as garantias previstas legalmente para efetuar a transação, não se pode imputar de que tenha agido de forma fraudulenta e tampouco negar eficácia ao ato". (TRT. 2ª Reg. 4ª T. Proc. 41.822/99-8, Rel. Juiz Afonso Arthur Neves Baptista). In: *Revista Synthesis*, São Paulo 30/00, p. 214.

Pelo exposto, não declararíamos, como candidato, a fraude de execução.

14. Sentença Normativa e Coisa Julgada

TRT — 15ª REGIÃO — 2007

A sentença normativa proferida em dissídio coletivo de natureza econômica produz coisa julgada material ou também material?

Tem o nome de sentença normativa a decisão dada no dissídio coletivo acolhendo ou rejeitando as cláusulas postuladas no dissídio coletivo de natureza econômica ou interpretando e aplicando o direito já existente no dissídio coletivo de natureza jurídica.

Diverge a doutrina sobre a natureza jurídica da sentença normativa. Quanto ao dissídio coletivo de natureza jurídica, não há controvérsia sobre a natureza declaratória da sentença normativa. Quanto à sentença que aprecia o dissídio de natureza econômica, há divergências na doutrina. Para alguns ela é constitutiva por criar direito novo, para outros é dispositiva, pois a Justiça do Trabalho criará, no branco da lei, direito novo, sendo certo que sentença constitutiva apenas cria uma relação jurídica e não direito ainda não existente.

Mesmo apreciando cláusulas econômicas, a jurisprudência, acertadamente, tem exigido que a sentença seja fundamentada, atendendo ao mandamento constitucional previsto no art. 93, IX, da Constituição Federal.

É da essência da sentença normativa ser provisória e precária, pois, conforme reiteradamente vem decidindo o STF, o Poder Normativo da Justiça do Trabalho atua no branco da lei. Porém, editada a lei, norma de caráter imperativo, esta se sobrepõe a todas as demais fontes secundárias do direito, como a norma coletiva e a sentença normativa.

A doutrina tem se posicionado no sentido de que a sentença normativa não faz coisa julgada material, somente formal, referente ao esgotamento das vias recursais existentes. Como bem adverte *Ives Gandra Martins Filho*(1), a coisa julgada material, no caso da sentença normativa, fica jungida às vantagens já recebidas pelo empregado durante sua vigência, não, porém, em relação às parcelas que poderia vir a perceber durante o prazo

(1) MARTINS FILHO, Ives Gandra. *Processo coletivo do trabalho*. 3. ed. São Paulo: LTr, 2003. p. 211.

total de sua vigência. O art. 6º, § 3º, da Lei n. 4.725/65, vai ainda mais longe em relação a tais pagamentos já efetuados pelo empregador com base em sentença normativa regional, quando impede a repetição do indébito se houver reforma da decisão pelo TST".

Nesse sentido dispõe a Súmula n. 397, do C. TST, *in verbis*:

> "AÇÃO RESCISÓRIA. ART. 485, IV, DO CPC. AÇÃO DE CUMPRIMENTO. OFENSA À COISA JULGADA EMANADA DE SENTENÇA NORMATIVA MODIFICADA EM GRAU DE RECURSO. INVIABILIDADE. CABIMENTO DE MANDADO DE SEGURANÇA. (conversão da Orientação Jurisprudencial n. 116 da SDI-2) Não procede ação rescisória calcada em ofensa à coisa julgada perpetrada por decisão proferida em ação de cumprimento, em face de a sentença normativa, na qual se louvava, ter sido modificada em grau de recurso, porque em dissídio coletivo somente se consubstancia coisa julgada formal. Assim, os meios processuais aptos a atacarem a execução da cláusula reformada são a exceção de pré-executividade e o mandado de segurança, no caso de descumprimento do art. 572 do CPC". (ex-OJ n. 116 — DJ 11.8.03) (Res. 137/2005 — DJ 22.8.2005)

Em sentido contrário, defende *Carlos Henrique Bezerra Leite*(2):

> "Para nós, a sentença normativa faz coisa julgada material (e, logicamente, formal), pois o art. 2º, I, *c* da Lei n. 7.701/88 dispõe expressamente que compete, originariamente, à sessão especializada em dissídios coletivos 'julgar as ações rescisórias propostas contra suas próprias sentenças normativas', cabendo-lhe, nos termos do inciso II, alínea *b*, do referido artigo, julgar em última instância 'os recursos ordinários interpostos contra as decisões proferidas pelos Tribunais Regionais do Trabalho em ações rescisórias e mandados de segurança pertinentes a dissídios coletivos'. Ora, se cabe ação rescisórias contra sentença normativa, então ela está apta a produzir coisa julgada material (CPC, art. 269)".

Por ter a sentença normativa vigência temporária, suas cláusulas, conforme entende o Tribunal Superior do Trabalho, não integram os contratos de trabalho, conforme dispõe a Súmula n. 277 do C. TST.

Da decisão proferida em dissídio coletivo da competência dos TRTs, caberá o recurso ordinário para o TST (art. 895, *b*, da CLT), que não terá efeito suspensivo, apenas devolutivo. Entretanto, o Presidente do Tribunal Superior do Trabalho poderá, desde que relevante o fundamento, atribuir efeito suspensivo ao recurso ordinário, nos termos do art. 14, da Lei n. 10.192/01.

Se o dissídio for de competência originária do TST, o recurso cabível é o de embargos para o próprio TST, que recebem o nome de *embargos infringentes*, tendo por objeto modificar a decisão proferida pelo TST em dissídios coletivos não unânimes, conforme o art. 894, I, *a*, da CLT c/c art. 2º da Lei n. 7.701/88 que assim dispõe:

> "Compete à seção especializada em dissídios coletivos ou seção normativa: (...) II — em última instância julgar: c) embargos infringentes interpostos contra decisão não unânime proferida em processo de dissídio coletivo de sua competência originária, salvo se a decisão

---

(2) BEZERRA LEITE, Carlos Henrique. *Curso de direito processual do trabalho*. 6. ed. São Paulo: LTr, 2008. p. 1.091.

atacada estiver em consonância com precedente jurisprudencial do Tribunal Superior do Trabalho ou da Súmula de sua jurisprudência predominante".

Desse modo, os embargos de divergência são cabíveis para a seção de Dissídios Coletivos do TST, quando a decisão proferida pelo Tribunal Superior do Trabalho em dissídios coletivos de sua competência originária, ou rever ou estender as sentenças normativas, não unânimes, salvo se a decisão recorrida estiver em consonância com precedente jurisprudencial do TST ou Súmula.

15. Legalidade, Justiça e a Revelia no Processo do Trabalho

TRT — 15ª REGIÃO — 2005

Dissertação

Justiça, Equidade e princípio da legalidade diante da Revelia no Processo do Trabalho.

A revelia é um instituto processual que sempre desafiou a doutrina e a jurisprudência. Apesar de a discussão ter grande revelo teórico, o tema tem enfoque prático, pois, diariamente, na Justiça do Trabalho, o juiz enfrenta a angústia de ter que julgar processos à revelia e, muitas vezes, se depara com pretensões fora da razoabilidade ou não resta convencido quanto à verossimilhança das alegações. De outro lado, muitas vezes o juiz se depara com pedidos excessivos, decorrentes da expectativa da parte de que ocorra a revelia.

Na Justiça do Trabalho, constantemente, o reclamado revel sofre os pesados efeitos de uma condenação julgada à revelia e, muitas vezes, a decisão contém injustiça manifesta. O autor, por sua vez, fica frustrado com o não comparecimento do réu e a expectativa de não encontrá-lo para executar a futura decisão.

A doutrina designa a expressão contumácia para a inatividade das partes quando há o chamamento judicial para comparecimento em juízo. A revelia é a contumácia do réu em não atender ao chamado judicial para defender-se.

No nosso sentir, a revelia não é rebeldia, pena ou ônus para o réu. *Trata-se de uma preclusão qualificada que gera uma situação processual (fato processual) decorrente da inatividade do réu em oferecer resposta à pretensão do autor que acarreta consequências processuais favoráveis ao demandante e desfavoráveis ao demandado.*

Alguns chegam a dizer que, quando há o julgamento à revelia, há uma decisão fictícia ou até mesmo ausência de jurisdição.

Não temos dúvida de que a melhor forma de se compreender a lide é por meio da atividade das partes, tanto que o Direito Processual do Trabalho, como Direito Processual Civil, adota o princípio da oralidade. Também é com a presença das partes que, muitas vezes, se atinge uma solução consensual para o conflito, ou se chega mais próximo da realidade do litígio.

A necessidade de intervenção do réu no processo, conforme nos mostra a história, dependeu da evolução da natureza jurídica do processo. Antigamente, quando se entendia que o processo tinha natureza jurídica privada, o comparecimento do réu era fundamental. Hoje, praticamente, em todas as legislações, o processo tem natureza jurídica pública, o que faz a jurisdição atuar mesmo sem a presença do demandado.

Revelia vem do espanhol rebeldia. Como bem adverte *Pontes de Miranda*(1): "Por vezes, os legisladores não prestam atenção às diferenças entre as palavras e as empregam confusamente. O revel não esteve presente, e portanto não contestou, nem poderia contestar o rebelde, o revel. Mas quem compareceu e, pois, não foi revel pode contestar. De *duo* vieram muitas palavras, como duvidar (*dubitare*), duelo, duelar (*duellare*), rebelar, revel, que é um rebelde, alguém que desatende a citação(2)".

Parece-nos que, sob o prisma do Direito Processual Civil, revelia é a ausência de resposta, pois se o réu comparece e apresenta reconvenção ou exceção, ele atendeu ao chamado para vir a juízo. Além disso, por meio da reconvenção, o réu pode controverter os fatos. Se não apresentar contestação, haverá a confissão, mas não a revelia. Nesse sentido o art. 319 do CPC, *in verbis*: "Se o réu não contestar a ação, reputar-se-ão verdadeiros os fatos afirmados pelo autor". Ora, o referido dispositivo legal apenas disciplina os efeitos da ausência de contestação e não o conceito de revelia. Sob outro enfoque, o art. 320 do CPC diz que "a revelia não induz, contudo, o feito mencionado no artigo antecedente...", o que robustece a interpretação no sentido de que o art. 319 do CPC apenas disciplina um dos efeitos da revelia e não o seu conceito. A interpretação sistemática dos arts. 319 e 320 ambos do CPC nos revela que a revelia não é apenas a ausência de contestação. A CLT disciplina a matéria no art. 844, que tem a seguinte redação:

> "O não comparecimento do reclamante à audiência importa o arquivamento da reclamação *e o não comparecimento do reclamado importa revelia, além de confissão, quanto à matéria de fato*" (o grifo é nosso).

Pelo confronto entre os arts. 319 do CPC e 844 da CLT, de plano, nota-se que o dispositivo celetista faz alusão à revelia como sendo o não comparecimento do reclamado à audiência. Não há como se interpretar a revelia, sob o prisma do processo do trabalho, com a revelia no processo civil, pois enquanto neste a revelia se caracteriza com a ausência de resposta (arts. 319 e 320 do CPC), naquele a revelia configura-se com a ausência da parte (reclamado) à audiência. Como a CLT tem regra específica, não há

---

(1) MIRANDA, Pontes. *Comentários ao código de processo civil*, Tomo IV, 3. ed. Rio de Janeiro: Forense, 1996. p. 31-32.

(2) Revel, de *rebellis*, rebelde, tando quanto *rebellare*, rebelar-se, vem de re, de novo, e *bellum*, guerra, guerra, esta, forma arcaica de *duellum*, de *duo*, dois (cf. Ernout-Meillet, *Dict. Étymologique*, 4. ed. *bellum*).

como se aplicarem os conceitos do Direito Processual Comum (art. 769 da CLT). Sob outro enfoque, o art. 844, da CLT é peremptório ao asseverar que a ausência do reclamante "importa o arquivamento" e a "ausência do reclamado importa revelia", revelando a especificidade do instituto no Direito Processual do Trabalho. Além disso, na esfera processual trabalhista, a resposta é ato de audiência (art. 847 da CLT).

Nesse sentido, destaca-se a seguinte ementa:

> "Revelia — Ausência da parte — Comparecimento do advogado munido de procuração e defesa. Nos estritos termos do art. 844, consolidado, a revelia caracteriza-se pelo não comparecimento da reclamada na audiência, ao contrário do que acontece no Processo Civil, que em seu art. 319, entende que a revelia decorre da falta de contestação" (TRT — 10ª R. — 2ª T. — RO n. 702.2002.019.10.00-3 — Rela. Mª Piedade B. Teixeira — DJDF 21.2.03 — p. 18) (RDT n. 3 — março de 2003).

Pelo exposto, no nosso sentir, a revelia, no Processo do Trabalho, conceitua-se como sendo *a ausência do reclamado, imotivadamente, regularmente notificado, à audiência em que poderia apresentar resposta.*

A revelia, no Processo do Trabalho, somente tem relevância se o autor comparecer à audiência. Do contrário, ainda que não compareça o réu, o processo é arquivado, o que equivale à extinção sem resolução do mérito, não havendo qualquer consequência processual em face do reclamado, diante da dicção do art. 844, da CLT[(3)].

Na quase-totalidade dos casos, quando há revelia no Processo do Trabalho, diante do fato de a audiência ser una, a demanda já é julgada de imediato, notificando-se o reclamado sobre a ciência da sentença, salvo as hipóteses do art. 320 do CPC e houver necessidade de produção de prova pericial (arts. 420 do CPC e 195 da CLT).

Mesmo havendo revelia, a teor do art. 321 do CPC não poderá o reclamante alterar o pedido, nem a causa de pedir, nem demandar declaração incidente sem promover nova citação do réu.

No nosso sentir, revelia e confissão não são institutos da mesma natureza. A confissão é a admissão dos fatos declinados pela parte contrária contra os interesses do confidente. A revelia é a ausência do reclamado em audiência, na qual deveria se defender, gerando uma presunção de veracidade dos fatos declinados na inicial (art. 844 da CLT c/c art. 319 do CPC). Essa presunção não se confunde com confissão, pois confissão pressupõe um ato de vontade da parte ainda que omissivo. Na revelia não há o elemento intencional da confissão, qual seja, o ânimo de confessar.

Também a revelia não se confunde com a confissão ficta, pois esta decorre do não comparecimento da parte, quando regularmente intimada e com a advertência de consequência de confissão, não comparece para prestar depoimento (art. 343, § 1º, do CPC c/c Súmula n. 74, I do C. TST).

---

(3) Nesse sentido Jorge Luiz Souto Maior (*op. cit.*, p. 248).

A confissão ficta é meio de prova, pois está inserida na seção II que trata do depoimento pessoal, o qual consta do capítulo VI do CPC que trata das provas. Já a revelia consta de um capítulo à parte no CPC.

Portanto, se o reclamado, uma vez citado, não comparecer, há consequências processuais, sendo uma delas a presunção de veracidade dos fatos declinados na inicial. Caso o reclamado, uma vez intimado para prestar depoimento, com as advertências do § 1º do art. 343 do CPC e do inciso I da Súmula n. 74 do C. TST deixe de comparecer, aí sim há a chamada confissão ficta. Nesse sentido, destacamos a seguinte ementa:

> "EMENTA: REVELIA E PENA DE CONFISSÃO. Revelia e confissão não são a mesma coisa. A revelia, na processualística trabalhista, significa o não comparecimento à audiência inaugural. A confissão, que se restringe a fatos, é penalidade, sendo que a 'ficta' pode ocorrer tanto em decorrência da ausência do reclamado na audiência inaugural (art. 844, da CLT) como em relação às partes na hipótese prevista no Enunciado 74 do TST. Essa distinção tem importância para o caso concreto, em que se pretendeu o adiamento da audiência após a contestação e com a ausência do reclamado à sessão subsequente. Haverá 'confissão ficta' porque o réu não está presente para depor, mas não haverá revelia, porque a contestação consta do processo desde a audiência em que foi manifestada. Equivoca-se, portanto, o recorrente ao alegar que lhe foi aplicada a pena de revelia e consequente pena de confissão" (TRT 3ª Região, Proc. RO/5144/95 — 4. T., rel. Juiz Carlos Alberto Reis de Paulo. MG 5.8.1995).

De outro lado, é bem verdade que o art. 844 da CLT diga que a ausência do reclamado importa revelia, além de confissão quanto à matéria de fato.

Parece-nos que, sob o prisma do Direito Processual do Trabalho, como a defesa é ato de audiência (art. 847 da CLT) e o comparecimento da parte é obrigatório (art. 843 da CLT), o legislador visou a aglutinar, num único artigo, a definição de revelia no processo do trabalho e as consequências aplicáveis ao reclamado que não comparece para prestar depoimento pessoal. Portanto, caso o reclamado não compareça, será revel em razão do não comparecimento, e confesso, por não ter prestado depoimento pessoal (arts. 848 da CLT e 343 do CPC).

Nesse mesmo diapasão ensina *Amauri Mascaro Nascimento*(4):

> "Revelia e *confissão* quanto à matéria de fato não são a mesma coisa. A primeira é a falta de defesa. A confissão quanto à matéria de fato é a falta de depoimento. O momento da revelia é o da contestação. O momento da confissão ficta é o do depoimento. A lei trabalhista distingue as duas figuras. Uma, a confissão, é consequência de outra, a revelia. O revel é considerado também confesso quanto à matéria de fato. Essa distinção tem importância nos casos de adiamento da audiência após a contestação e ausência do réu à sessão subsequente. Há confissão ficta, porque o réu não está presente para depor, mas não há revelia, porque a contestação consta do processo, desde a audiência em que foi manifestada".

---

(4) NASCIMENTO, Amauri Mascaro. *Curso de direito processual do trabalho*. 20. ed. São Paulo: Saraiva, 2001. p. 405.

A nosso ver, a técnica utilizada pelo art. 844 da CLT não foi das mais felizes porque confunde os conceitos já sedimentados na doutrina processual de revelia e confissão. A revelia, conforme conceito que fixamos alhures, é uma preclusão qualificada que gera efeitos desfavoráveis ao demandado. Embora o comparecimento do reclamado em audiência seja obrigatório, não há como se confundir revelia com confissão ficta, que é o efeito da ausência da parte para prestar depoimento pessoal uma vez intimada para tal desiderato.

Além disso, a notificação no processo do trabalho (citação) não é pessoal e a pena de confissão é aplicada à parte que nem sequer fora intimada pessoalmente para prestar depoimento com a cominação expressa de confesso (Súmula n. 74, I do C. TST).

Melhor seria que o art. 844 da CLT tivesse a seguinte redação:

> "O não comparecimento do reclamante à audiência importa o arquivamento da reclamação. A ausência do reclamado importa revelia, além de presunção de veracidade dos fatos afirmados pelo reclamante.
>
> Parágrafo Primeiro. O não comparecimento do reclamado ou de seu preposto, regularmente intimado pessoalmente para prestar depoimento, constando da notificação que se presumirão confessados fatos contra ele alegados se não comparecer, ou se comparecendo se recuse a depor, importará confissão ficta.
>
> Parágrafo Segundo. Ocorrendo, entretanto, motivo relevante, poderá o presidente suspender o julgamento, designando nova audiência".

Diariamente constatamos nas Varas do Trabalho que os processos em que há revelia são julgados de imediato, muitas vezes sem uma análise maior da inicial e dos documentos que a instruem.

Diante do excesso de serviço e da enorme quantidade de audiências, principalmente nas grandes cidades, muitas vezes o juiz é compelido a proferir uma decisão rápida quando há revelia, o que significa um a menos na pilha de processos da audiência.

Nos grandes centros, como a capital de São Paulo, o julgamento rápido é condição de sobrevivência não só do magistrado, mas também da Vara, diante da necessidade de se dar vazão a uma quantidade sobre-humana de processos.

Em nossa experiência profissional, nunca gostamos de julgar processos à revelia. Sempre temos a impressão de que falta alguma coisa e, realmente, falta a outra parte que completaria a relação jurídica processual. Também, nas hipóteses de revelia, as provas, que, segundo *Carnelutti*, são o coração do processo, são reduzidas.

Quando somos instados a julgar processos à revelia, temos a impressão de estar proferindo uma sentença no escuro, ou de estar cometendo injustiça manifesta, ou de estar admitindo como verdade um fato que, muitas vezes, não existiu[(5)].

(5) Nesse diapasão, oportunas as palavras de Eduardo J. Couture: "A sentença poderá ser justa ou injusta, porque os homens necessariamente se equivocam. Não se inventou, ainda u'a máquina para produzir sentenças. No dia em que for possível decidir os casos judiciais como se decidem as corridas de cavalos, mediante um 'olho mecânico' que registra fisicamente o triunfo ou a derrota, a concepção constitutiva do processo perderá

Em razão disso, embora, como já assinalamos, mesmo a revelia sendo um mal necessário, o juiz pode adotar determinadas providências para minorar suas consequências e chegar a uma versão mais próxima da realidade.

O excesso de serviços não pode justificar uma postura passiva do juiz do trabalho diante da revelia.

Também a decisão rápida não reflete Justiça. Embora a Constituição preveja no art. 5º, LXXVIII, a duração razoável do processo como um direito fundamental do cidadão, acima disso está o direito da coletividade que almeja, não só uma solução rápida, mas acima de tudo observância do devido processo legal e do acesso à Justiça, que são princípios basilares de todo o Estado Democrático de Direito. A efetividade do processo depende não só de um juiz imparcial e independente, mas também de um magistrado comprometido com a Justiça e com os resultados úteis do processo. Acima de tudo, deve ser interpretada a lei processual tendo em vista que o processo, efetivamente, seja um instrumento da justa composição da lide, assegurando às partes igualdades de oportunidades(6), dando a cada um o que é seu por direito.

Ao apreciar a revelia, não deve o Juiz do Trabalho se divorciar dos princípios de justiça e equidade(7).

---

seu sentido e a sentença será uma mera declaração, como queria Montesquieu. Mas, enquanto não se puder encontrar essa máquina de fazer sentenças, o conteúdo humano, profundo e medular do direito não pode ser desatendido, nem desobedecido, e as sentenças valerão o que valham os homens que as profiram" (*Introdução ao estudo do processo civil*, 3. ed. Rio de Janeiro, 1998. p. 59/60).

(6) Nesse diapasão, oportunas as palavras de Artur César de Souza: "A igualdade não se estabelece somente pelas normas jurídicas, mas, e principalmente, nos dias de hoje, mediante a análise das circunstâncias sociais de cada parte no processo. Insere-se novamente, a lição de Mauro Capelletti: '(...) Mas que princípio é este se há casos em que, por razões econômicas, culturais e sociais, a parte não se encontra em condições de se fazer ouvir?Há que se repetir então o discurso, que caracterizou a nossa época, quanto à distinção entre igualdade real ou material entre as partes. O processo tornou-se a arena deste discurso, porque nele há que se travar a luta por um direito efetivo e não apenas aparente. Tanto é assim que às garantias constitucionais formais tem-se acrescentado (ou pelo menos dever-se-ia estar acrescentado) aquelas garantias sociais. No campo dos direitos humanos, fala-se em direitos sociais como direitos humanos de segunda geração. Estes são os direitos que se destinam a fazer com que os direitos tradicionais ou de primeira geração (entre os quais se incluem as garantias constitucionais do processo), tornem-se efetivos e acessíveis a todos ao invés de se projetarem como uma simples figuração para parte menos favorecida'. Como anota Mauro Cappelletti, não se pode falar em contraditório sem a análise de outros fatores, inclusive fora do âmbito jurídico, como os decorrentes do lado psicológico ou mesmo sociológico, de temas problemas e institutos, com o fim de atualizar esse direito/garantia, para que ele não permaneça, assim como fora concebido pelo Código de Processo Civil de 1973, meramente inserido, em face aos efeitos da revelia, no âmbito de uma igualdade formal" (*Contraditório e revelia*, São Paulo: RT, 1993. p. 256).

(7) Ensina Caio Mário da Silva Pereira, que equidade "é ideia de amenização do rigor da lei, equiparada ou aproximada ao conceito de justiça ideal, impedindo que o rigor dos preceitos se converta em atentado ao próprio direito, contra o que Cícero já se insurgia ao proclamar *summum ius, summa iniuria*" (*Instituições de direito civil*, 18. ed. Rio de Janeiro, Forense, 1996. p. 50). Como ensina Tércio Sampaio Ferraz Jr.: "A justiça enquanto código doador de sentido ao direito é um princípio regulativo do direito, mas não constitutivo (...)o direito é uma organização de relações de poder. Seu princípio constitutivo é a impositividade autoritária. Todavia, seu princípio regulativo, que lhe confere sentido é a Justiça" (*Introdução ao estudo do direito*. 5. ed. São Paulo: Atlas, 2007. p. 372).

Nesse diapasão, oportunas as sábias palavras de *Valentin Carrion*[8]:

"O processo não é meio punitivo nem forma de vingança contra o indefeso. A pressa ou o acúmulo de processos em pauta não justificam o excesso de autoritarismo; o acúmulo de processos nas pautas não é problema do juiz, mas do Estado em seu conjunto. A jurisprudência, entretanto, ainda não alcançou o caminho das decisões uniformes nessa importante questão. Frequentemente, o revel é tratado da mesma forma que um fora-da-lei, como se sua ausência indicasse realmente um desrespeito ao magistrado; a experiência mostra que revelia não corresponde a rebeldia, e que, por trás daquela, está o pequeno-grande drama dos desencontros de horários e datas, do humilde empregador ignorante da citação que não chegou senão formalmente ao seu verdadeiro destinatário, ou dos impedimentos que jamais poderão ser provados. E nem se argumento com possíveis abusos generalizados, pois tais abusos são extremamente perigosos para que as partes sejam tentadas a dotá-los; paga-se muito caro".

Em razão do exposto, entendemos, salvo melhor juízo, que o juiz do trabalho deve tomar muita cautela diante da revelia[9]. A nosso ver, o juiz não pode prescindir das seguintes cautelas:

a) Tomar a cautela de verificar se o reclamado efetivamente fora notificado. Se retornou o SEED, ou o AR, ou se o Oficial de Justiça notificou o reclamado no endereço correto;

b) Examinar detidamente a inicial, bem como os documentos a ela juntados;

c) verificar se estão presentes os pressupostos processuais e condições da ação. Caso não estejam presentes, poderá extinguir de plano o processo sem resolução do mérito (art. 267 do CPC) ou determinar que o autor emende a inicial (Súmula n. 263 do C. TST);

d) Interrogar o reclamante, cujo depoimento poderá limitar ou elidir os efeitos da revelia[10];

---

(8) CARRION, Valentin. *Comentários à Consolidação das Leis do Trabalho*. 30. ed. São Paulo: Saraiva, 2005. p. 686.

(9) Como bem adverte José Augusto Rodrigues Pinto: "Sabe-se que, na Justiça do Trabalho, a expectativa da *revelia* propicia uma pequena indústria *do exagero dos pedidos*, que a cautela do Juízo interrogando o autor sobre fatos presumivelmente confessados desestimulará eficazmente. Sob outro aspecto, quando a inicial tiver instruída com documentos a sentença a ser proferida contra o revel, deverá ser antecedida pelo exame cuidados de seu conteúdo, com vista a limitar os efeitos drásticos da *confissão fictícia*" (RODRIGUES PINTO, José Augusto. *Op. cit.*, p. 401).

(10) Segundo Wagner D. Giglio: "Nada obstante, sendo *a ficta confessio* uma abstração do mundo jurídico, e tendo o processo trabalhista, mais do que qualquer outro, o escopo de buscar a verdade *real* dos fatos, prossegue a instrução do feito, tomando-se o depoimento pessoal do reclamante, considerando-se que a tentativa de conciliação ficou prejudicada pela ausência do reclamado. A tomada do depoimento pessoal não deve causar espécie, não apenas pela razão supraexposta, mas também porque a própria lei prevê, para esse ato, a iniciativa do juiz, agindo *ex officio* (CLT, art. 848). Dessarte, a inquirição do reclamante é ato jurídico que *independe* do requerimento do reclamado: seja este revel ou não, pode ser tomado, com o objetivo de obter a confissão real

e) Verificar se não estão presentes as hipóteses de elisão dos efeitos da revelia (art. 320 do CPC), se o litígio versa sobre matéria de direito, ou há necessidade de realização de prova técnica (arts. 420 do CPC e 195 da CLT)[(11)];

f) Determinar, se não estiver convencido da verossimilhança da versão do autor ou da razoabilidade da pretensão, a dilação probatória (arts. 130 do CPC e 765 da CLT), já que na hipótese de revelia não há preclusão probatória para o juiz;

g) Decidir de acordo com o seu livre convencimento motivado (art. 131 do CPC), atento aos ditames de Justiça e efetividade do processo.

---

do reclamante e esclarecer a verdade. E obtida a confissão real, esta prevalece sobre a ficção jurídica, como é lógico e óbvio, prescindindo de maiores explicações, portanto. Vamos mais longe: se houve necessidade, para conhecimento da verdade *real*, poderão ser inquiridas testemunhas do reclamante. Se não, como acontece na maioria dos casos, segue-se a produção de razões finais e, novamente, prejudicada a tentativa de conciliação, passa-se ao julgamento" (GIGLIO, Wagner D. e VELTRI CORRÊA, Claudia. *Direito processual do trabalho*. 15. ed. São Paulo: Saraiva, 2005. p. 199).

(11) Nesse sentido, destaca-se a seguinte ementa: "REVELIA — EFEITOS — ART. 319 DO CPC — A presunção contida no art. 319 do Código de Processo Civil de que 'se o réu não contestar a ação, reputar-se-ão verdadeiros os fatos afirmados pelo autor' não conduz, necessariamente, à procedência do pedido inicial, que dependerá do exame pelo juiz, com base nas circunstâncias dos autos, das consequências jurídicas dos fatos. A consequência processual da revelia é semelhante à da confissão (art. 348 do CPC), bem diversa, portanto, daquela própria do reconhecimento do pedido (art. 269, II, do CP). Recurso não conhecido" (STJ — REsp n. 94.193/SP — 4ª T. — rel. Min. César Asfor Rocha — DJU 3.11.1998 — p. 140).

16. PENHORA DE SALÁRIOS E DE CADERNETA DE POUPANÇA NO PROCESSO DO TRABALHO

TRT — 23ª REGIÃO — 2008

No processo do trabalho, em se tratando de inexistência de bens penhoráveis do devedor, poderá o Juízo, na fase de execução definitiva, determinar a penhora de parte do salário deste ou os valores depositados em caderneta de poupança até o limite de 40 salários mínimos? Fundamente.

Na definição clássica de *José Martins Catharino*(1), salário é *contraprestação devida a quem põe seu esforço pessoal à disposição de outrem em virtude do vínculo jurídico de trabalho, contratual ou instituído.*

Conforme destaca *Amauri Mascaro Nascimento*(2):

> "Salário é a principal obrigação do empregador no contrato de trabalho. Para o empregado é o mais importante direito trabalhista. Para este é um crédito e para aquele é um débito. Duas ideias centrais permitem identificar, entre os pagamentos efetuados pelo empregador ao seu pessoal, o salário, afastando do seu âmbito outras atribuições patrimoniais desvinculadas do mesmo: a habitualidade e a contraprestatividade dos pagamentos".

O salário destina-se à subsistência do trabalhador. Por isso, a legislação lhe atribuiu caráter alimentar e disciplinou mecanismos para sua proteção, visando resguardar a dignidade da pessoa humana do trabalhador.

Entre as medidas legais destinadas à proteção do salário está a impenhorabilidade.

---

(1) CATHARINO, José Martins. *Tratado jurídico do salário*. São Paulo: LTr, 1997. p. 90.

(2) NASCIMENTO, Amauri Mascaro. *Salário: conceito & proteção*. São Paulo: LTr, 2008. p. 23.

Nesse sentido dispõe o art. 649, IV, do CPC:

"São absolutamente impenhoráveis:

(...) IV — os vencimentos, subsídios, soldos, salários, remunerações, proventos de aposentadoria, pensões, pecúlios e montepios; as quantias recebidas por liberalidade de terceiro e destinadas ao sustento do devedor e sua família, os ganhos de trabalhador autônomo e os honorários de profissional liberal, observado o disposto no § 3º deste artigo; (Redação dada pela Lei n. 11.382/06 — DOU 7.12.2006)".

Como adverte *Amauri Mascaro Nascimento*(3), justifica-se a medida em parte. A impenhorabilidade visa à preservação do salário como meio de subsistência do empregado. Há leis de outros países que permitem a penhora nos mesmos casos em que são permitidos descontos, e estes só são admitidos de acordo com percentuais que se alteram na ordem inversa dos salários, critério que é melhor.

Conforme o referido inciso IV do art. 649 do CPC, adotou-se na legislação processual civil a teoria da impenhorabilidade absoluta do salário, não havendo exceções na legislação que permitam a penhora de percentual dos salários.

A CLT não disciplina as hipóteses de impenhorabilidade do salário. Desse modo, por força dos arts. 769 e 889, da CLT, aplica-se à execução trabalhista o art. 649, IV, do CPC.

Nesse sentido, destacamos a seguinte ementa:

"Mandado de segurança — Penhora e bloqueio em conta-salário — Inadmissibilidade. Dispõe o art. 649 e inciso IV do Código de Processo Civil serem absolutamente impenhoráveis as provisões de alimento necessárias à manutenção do servidor e de sua família, bem como os vencimentos (inclusive proventos de aposentadoria — RJTJESP n. 110/286) dos servidores públicos. A imperatividade e cogência da norma assim abrangem salário a qualquer título, com maior rigor em se tratando de servidores, expressamente nela incluídos, como é o caso destes autos, seja no presente, passado, futuro, pago ou não, na constância do emprego ou por despedida (RT n. 618/198, JTJ 205/231), não sendo pois possível penhora de saldo em conta-corrente bancária se proveniente de salário (Lex-JTA n. 148/160) (*apud* Theotônio Negrão, Código de Processo Civil e Legislação Processual em Vigor, 31. ed. atual., São Paulo, Saraiva, 2000, p. 676, n. 25 ao art. 649)". (TRT 10ª R. — TP-MS n. 31/2005.000.10.00-9 — Rel. Paulo H. Blair — DJDF 24.6.2005 — p. 9) (RDT n. 7 de junho de 2005).

Mesmo diante do princípio da impenhorabilidade absoluta do salário, é possível se sustentar a tese da possibilidade da penhora em parte do salário do executado?

Não nos parece que seja justo e razoável o trabalhador não receber seu crédito em razão de impenhorabilidade do salário do devedor, se este possa viver de forma digna, abrindo mão de parte de seus ganhos para satisfazer o crédito do exequente.

Pensamos ser possível a penhora de parte do salário do executado. Hoje, assistimos muitas vezes, em audiências trabalhistas, o reclamado dizer que irá cumprir o acordo

(3) NASCIMENTO, Amauri Mascaro. *Op. cit.*, p. 217.

entabulado na audiência ou a condenação com um percentual do salário. De outro lado, a penhora de dinheiro é o meio mais eficaz de solucionar a execução, conforme a ordem do art. 655, I, do CPC.

Considerando-se o caráter alimentar do crédito trabalhista, diante da possibilidade da penhora de parte do salário para satisfazer o crédito trabalhista e o direito do executado de não ter penhorado o salário, deve o Juiz do Trabalho dirimir a questão à luz do princípio da proporcionalidade.

Sobre o princípio da proporcionalidade, ensina *Nélson Nery Júnior*(4):

> "Segundo o princípio da proporcionalidade, também denominado de 'lei da ponderação', na interpretação de determinada norma jurídica, constitucional ou infraconstitucional, devem ser sopesados os interesses e direitos em jogo, de modo a dar-se a solução concreta mais justa. Assim, o desatendimento de um preceito não pode ser mais forte e nem ir além do que indica a finalidade da medida a ser tomada contra o preceito sacrificado. Atua com bastante ênfase e eficácia no direito alemão, notadamente no direito constitucional e no direito processual penal. Aliás, há normas expressas na Ordenança Processual Penal Alemã (Strafproze Bordnung — StPO) indicando a adoção do princípio da proporcionalidade naquele sistema jurídico, como por exemplo, StPO, 11212 e 120I. As principais decisões do Tribunal Constitucional da Alemanha (BVerfG) sobre a construção, naquele país, do princípio da proporcionalidade, em comparação com as decisões de nosso Supremo Tribunal Federal sobre a ponderação de direitos igualmente protegidos pela Constituição Federal, indicam-nos verdadeira similitude entre a teoria e a praxis dos tribunais, de modo a fazer com que seja válida, aqui, a doutrina alemã sobre o mencionado princípio da proporcionalidade. O fundamento constitucional do princípio da proporcionalidade encontra-se no conteúdo do princípio do Estado de Direito, havendo, ainda, quem entenda situar no princípio do devido processo legal".

No mesmo sentido ensina *Willis Santiago Guerra Filho*(5):

> "Ainda com relação ao modo de aplicar corretamente o princípio da proporcionalidade, para encerrar essa ligeira apresentação dele, vale ressaltar que, assim como ele pressupõe a existência de valores estabelecidos positivamente em normas do ordenamento jurídico, notadamente aquelas naquelas com a natureza de um princípio fundamental, também requer um procedimento decisório, a fim de permitir a necessária ponderação em face dos fatos e hipóteses a serem considerados. Tal procedimento deve ser estruturado — e, também, institucionalizado — de uma forma tal que garanta a maior racionalidade e objetividade possíveis da decisão,

---

(4) NERY JÚNIOR, Nélson. *Princípios do processo civil na Constituição Federal*. 8. ed. São Paulo: RT, 2004. p. 197.

(5) GUERRA FILHO, W. S. *Processo constitucional e direitos fundamentais*. 4. ed. São Paulo: RCS, 2005. p. 117-119.

para tender ao imperativo de realização de justiça que é imanente ao princípio com o qual nos ocupamos. Especial atenção merece, portanto, o problema do estabelecimento de forma de participação suficientemente intensiva e extensa de representantes dos mais diversos pontos de vista a respeito da questão a ser decidida. Isso significa, então, que o procedimento com as garantias do 'devido processo legal' (*Due Process of Law*), *i. e*, do amplo debate, da publicidade, da igualdade das partes, etc., se torna instrumento do exercício não só da função jurisdicional, como tem sido até agora, mas sim das demais funções do Estado também, donde se falar em 'jurisdicionalização' dos processos legislativo e administrativo e 'judicialização' do próprio ordenamento jurídico como um todo. Esse é um fenômeno próprio do Direito na sociedade em seu estágio atual evolutivamente mais avançado, em direção à sua mundialização, que ainda está a merecer a devida atenção, extraindo consequências para uma re-orientação do pensamento jurídico, no sentido de uma maior preocupação com o 'caminho" de realização do Direito, com o processo de sua concretização, já que a previsão abstrata de como resolver situação inusitadas e da complexidade daquelas que se apresentam anos contemporaneamente, em normas com o caráter de regras de Direito material, se mostra bastante deficiente".

À luz do princípio da razoabilidade, da equidade[(6)] e da Justiça[(7)] no caso concreto, pensamos que a regra da impenhorabilidade absoluta do salário deve ser relativizada na execução trabalhista, uma vez que tanto o reclamante como o executado postulam verbas de índole alimentar, o exequente buscando a satisfação do seu direito e o executado, visando à defesa da verba alimentar. Inegavelmente, o Juiz do Trabalho está diante de dois males, quais sejam: prestigiar o credor trabalhista em detrimento do salário do executado, ou imunizar o salário do devedor do crédito trabalhista, prejudicando o credor trabalhista. Pensamos que, neste caso, deverá adotar a teoria do mal menor, constritando parte do salário do reclamado em percentual que não atente contra sua existência digna. Quanto ao percentual da penhora do valor do salário, somente o caso concreto sinalizará ao Juiz qual o percentual adequado.

Como bem adverte Francisco *Alberto da M. P. Giordani*[(8)], "a proibição contida no art. 649, IV do CPC, não pode ser cega e/ou automática e/ou mecanicamente imposta, mas há de ser examinada, vale insistir, sopesando todos os interesses em jogo, não apenas os do devedor, mesmo porque não há olvidar que não apenas os seus salários são dignos de proteção, eis que os do credor — ex-empregado — hoje certamente necessitado, merecem não menor proteção!".

---

(6) Ensina Caio Mário da Silva Pereira, que equidade "é ideia de amenização do rigor da lei, equiparada ou aproximada ao conceito de justiça ideal, impedindo que o rigor dos preceitos se converta em atentado ao próprio direito, contra o que Cícero já se insurgia ao proclamar *summum ius, summa iniuria*" (*Instituições de direito civil*, 18. ed. Rio de Janeiro: Forense, 1996. p. 50).

(7) Como ensina Tércio Sampaio Ferraz Jr.: "A justiça enquanto código doador de sentido ao direito é um princípio regulativo do direito, mas não constitutivo (...) o direito é uma organização de relações de poder. Seu princípio constitutivo é a impositividade autoritária. Todavia, seu princípio regulativo, que lhe confere sentido é a justiça" (*Introdução ao estudo do direito*. 5. ed. São Paulo: Atlas, 2007. p. 372).

(8) O princípio da proporcionalidade e a Penhora de Salários — Novas Ponderações (Água mole em pedra dura tanto bate até que fura...). In: *Revista LTr* 72-02-178.

Nesse sentido o Enunciado n. 70, da 1ª Jornada de Direito material e Processual do Trabalho do TST, *in verbis*:

"EXECUÇÃO. PENHORA DE RENDIMENTOS DO DEVEDOR. CRÉDITOS TRABALHISTAS DE NATUREZA ALIMENTAR E PENSÕES POR MORTE OU INVALIDEZ DECORRENTES DE ACIDENTE DO TRABALHO. PONDERAÇÃO DE PRINCÍPIOS CONSTITUCIONAIS. POSSIBILIDADE. Tendo em vista a natureza alimentar dos créditos trabalhistas e da pensão por morte ou invalidez decorrente de acidente do trabalho (CF, art. 100, § 1º-A), o disposto no art. 649, inciso IV, do CPC deve ser aplicado de forma relativizada, observados o princípio da proporcionalidade e as peculiaridades do caso concreto. Admite-se, assim, a penhora dos rendimentos do executado em percentual que não inviabilize o seu sustento".

No mesmo sentido, a seguinte ementa:

"Execução — Salário — Penhorabilidade em favor do crédito trabalhista — Natureza alimentar — CPC, art. 649, IV, parte final — Conta-salário e saldo — Distinção — Penhorabilidade das sobras existentes — Descaracterização da natureza alimentar do valor excedente ao usado mensalmente para sustento e sobrevivência — Efeitos. O art. 649, IV, do CPC revela serem absolutamente impenhoráveis "os vencimentos dos magistrados, dos professores e dos funcionários públicos, o soldo e os salários, salvo para pagamento de prestação alimentícia". A índole do referido dispositivo legal foi garantir ao devedor seu sustento e o de sua família, ainda que constrangido por execução que lhe fora dirigida, de modo a não ter perturbado os meios de sobrevivência. No entanto, a exceção contida na parte final do dispositivo enuncia que, em se tratando a dívida de prestação alimentícia, como o crédito trabalhista, a impenhorabilidade não se efetiva, já que também é necessário resguardar as condições de sustento e sobrevivência àquele declarado credor alimentício. Logicamente, não preferiu a lei o devedor sobre o credor, mas enunciou apenas que as verbas de sustento devem ser preservadas, para ambos. O critério razoável para enunciar o valor de penhora é aceito como de 15% do percebido mensalmente, que não se aplica às sobras não utilizadas. Esta egrégia Terceira Turma tem considerado razoável o percentual de 15% sobre os salários em folha de pagamento, ou o que exceder do valor nominal de 85% do percebido a título de subsídios, vencimentos, soldos ou salários, em conta-corrente bloqueada, não significando, contudo, que tal percentual não possa ser, numa ou noutra situação, reduzido ou majorado, conforme se apresentem os valores salariais percebidos pelo devedor, sobretudo o valor líquido percebido, suas condições de vida e outros elementos que possa o Juiz da Execução vislumbrar como necessários para o sustento do executado e de sua família, sem afetar, na outra linha de raciocínio, a reconstrução do crédito alimentar devido ao trabalhador exequente. Agravo de petição do executado conhecido e parcialmente provido". (TRT 10ª R. — 3ª T. — AP n. 763/2003.002.10.00-0 — Rel. Alexandre Nery de Oliveira — DJDF 1º.4.2005 — p. 44) (RDT n. 5 de maio de 2005).

O Tribunal Superior do Trabalho, no entanto, firmou direcionamento diverso, acolhendo a tese da impenhorabilidade absoluta do salário, conforme a OJ 153, da sua SDI-II, *in verbis*:

Mandado de segurança. Execução. Ordem de penhora sobre valores existentes em conta-salário. Art. 649, IV, do CPC. Ilegalidade. (DeJT 3.12.2008)

Ofende direito líquido e certo decisão que determina o bloqueio de numerário existente em conta-salário, para satisfação de crédito trabalhista, ainda que seja limitado a determinado percentual dos valores recebidos ou a valor revertido para fundo de aplicação ou poupança, visto que o art. 649, IV, do CPC contém norma imperativa que não admite interpretação ampliativa, sendo a exceção prevista no art. 649, § 2º, do CPC espécie e não gênero de crédito de natureza alimentícia, não englobando o crédito trabalhista.

Se o salário for transferido para caderneta de poupança ou outras aplicações financeiras, pensamos que ele não está protegido pela impenhorabilidade, uma vez que perde a natureza alimentar.

Não obstante, dispõe o inciso X do art. 649 do CPC: *São absolutamente impenhoráveis: X — até o limite de 40 (quarenta) salários mínimos, a quantia depositada em caderneta de poupança. (Redação dada pela Lei n. 11.382/06 — DOU 7.12.2006)*

Pensamos que o inciso X do art. 649, do CPC não se aplica ao Processo do Trabalho, em razão do caráter alimentar do crédito trabalhista. De outro lado, o referido dispositivo mostra-se incompatível com os princípios que regem a execução trabalhista, devendo não ser aplicável (arts. 769 e 889 da CLT).

Ainda que se entenda aplicável a impenhorabilidade do inciso X do art. 649 do CPC, deve o Juiz do Trabalho interpretá-lo com extrema cautela, pois, muitas vezes, o dinheiro em caderneta de poupança possibilita fraudes e é uma válvula de escape para o inadimplemento do crédito trabalhista.

Como bem adverte *Estêvão Mallet*(9): "a criação de nova hipótese de impenhorabilidade, para as aplicações de até 40 salários mínimos em caderneta de poupança (art. 649, inciso X), não faz nenhum sentido, muito menos no processo do trabalho. Qual a razão para dar ao devedor o direito de não pagar seus credores e permanecer com investimentos financeiros? Se o que se quis foi estimular ainda mais a aplicação em caderneta de poupança, investimento que já conta com larga preferência entre pessoas, o caminho escolhido não poderia ser pior. Leva à inadimplência das obrigações legitimamente assumidas, com enfraquecimento do vínculo jurídico obrigacional".

(9) MALLET, Estêvão. *Revista LTr* 71-05/526.

Bibliografia

ALMEIDA, Renato Rua de. Visão Histórica da Liberdade Sindical. *Revista Legislação do Trabalho*. São Paulo: LTr, ano 70, v. 03. 2006.

ALMEIDA, Ísis. *Manual de direito processual do trabalho*. 2. v. 9. ed. São Paulo: LTr, 1998.

ASSIS, Araken. *Manual do processo de execução*. 7. ed. São Paulo: RT, 2001.

BARROS, Alice Monteiro de. *Curso de direito do trabalho*. 3. ed. São Paulo: LTr, 2007.

_________. *Curso de direito do trabalho*. 4. ed. São Paulo: LTr, 2008.

_________. *Contratos e regulamentações especiais de trabalho*. 3. ed. São Paulo: LTr, 2008.

BEBBER, Júlio César. *Procedimento sumaríssimo no processo do trabalho*. São Paulo: LTr, 2000.

_________. *Mandado de segurança. Habeas Corpus. Habeas Data na justiça do trabalho*. São Paulo: LTr, 2006.

BELMONTE, Alexandre Agra. *O monitoramento da correspondência eletrônica nas relações de trabalho*. São Paulo: LTr, 2004.

BEZERRA LEITE, Carlos Henrique. *Curso de direito do trabalho*. 5. ed. São Paulo: LTr, 2007.

_________. *Curso de direito processual do trabalho*. 6. ed. São Paulo: LTr, 2008.

_________. *Ação civil pública:* nova jurisdição trabalhista metaindividual. Legitimação do Ministério Público. São Paulo: LTr, 2001.

BITTAR. Carlos Alberto. *Direitos da personalidade*. 2. ed. Rio de Janeiro: Forense Universitária, 1995.

CALVET, Otávio Amaral. *O direito ao lazer nas relações de trabalho*, São Paulo: LTr, 2006.

CALVET, Otávio Amaral; MOURA, Marcelo. *Magistratura e Ministério Público do Trabalho: questões discursivas*. Rio de Janeiro: Lumen Juris, 2007.

CARMONA, Carlos Alberto. *Arbitragem e processo*. 2. ed. São Paulo: Atlas, 2006.

CARRION, Valentin. *Comentários à CLT*. 30. ed. São Paulo: Saraiva, 2005.

CASTELO, Jorge Pinheiro. *O direito processual do trabalho na moderna teoria geral do direito*. 2. ed. São Paulo: LTr, 1996.

CATHARINO, José Martins. *Tratado jurídico do salário*. São Paulo: LTr, 1997.

CAVALCANTI, Jouberto de Souza; JORGE NETO, Francisco Ferreira. *Manual de direito processual do trabalho*. 3. ed. Rio de Janeiro: Lúmen Júris, 2007.

CHAVES, Luciano Athayde. *A recente reforma no processo comum*: reflexos no direito judiciário do trabalho. São Paulo: LTr, 2006.

_________. *A recente reforma no processo comum:* reflexos no direito judiciário do trabalho. 3. ed. São Paulo: LTr, 2007.

CHIOVENDA, Giuseppe. *Instituições de direito processual civil*. v. III, 3. ed. Campinas: Bookseller, 2002.

COSTA MACHADO, Antonio Cláudio. *Código de processo civil interpretado e anotado*. Artigo por artigo, parágrafo por parágrafo. São Paulo: Manole, 2006.

COUTURE, Eduardo. *Introdução ao estudo do processo civil*. 3. ed. Tradução de Mozart Victor Russomano. Rio de Janeiro: Forense, 1998.

CRUZ E TUCCI, José Rogério. *Lineamentos da nova reforma do CPC*. 2. ed. São Paulo: RT, 2002.

DAIDONE, Décio Sebastião. *Direito processual do trabalho:* ponto a ponto. 2. ed. São Paulo: LTr, 2001.

DALAZEN, João Oreste. *Competência material trabalhista*. São Paulo: LTr, 1994.

DALLEGRAVE NETO, José Affonso. *Inovações na legislação trabalhista:* legislação trabalhista ponto a ponto. 2. ed. São Paulo: LTr, 2002.

DELGADO, Mauricio Godinho. *Curso de direito do trabalho.* 6. ed. São Paulo: LTr, 2007.

________. *Curso de direito do trabalho.* 7. ed. São Paulo: LTr, 2008.

________. *Introdução ao direito do trabalho.* 2. ed. São Paulo: LTr, 1999.

DIDIER JÚNIOR, Fredie. *Pressupostos processuais e condições da ação*: o juízo de admissibilidade do processo. São Paulo: Saraiva, 2005.

DINAMARCO, Cândido Rangel. *A instrumentalidade do processo.* 12. ed. São Paulo: Malheiros, 2005.

________. *Instituições de direito processual civil.* V. III. São Paulo: Malheiros, 2001.

DINIZ, Maria Helena. *Dicionário jurídico.* São Paulo: Saraiva, 1998. V. 4.

FIGUEIRA Jr., Joel Dias. *Comentários ao código de processo civil.* V. 4 — Tomo II. 2. ed. São Paulo: RT, 2007.

GIGLIO, Wagner D. *Direito processual do trabalho.* 15. ed., São Paulo: Saraiva, 2005.

GRECO FILHO, Vicente. *Direito processual civil brasileiro*, 3. v. 7. ed. São Paulo: Saraiva, 1994.

LAMARCA, Antonio. *O livro da competência.* São Paulo: RT, 1979.

LOPES, João Batista. *A prova no direito processual civil.* 2. ed. São Paulo: RT, 2002.

MAGANO, Octavio Bueno. *ABC do direito do trabalho.* São Paulo: RT, 1998.

MAIOR, Jorge Luiz Souto. *Curso de direito do trabalho.* V. II. São Paulo: LTr, 2008.

________. Em defesa da Ampliação da Competência da Justiça do Trabalho. *Revista RDT*, Brasília: Consulex, 2005, p. 11-08.

________. *Direito processual do trabalho.* São Paulo: LTr, 1998.

________. Teoria Geral da Execução Forçada. In: *Execução trabalhista*: visão atual. Coordenador Roberto Norris. Rio de Janeiro: Forense, 2001.

________. *Petição inicial.* São Paulo: LTr, 1998.

________. *Temas de processo do trabalho.* São Paulo: LTr, 2000.

________. Reflexos das alterações do Código de Processo Civil no processo do trabalho. In *Revista LTr* 70-08/928.

MALLET, Estêvão. *Procedimento sumaríssimo trabalhista.* São Paulo: LTr, 2002.

________. *Direito, trabalho e processo em transformação.* São Paulo: LTr, 2005.

________. O processo do trabalho e as recentes modificações do Código de Processo Civil. In *Revista LTr* 70-06, 672.

________. *Procedimento monitório no processo do trabalho.* São Paulo: LTr, 2000.

MANUS, Pedro Paulo Teixeira. *Direito do trabalho.* 10. ed. São Paulo: Atlas, 2006.

MANUS, Pedro Paulo Teixeira; ROMAR, Carla Teresa. *CLT e legislação complementar em vigor.* 6. ed. São Paulo: Malheiros, 2006.

MARCATO, Antonio Carlos. *Procedimentos especiais.* 10. ed. São Paulo: Atlas, 2004.

MARINONI, Luiz Guilherme; ARENHART, Sérgio Cruz. *Manual do processo de conhecimento.* 4. ed. São Paulo: RT, 2005.

MARTINS, Sérgio Pinto. Competência da Justiça do Trabalho para analisar Mandados de Segurança, *Habeas Corpus* e *Habeas Data. Revista Legislação do Trabalho.* São Paulo: LTr, ano 69, v. 7. 2005.

________. Anulação de cláusulas convencionais. *Revista Trabalho & Doutrina* n. 13, São Paulo: Saraiva, 1997.

________. *Direito processual do trabalho.* São Paulo: Atlas, 2006.

MAXIMILIANO, Carlos. *Hermenêutica e aplicação do direito.* Rio de Janeiro: Forense, 2003.

MEIRELES, Edilton. *Ação de execução monitória.* 2. ed. São Paulo: LTr, 1998.

MEIRELES, Edilton; BORGES, Leonardo Dias. *Nova reforma processual e seu impacto no processo do TRABALHO*. 2. ed. São Paulo: LTr, 2007.

MEIRELLES, Hely Lopes. *Direito administrativo brasileiro*. São Paulo: Malheiros, 1995.

MELLO, Raimundo Simão de. *A greve no direito brasileiro*. São Paulo: LTr, 2006.

________. *Ação civil pública na justiça do trabalho*. 2. ed. São Paulo: LTr, 2004.

MENEZES, Cláudio Armando Couce de; BORGES, Leonardo Dias. *O moderno processo do trabalho*: tutela, arbitragem, execução, recursos. São Paulo: LTr, 1997.

MIRANDA, Pontes de. *Tratado de direito privado*, Campinas: Bookseller, v. 6, 2000.

MORAES, Alexandre. *Direito constitucional*. 15. ed. São Paulo: Atlas, 2004.

MOREIRA, José Carlos Barbosa. A Constituição e as provas ilicitamente obtidas. *Revista de Processo* n. 84, ano 21, São Paulo: RT, 1996.

NASCIMENTO, Amauri Mascaro. *Iniciação ao direito do trabalho*. 24. ed. São Paulo: LTr, 2000.

________. *Curso de direito do trabalho*. São Paulo: Saraiva, 2008.

________. *Curso de direito processual do trabalho*. 22. ed. São Paulo: Saraiva, 2007.

NERY JÚNIOR, NÉLSON; NERY, Rosa Maria. *Código de processo civil comentado e legislação extravagante*. 7. ed. São Paulo: RT, 2003.

________. *Código civil comentado e legislação extravagante*. 3. ed. São Paulo: RT, 2005.

________. *Teoria geral dos recursos*. 6. ed. São Paulo: RT, 2004.

NERY JÚNIOR, Nélson. *Contratos no código civil*. O Novo Código Civil. Estudo em Homenagem a Miguel Reale, coord. Domingos Franciulli Netto, Gilmar Ferreira Mendes e Ives Gandra da Silva Martins, São Paulo: LTr, 2003.

OLIVEIRA, Francisco Antonio de. *O processo na justiça do trabalho*. 5. ed. São Paulo: LTr, 2008.

________. *Execução na justiça do trabalho*. 6. ed. São Paulo: RT, 2007.

OLIVEIRA, Sebastião Geraldo. *Indenizações por acidente de trabalho ou doença ocupacional*. São Paulo: LTr, 2005.

PAMPLONA FILHO, Rodolfo. *O dano moral na relação de emprego*. 2. ed. São Paulo: LTr, 1999.

PRATA, Marcelo Rodrigues. *A prova testemunhal no processo civil e trabalhista*. São Paulo: LTr, 2005.

RÁO, Vicente. *O direito e a vida dos direito*. 3. ed. São Paulo, RT, 1991.

RODRIGUES, Manoel Cândido. A prova testemunhal no Processo do Trabalho. In: *Compêndio de direito processual do trabalho*. Coord. Alice Monteiro de Barros. 3. ed. São Paulo: LTr, 2002.

RODRIGUES PINTO, José Augusto. *Processo trabalhista de conhecimento*. 7. ed. São Paulo: LTr, 2005.

________. Reconhecimento *ex officio* da prescrição e processo do trabalho. In *Revista LTr* 70-04/391.

________. *Execução trabalhista*: estática — dinâmica — prática. 11. ed. São Paulo: LTr, 2006.

RODRIGUEZ, Américo Plá. *Princípios de direito do trabalho*, 3. ed. São Paulo: LTr, 2000.

ROMITA, Arion Sayão. *Direitos fundamentais nas relações de trabalho*. São Paulo: LTr, 2005.

SANTOS, Moacyr Amaral. *Primeiras linhas de direito processual civil*. 2. v. 17. ed. São Paulo: Saraiva, 1995.

SARAIVA, Renato. *Curso de direito processual do trabalho*. 4. ed. São Paulo: Método, 2007.

________. *Curso de direito processual do trabalho*. 5. ed. São Paulo: Método, 2008.

SCHIAVI, Mauro. *Manual de direito processual do trabalho*. São Paulo: LTr, 2008.

________. *Ações de reparação por danos morais decorrentes da relação de trabalho*. São Paulo: LTr, 2007.

________. *Ações de reparação por danos morais decorrentes da relação de trabalho*. 2. ed. São Paulo: LTr, 2008.

________. *A revelia no direito processual do trabalho*. São Paulo: LTr, 2006.

________. *Competência material da justiça do trabalho brasileira*. São Paulo: LTr, 2007.

________. *Comentários às questões polêmicas e atuais dos concursos:* Magistratura e Ministério Público do Trabalho. V. I. São Paulo: LTr, 2008.

________. Os princípios do Direito Processual do Trabalho e a possibilidade de aplicação subsidiária do CPC quando há regra expressa na CLT em sentido contrário. *Suplemento Trabalhista* n. 021/07. São Paulo: LTr, ano 43. p. 085.

________. Aspectos Polêmicos do *Habeas Corpus* na Justiça do Trabalho. *Suplemento Trabalhista* n. 40/07. São Paulo: LTr, abril de 2007.

________. Aspectos Polêmicos da Ação Anulatória de Normas Convencionais após a EC n. 45/04. *Revista JURIS PLENUM*. Ano III, Número 10. Fevereiro de 2007. Caxias do Sul. Rio Grande do Sul, 2007.

________. Novas Reflexões sobre a prescrição de ofício no Direito Processual do Trabalho. In: *Suplemento Trabalhista* 49/2007. São Paulo: LTr, 2007.

________. Aspectos Polêmicos da Intervenção de Terceiros no Processo do Trabalho após a EC n. 45/04 e o cancelamento da OJ 227, da SDI-I, do C. TST. In: *Revista LTr* 71-05/555. São Paulo: LTr, maio de 2007.

________. Saneamento das Nulidades Processuais na Esfera Recursal e a Aplicabilidade do § 4º do art. 515 do CPC no Processo do Trabalho. In: *Suplemento LTr* 69/07, São Paulo, LTr, 2007.

________. A questão do comum acordo para instaurar o dissídio coletivo de natureza econômica. In: *Jornal do 47º Congresso Brasileiro de Direito do Trabalho*. São Paulo: LTr, 2007.

________. Aspectos Polêmicos e Atuais dos Ritos Sumário e Sumaríssimo no Processo do Trabalho. In: *Revista LTr*: 72-01/25. Janeiro de 2008.

________. Aspectos Polêmicos e Atuais da Execução Provisória na Justiça do Trabalho à Luz das Recentes Alterações do CPC. In: *Suplemento Trabalhista* n. 21/08.

________. Aspectos Polêmicos e Atuais da Penhora no Processo do Trabalho à Luz da Lei n. 11.382/06. In: *Suplemento Trabalhista* 31/08.

________. Novas Reflexões sobre a aplicabilidade do art. 475-J do CPC ao Processo do Trabalho à Luz da Recente Jurisprudência do TST. In: *Revista LTr* 72/03/271, de março de 2008.

________. Dano Moral Reflexo ou em Ricochete Decorrente da Relação de Trabalho. In: *Suplemento Trabalhista* n. 43/08, p. 213/215.

SILVA, De Plácido e. *Vocabulário jurídico*. V. I, 12. ed. Rio de Janeiro: Forense, 1996.

SILVA, José Antonio Ribeiro de Oliveira. *Questões relevantes do procedimento sumaríssimo:* 100 perguntas e respostas. São Paulo: LTr, 2000.

SOBRINHO, Aderson Ferreira. *O* Habeas Corpus *na Justiça do Trabalho*. São Paulo: LTr, 2003.

STOCCO, Rui. *Tratado de responsabilidade civil*. São Paulo: RT, 2004.

TEIXEIRA FILHO, Manoel Antonio. *Petição inicial e resposta do réu*. São Paulo: LTr, 1996.

________. *Ação monitória. Curso de processo do trabalho*. Perguntas e Respostas sobre Assuntos Polêmicos em Opúsculos Específicos. V. 19. São Paulo: LTr, 1997.

________. As novas leis alterantes do Processo Civil e sua repercussão no Processo do Trabalho. In: *Revista LTr* 70-03/298.

________. *A prova no processo do trabalho*. 8. ed. São Paulo: LTr, 2003.

________. *Execução no processo do trabalho*. 9. ed. São Paulo: LTr, 2005.

THEODORO JÚNIOR, Humberto. *Curso de direito processual civil*. 23. ed. V. 1. Rio de Janeiro: Forense, 1998.